大庆精神 铁人精神

学习读本

铁人学院◎主编

中国工人出版社

《大庆精神、铁人精神学习读本》编委会

习近平致大庆油田发现60周年的贺信

值此大庆油田发现60周年之际，我代表党中央，向大庆油田广大干部职工、离退休老同志及家属表示热烈的祝贺，并致以诚挚的慰问！

60年前，党中央作出石油勘探战略东移的重大决策，广大石油、地质工作者历尽艰辛发现大庆油田，翻开了中国石油开发史上具有历史转折意义的一页。60年来，几代大庆人艰苦创业、接力奋斗，在亘古荒原上建成我国最大的石油生产基地。大庆油田的卓越贡献已经镌刻在伟大祖国的历史丰碑上，大庆精神、铁人精神已经成为中华民族伟大精神的重要组成部分。

站在新的历史起点上，希望大庆油田全体干部职工不忘初心、牢记使命，大力弘扬大庆精神、铁人精神，不断改革创新，推动高质量发展，肩负起当好标杆旗帜、建设百年油田的重大责任，为实现“两个一百年”奋斗目标、实现中华民族伟大复兴的中国梦作出新的更大的贡献！

习近平

2019年9月26日

大庆精神、铁人精神永放光芒

习近平总书记在致大庆油田发现60周年的贺信中指出:“大庆油田的卓越贡献已经镌刻在伟大祖国的历史丰碑上，大庆精神、铁人精神已经成为中华民族伟大精神的重要组成部分。”中国共产党在近百年的光辉历程中，带领中国人民取得了中国革命、社会主义建设和改革的伟大胜利，同时铸就了具有丰富时代内涵和民族特征的革命精神，大庆精神、铁人精神就是其中之一，是我们党宝贵的精神财富和丰厚的政治资源。为进一步加强革命精神和红色文化的研究、教育、宣传、普及，由中国能源化学地质工会牵头组织、铁人学院编写的《大庆精神、铁人精神学习读本》与读者见面了，这对于弘扬党的优良传统、发挥党史资政育人作用具有十分重要的意义。

读本横向上以认知规律为纲，从大庆精神、铁人精神的概念，形成的背景，形成的过程，内涵以及新时代继承弘扬的新实践五个方面立题，完成了人们学习认知一般规律的闭环。纵向上以学理思辨为目，从历史事件演进、逻辑推理总结和一般意义升华进行剖释，引导了读者阅读学习的分析、推理、判断、认同等思维活动，整体上体现了三个方面的特色。

一是从精神主体上较好地把握了大庆精神和中国共产党精神的关系。大庆精神是党和国家领导人直接倡导和悉心培育的，历经五代领导集体一脉相承、一以贯之。究其根本，就在于大庆精神来源于中国共产党的理论和革命精神，始终与党追求马克思主义中国化的思想境界高度一致，始终与党服务人民群众根本利益的初心、使命高度一致，始终与党的性质和根本宗旨高度一致，体现了中国共产党人的豪迈气概、崇高品质和优秀品格。因此，该读本深刻阐释了大庆精神是中华民族精神和中国共产党伟大精神重要组成部分的光辉论断。

二是从物质属性上较好地把握了大庆经验和中国工业化道路的关系。习近平总书记说，对改革开放前的历史时期要正确评价，不能用改革开放后的历史时期否定改革开放前的历史时期，也不能用改革开放前的历史时期否定改革开放后的历史时期。中国改革开放最伟大的成就是实现了全面的工业化，而这个工业化从新中国成立初期第一个五年计划就拉开了序幕，大庆的探索实践是当时中国工业化道路的代表。伴随时代的发展，新时代工业化建设增加了许多现代元素，但是大庆经验时至今日仍然是中国共产党领导新型工业化道路的基本方向，并且在当前世界时局突变的形势下越显珍贵。因此，该读本把大庆油田的开发建设置于国家探索工业化历程的大背景下展开，具有十分深刻的寓意。

三是从唯物史观上较好地把握了历史传统和新时代继承发展的关系。不善于传承，创新就没有基础；不善于创新，传承就缺乏动力。读本不仅翔实地描绘了大庆人战天斗地、艰苦创业、气壮山河的历史画卷，还生动地展示了新时代大庆人当好标杆旗帜、建设百年油田、投身小康建设、实现伟大复兴的壮丽图景。因此，我们重温那段光辉的历史，是为了更自信地面对现实；我们始终铭记先辈馈赠给我们的经验，是为了更有智慧地战胜前进道路上的各种艰难险阻。读本还吸收了一个时期以来许多新的研究成果，坚持学术性、突出时代性、注重可读性，是不可多得的职工思想教育教材。

中国工会十七大强调牢牢把握我国工人运动的时代主题，广泛深入持久开展“当好主人翁、建功新时代”主题劳动和技能竞赛，团结动员亿万职工以主人翁姿态建功新时代。要加强职工思想政治引领，加快建设一支宏大的知识型、技能型、创新型产业工人大军，担负起树立新发展理念、推动高质量发展、建设现代化经济体系的崇高使命。在凝聚新时代工人阶级奋斗伟力的过程中，要特别注重把党的意志和主张落实到广大职工群众中去，用党的伟大精神教育提升广大职工群众。

希望各级工会组织要利用各种方式，组织职工开展读书学习活动，学好、用好这本书，不断提升新时代广大职工的政治觉悟、使命担当和昂扬精神风貌，激发爱党之情、报国之志，不忘初心、牢记使命，更加紧密地团结在以习近平同志为核心的党中央周围，为决胜全面建成小康社会、实现中华民族伟大复兴发挥产业工人的力量，以优异的成绩向伟大的中国共产党诞辰100周年献礼！

2020年7月

目录

第三章 大庆精神、铁人精神的形成

第四章 大庆精神、铁人精神的内涵

第五章 新时代继承弘扬大庆精神、铁人精神的新实践

第一章

什么是大庆精神、铁人精神

RENMIN RIBAO

学习大庆经验 把革命干劲和科学精神结合起来

大庆精神 大庆人

为了全国人民的远大理想

大庆精神、铁人精神已经成为中华民族伟大精神的重要组成部分，永远是激励中国人民不畏艰难、勇往直前的宝贵精神财富。

——习近平

第一节
大庆精神、铁人精神的概念

《辞海》中对“精神”的解释为“人的意识、思维、情感等内心世界”。在哲学上，精神是“过去的事和物在现实物中的记录”“过去事和物的记录及此记录的重演”。从概念分析可以看出，对“精神”的理解要从两个维度来判断，即“过去事和物的记录”以及“这个记录在现实中的重演”，二者缺一不可，否则便构不成精神。

据此可以推论，大庆精神就是以大庆石油工人为代表的中国工人阶级集体的意识、思维、情感等内心世界和其过去的事和物的记录及生活的记录在现实中的重演；铁人精神就是铁人的意识、思维、情感等内心世界和其过去的事和物的记录以及这个记录在现实中的重演。

在大庆油田 60 年发展历程中，经过历代党和国家领导人的重要指示、历次不同规模的工业学大庆的总结提炼、中央媒体的报道升华以及广大干部职工的探索实践，大庆精神、铁人精神的定义已经基本明确。

1963 年 12 月，石油工业部部长余秋里、副部长康世恩在中央国家机关和北京市作《关于大庆石油会战情况的报告》。报告第一次向外公开了大庆油田的存在，第一次系统、全面地总结了大庆的基本经验。报告中总结了大庆石油会战的九条基本经验，其中第二条“高度的革命精神和严格的科学态度”，成为大庆精神最初的表述，九条经验成为总结大庆精神的雏形和母本。

1964 年 2 月 5 日，中共中央下发〔1964〕78 号文件《关于传达石油工业部关于大庆石油会战情况的报告的通知》，第一次对大庆经验给予肯定。

1964 年 4 月 20 日，《人民日报》刊发长篇通讯《大庆精神大庆人》，文章第一次提出“大庆精神”的概念。

在长达十年的“文化大革命”中，社会动乱，生产停滞，但大庆油田职工队伍不散，生产不断，这正是由于大庆精神作为无形的力量，起到了强大的凝聚作用。

1981 年中共中央转发国家经委党组《关于工业学大庆问题的报告》的通知，即中发〔1981〕47 号文件，指出：大庆职工面对苏联霸权主义的封锁，那种奋发图强、自力更生、以实际行动为中国人民争气的爱国主义精神和民族自豪感；在严重困难面前，那种无所畏惧、勇挑重担、靠自己的双手艰苦创业的革命精神；在生产建设中，那种一丝不苟、认真负责、讲究科学、“三老四严”、踏踏实实做

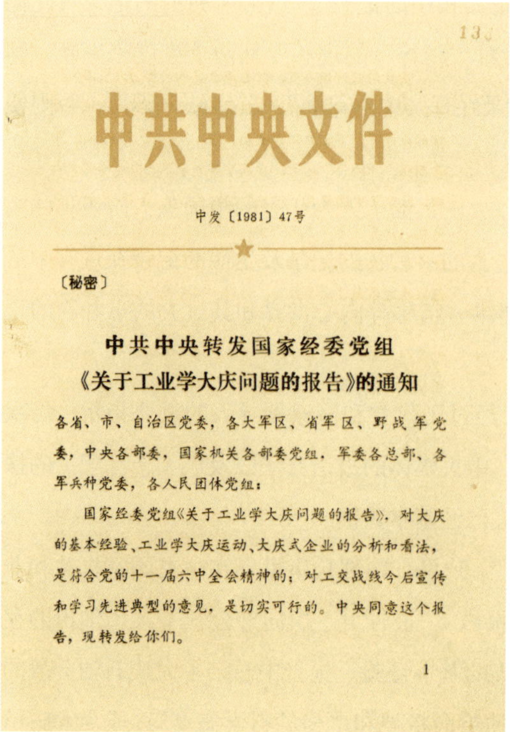

13

中共中央文件

中发〔1981〕47号

〔秘密〕

中共中央转发国家经委党组《关于工业学大庆问题的报告》的通知

各省、市、自治区党委，各大军区、省军区、野战军党委，中央各部委，国家机关各部委党组，军委各总部、各军兵种党委，各人民团体党组：

国家经委党组《关于工业学大庆问题的报告》，对大庆的基本经验、工业学大庆运动、大庆式企业的分析和看法，是符合党的十一届六中全会精神的；对工交战线今后宣传和学习先进典型的意见，是切实可行的。中央同意这个报告，现转发给你们。

1

◀ 1981 年，中共中央转发国家经委党组《关于工业学大庆问题的报告》的通知

会战诗抄

跟党走，听党话，钻井工人催战马。手舞钻杆劈大地，石油滚滚流天下。

好本职工作的求实精神；在处理国家和个人关系上，那种胸怀全局、忘我劳动、为国家分担困难、不计较个人得失的献身精神，等等，都是中国工人阶级优秀品质的表现，是需要大大提倡和发扬的。

1990年，上海人民出版社出版的《大庆企业文化词典》一书中，对大庆精神作出如下定义：

大庆精神——大庆职工共同的价值观念以及工作作风、道德准则的集中体现，是大庆企业文化的核心。其主要内容有：发愤图强，自力更生，以实际行动为中国人民争气的爱国主义精神和民族自豪感；无所畏惧，勇挑重担，靠自己的双手艰苦创业的革命精神；一丝不苟，认真负责，讲究科学，"三老四严"，脚踏实地做好本职工作的求实精神；胸怀全局，忘我劳动，为国家分担困难，不计较个人得失的献身精神。概括地说就是"爱国、创业、求实、献身"精神。

这一精神形成于大庆会战时期，是大庆人在困难的时候、困难的地区、困难的条件下，学习和运用毛泽东思想，继承和发扬中国共产党、中国工人阶级和中国人民解放军的优良传统，振奋民族精神，开发和建设大油田的产物，是铁人王进喜等一大批企业英雄人物的理想、信念、情感和意志在广大职工中扩展而形成的群体意识，是大庆各级领导积极倡导和精心培育的结晶。

这一精神具有鲜明的民族特色、社会主义特色和大庆企业特色。它蕴蓄着中华民族自强不息的刚健精神和勇敢、勤劳、俭朴的品格，融汇着中国工人阶级和人民解放军艰苦奋斗、无私奉献的精神，包含着中国共产党和毛泽东同志反复倡导的实事求是的科学态度，反映了社会主义公有制经济的客观要求，体现了石油行业，特别是大庆油田生产和管理的特点。它是革命年代的井冈山精神、长征精神、延安精神在大庆的坚持和发展。

这一精神是大庆职工群体的精神支柱。在它的引导、凝聚、激励下，20世纪60年代初，大庆职工面对帝国主义对中国实行国际上的经济封锁，不畏生产和生活上的重重困难，艰苦奋战，建成了具有世界先进水平的大油田，结束了中国使用洋油的时代；"文化大革命"期间，大庆职工坚强勇敢，排除干扰，大幅提高原油产量，对国民经济在大动乱中仍能取得进展起了重要作用；改革开放以来，在大庆油田进入中高含水期的艰难情况下，大庆职工千方百计，苦干巧干，攻克了各种难关，实现了长期稳产高产。在以大庆精神为核心的企业文化氛围中，大庆职工队伍的素质不断提高，为大庆的发展繁荣奠定了坚实的基础。

1990年，江泽民同志视察大庆油田时，把大庆精神表述为“为国争光，为民族争气的爱国主义精神；独立自主，自力更生的艰苦创业精神；讲究科学，‘三老四严’的求实精神；胸怀全局，为国分忧的奉献精神”。至此，大庆精神的内涵固化下来。

铁人精神，是全国著名劳动模范、铁人王进喜的崇高思想、优秀品德的高度概括，是我国石油工人精神风貌的集中体现。铁人精神内涵丰富，主要是“为国分忧、为民族争气”的爱国主义精神；“宁肯少活二十年，拼命也要拿下大油田”的忘我拼搏精神；“有条件要上，没有条件创造条件也要上”的艰苦奋斗精神；“干工作要经得起子孙万代检查”“为革命练一身硬功夫、真本事”的科学求实精神；“甘愿为党和人民当一辈子老黄牛”、埋头苦干的无私奉献精神。这一精神是王进喜朴素的阶级意识在党的培养教育下，在为新中国石油工业奋斗中的升华，是中华民族的传统美德在共产主义思想照耀下的结晶，是“铁人”自身的品格与许许多多石油战线先进人物精神境界的融合。它作为大庆企业精神的重要组成部分，有着不朽的价值和永恒的力量。

大庆精神、铁人精神得到了党和国家几代领导人的充分肯定和高度评价，与延安精神、长征精神、井冈山精神一起，成为中华民族伟大精神和中国共产党伟大精神的重要组成部分。

会战诗抄

战严寒，攻盛夏，夺高产，干劲大。会战大庆攀高峰，草原盛开石油花。

第二节
大庆精神、铁人精神的地位

一、来自中南海的关怀

1. 毛泽东发出“工业学大庆”号召

1950 年 4 月，中华人民共和国刚刚成立半年，根据党中央国务院的指示，燃料工业部在北京召开了全国石油工业会议，研究部署了石油工业在国民经济恢复时期的任务，为加强对石油工业的领导，决定成立石油管理总局。

1952 年 2 月，毛泽东主席发布命令，把中国人民解放军一个师总共近 8000 人集体转业到石油战线，为第一代石油队伍增加了一支生力军。

1953 年 12 月，毛泽东主席、周恩来总理在中南海菊香书屋接见了地质部部长李四光，询问中国石油发展的前景。根据李四光的汇报，我国发展国民经济的第一个五年计划提出了“长期地积极努力发展石油工业”的方针。毛主席语重心长地说:“要进行建设，石油是不可缺少的。天上飞的、地下跑的，没有石油都转不动。”

毛泽东主席多次强调地质勘探的重要性，指出:“在国民经济建设中，地质工作必须先行。”并用军事术语精确概括出:“普查是战术，勘探是战役，区域调查是战略。”

1956 年新春，毛泽东主席详细听取了石油工业部李聚奎、康世恩的汇报，周恩来、刘少奇、邓小平、陈云、李富春、李先念、薄一波等出席会议。当主席听到在荒凉的戈壁滩上勘探十分艰苦时，深有感触地说：“搞石油艰苦啊，看起来发展石油工业，还得革命加拼命。”这句鼓舞人心和斗志的指示，成为石油工业发展的巨大精神推动力，也是产生大庆精神、铁人精神的思想源泉。

1960年初，石油工业部部长余秋里先后参加了在上海召开的党的八届七中全会和在广州召开的中央军委会议。会议期间，毛主席两次找余秋里了解情况，问石油战线有没有一点好消息。余秋里向毛主席汇报了松辽地区的勘探喜讯和准备开展石油大会战的情况，毛主席高兴得连声称赞：“很好嘛！很好嘛！”在得知余秋里要在松辽搞个人会战，正准备调克拉玛依、玉门、柴达木、四川的队伍到松辽会战时，毛主席笑着说：“要搞会战，好哇！准备上阵喽！”接连的几个好字，表达了一代领袖对大庆会战、对石油工业发展寄予的深切期望。

大庆石油会战经过三年多的艰苦奋斗，到1963年底，已经建成原油生产能力600万吨的石油工业基地。1963年11月17日，第二届全国人大第四次会议《政府工作报告》指出：“我国经济建设、国防建设和人民所需要的石油，过去大部分依靠进口，现在不管在数量上或者在品种上，都已经基本自给了。”1964年1月25日，毛主席在中南海听取余秋里汇报后说：“我看这个工业，就要这个搞法，向你们学习嘛！要学大庆嘛！”在一代伟人的亲切关怀和悉心培育下，大庆这面红旗在全国树立起来了。

旗帜是方向，旗帜是力量。在大庆这面红旗的指引下，各行各业掀起了学大庆、赶大庆的高潮。

此后毛主席在不同时期、不同场合，多次表扬石油

延伸阅读

石油师：新中国成立后，石油专业力量十分匮乏。1952年，时任西北石油管理局局长的康世恩向中央申请部队支援。由毛泽东主席亲自签署命令，批准中国人民解放军19军57师转为中国人民解放军石油工程第一师的改编计划。此后，石油师人奋战在大庆、胜利、新疆、长庆和渤海等油气田以及管道局等石油企业，参加了一场场石油大会战，输送了大批人才，为我国石油工业的发展作出了重大贡献。

康世恩《五十年代向毛泽东的一次汇报》

部、表扬大庆、表扬王进喜。据统计，在他的一生中，对石油工业以及大庆油田的谈话、批示共有 100 余次。

2. 周恩来三次视察大庆油田

1959 年 12 月下旬，周恩来总理亲临哈尔滨主持召开东北三省经济协作区会议。此时，石油工业部党组正运筹着松辽石油大会战。会议期间，到会的余秋里部长向周总理作了汇报，表示要以最快的速度、最高的水平，用打歼灭战的办法开展石油会战，尽快扭转我国石油工业的落后局面。深知国情、民情的周总理表示赞同，并以他战略家的眼光看到这场会战的重大意义，同时也预见到它的艰巨性，指出："这场会战是一场大仗、硬仗，将会遇到种种风浪、重重困难。大会战的指导思想就是用毛主席思想作指导，用辩证唯物主义的立场、观点、方法，分析和解决石油大会战中可能遇到的各种问题。你们要把大庆建设成新型矿区。"

1962 年是大庆石油会战最关键的一年，也是最艰苦的一年。正当石油工人以每天五两粮加野菜保三餐进行艰苦创业时，周总理带着深切的关怀、殷切的期盼来到大庆，第一次视察大庆油田。

周总理走下火车，面对欢迎的职工深情地说："同志们辛苦了，你们工作做得很好！"他视察了 1202 钻井队、1203 钻井队，和工人们一一握手。当班的工人满手泥浆和油污，急忙用衣服去擦，周总理和蔼地说："没关系，我也当过工人。"离开井队前，周总理与钻工们合影留念，

镜头人物

李四光（1889—1971 年）世界著名地质学家，地质力学创始人。1952 年 9 月任地质部部长，1955 年被选聘为中国科学院学部委员。他深信在中国辽阔的领域内，天然石油资源的蕴藏量应当是丰富的，关键是要抓紧做好石油地质勘探工作，在全国范围内开展石油地质普查。1956 年起，在他的主持下，石油普查勘探工作在全国展开，先后发现了大庆、胜利、大港、华北、江汉等油田。

李聚奎（1904—1995 年）1955 年 7 月，我国成立石油工业部，李聚奎为首任部长。在石油工业部工作期间，他坚决落实毛泽东亲自面授的用"革命加拼命"的精神抓石油工业的指示，发现了克拉玛依油

毛泽东同志关于石油工业和大庆油田的谈话及批示辑录

会战诗抄　钻工都是龙虎汉，戴上铝盔攀云端，邀请嫦娥来划船，油海风光大无边。

他把胳膊搭在两位钻工的肩上，这张照片至今还被钻工们珍藏着。周总理离开钻井队，又来到北二注水站。这里是大庆油田建立生产岗位责任制的试点单位。他认真查看贴在墙上的各项岗位责任制度，一边看一边点头肯定，连声说：“好！你们这样做很好！”在检查的过程中，周总理发现泵站流程图没有填写绘图时间，就嘱咐：“要把时间也标上”，并意味深长地说，“你们的工作很重要啊！”接着他又来到职工食堂，伸手打开饭锅盖，里面煮着红高粱米粥，旁边的菜锅里熬着菜汤，他尝了口，深情地对炊事员说：“你们很艰苦啊！”“不艰苦！”炊事员急忙回答。周总理环视一下大家，说：“艰苦是一个事实，说不艰苦是假的，人家卡我们脖子要债，又遇上自然灾害，现在确实存在困难。但我们只要坚持艰苦奋斗，自力更生，将来一定会好起来的！”

周总理这次视察时，还在工地附近发现了一处职工居住的地窝子，他看到一位家属从地窝子里走出来倒垃圾，就立即转身向地窝子走去。随同人员都劝周总理不要去了，倒完垃圾的家属也怯生生地说：“这里面又黑又暗，首长就不要进去了。”可周总理一边往前走一边说：“你们能住，我就能进。”他走进这地窝子，十分疼爱地端详着躺在土炕上的孩子，深情地说：“同志们现在生活得确实很艰苦，但将来一定会好起来的！”

1963 年 6 月 19 日上午 11 点，周恩来总理、陈毅副总理及黑龙江省委书记欧阳钦、省长李范五，陪同朝鲜民主主义人民共和国最高人民会议常任委员会崔庸健委员长等贵宾来到大庆，这是周总理第二次视察大庆油田。

登上高高的钻台，周总理详细询问生产情况，当工人们告诉他要用三年的时间进尺 10 万米时，他高兴地

田，并先后筹备、组建了松辽石油勘探局、华东石油勘探局和华北石油勘探处等，全面加强石油勘探和生产建设工作，为中国石油工业在更大规模上展开奠定了良好的工作基础。

余秋里（1914—1999 年）新中国石油工业的奠基人、工业建设的卓越领导者。1958 年 2 月，他卸任解放军总后勤部政治委员职务，接任李聚奎担任石油工业部部长，贯彻邓小平关于石油勘探战略东移的重要指示，在大庆石油会战期间兼任大庆石油会战指挥部工委书记，领导和指挥了石油大会战。

康世恩（1915—1995 年）是我国工业战线杰出的领导人、新中国石油工业和化学工业的开拓者之一。20 世纪 60 年代初，他作为石油工业部副部长兼大庆会战总指挥，参与领导和直接指挥了大庆石油会战，为我国石油自给作出了重要贡献。

宋振明《周恩来大庆油田二十八小时记》

说：“好，要有雄心壮志，要敢于创指标！”这催人奋进的鼓励让每一个人都信心十足、力量倍增。在西油库，他叮嘱身边的几位油田负责同志：“这地方很重要，一定要搞好生产。”当得知身边的一位同志是湖南人时，他亲切地问：“湖南人都喜欢吃大米，在东北要吃粗粮，你能习惯吗？”这位工人激动地说：“总理，粗粮细粮我都能吃，只要能为国家多产油，吃什么都行！”值班的工人为总理做了罐车装油表演，操作完毕，栈桥上竟没有一滴油污。周总理赞赏地点点头问：“冬天和雨天怎么办？”工人们回答：“坏天气和好天气一个样，坚守岗位，一丝不苟。”周总理听后非常高兴：“这是你们大庆人自己创造的严细作风，四个一样好！我要向全国宣传。”当他得知女医生杨洪文 24 岁尚未结婚，就把陈毅找来，介绍给杨洪文说：“咱们陈外长 40 岁才结婚，是晚婚的模范。”杨洪文立即表示：“我一定向陈外长学习”，周总理急忙插话：“不，不，降低条件，30 岁就行了。”在中三转油站，周总理见到采油指挥部财务科长李英，她是采油一部副指挥孙燕文的爱人，他们有一个 10 岁的女儿和一个 4 岁的儿子，孙燕文响应计划生育的号召做了绝育术。周总理称赞他们是模范夫妻，让记者拍照宣传。

1966 年 5 月 3 日中午 12 点 30 分，周恩来总理、李富春副总理以及宋任穷等，陪同阿尔巴尼亚部长会议主席谢胡一行来到大庆。这是周总理第三次视察大庆油田。

他一边洗漱一边听取大庆的同志介绍情况，中午吃饭时服务员端上热腾腾的高粱米芸豆饭、玉米粥和用搪瓷盆装的大锅烩菜，里面有白菜、萝卜、土豆、粉条，还特意给外宾端上一盘面包。周总理充满激情地说：“今天吃的是大庆饭，他们前两年就是吃的这种饭，还没有这个好呢！”在 1205 钻井队、1202 钻井队，周总理得知这两个队正你追我赶地要年上五万米，赶超苏联功勋队，高兴地说：“他们两个队，如果每个队打井上五万米，国务院要鼓励他们。”临离开井场前，周总理握着铁人王进喜的手，语重心长地说：“你们这两个队如果打上五万米，要告诉我。”在炼油厂参观时他对厂里实行的岗位责任制和检查路线图非常赞赏，

会战诗抄　北风大，我不怕，脚踏云梯上井架。登上高峰看世界，风展红旗美如画。

夸奖道:“这么搞责任就明确了”“你们厂管理得不错，很先进，要继续努力”。晚上，周总理召开座谈会，全面听取大庆的工作汇报，指出:“这里有工人五万八千人，来队家属二万四千户，还有三万四千户没有来，职工每年放假回家，也会造成很大困难。你们组织家属劳动，自力更生好。粮食少，少来，粮食多了，家属可以多来。”接着，他又了解了大庆半工半读和北京石油学院迁入大庆后的情况，他肯定道:“好！理论联系实际好。”座谈会接近尾声时，周总理谆谆告诫道:“不能忘记一分为二的观点，任何时候都不能满足。”会议结束后，周总理又把康世恩等领导留下，根据大庆的实际情况，就建立“工农结合、城乡结合、有利生产、方便生活”的新型矿区、改革教育制度、加强思想政治工作等一系列问题作了重要指示。随后，他又来到生产会议室，认真查看了生产模型、技术革新和油田建设图表。时间一分一秒地过去了，大家一再请总理休息，总理却轻声说:“你们怎么老是让我休息呀！我快 70 岁的人了，让我多做点工作不好吗？”第二天上午周总理一行来到“丰收村”家属管理站，和家属共同唱起了《大庆家属闹革命》。在丰收管理站食堂，他听取了站教导员的情况介绍，品尝了玉米面煎饼。随后，周总理一行又驱车来到大庆缝补厂。他拿起一件刚做完的用 160 多块旧布拼成里子的棉工作服，像宝贝似的看了又看，摸了又摸，深情地说:“好，好！你们要永远保持这种艰苦奋斗的精神。”临返京前，他再一次叮嘱大庆的领导们:“大庆是成功的，你们自己可不要忘了一分为二啊！”

延伸阅读

钻井队: 指从事利用机械设备或人力从地面将地层钻成孔眼的工作的专业队伍。

注水站: 指将水源或处理后的水升压，满足注水井压力要求的地点。担负着注水量的存储、计量、升压、注水一次分配和水质监控等任务。

生产岗位责任制: 指社会主义企业按照生产、工作岗位的职责所建立的一种管理制度。大庆油田的岗位责任制，就是把全部生产任务和管理工作岗位责任制，它是大庆油田最基本的生产管理制度。具体落实到每个岗位和每个人身上，做到事事有人管，人人有专责，办事有标准，工作有检查，保证广大职工的积极性和创造性得到充分发挥。

西油库: 1961 年 7 月建成投产，是大庆石油会战时期建立的第二座油库，主要担负原油铁路装车外运任务，设计装油能力 600 万吨/年。周恩来、刘少奇、邓小平

铁人诗话

北风当电扇，大雪是炒面，天南海北来会战，誓夺头号大油田。干！干！干！

“文化大革命”开始后，大庆油田的生产管理陷入混乱。消息传到国务院，日理万机的周总理忧心如焚。1967年1月，周总理在不同场合先后7次强调“大庆是伟大领袖毛主席树立的典型”，“大庆出了问题，没法向毛主席交代”。1月8日，在北京体育馆，周总理接见了铁人王进喜和全国石油系统的群众代表，他愤慨地说：“为什么有人硬要反对大庆？为什么他们硬要打倒铁人王进喜同志？这是为什么？这是阴谋，是为了毁掉毛主席树立的这个典型。”“大庆靠什么打胜仗？首先，靠毛泽东思想，靠‘两论’（毛泽东主席的《矛盾论》和《实践论》）起家；其次，靠大庆广大职工艰苦卓绝的辛勤劳动；最后，就是靠全国各方，可以说党政军民各方面的大力支持，单单有这三个条件，如果没有组织这次石油会战的领导人，没有这个会战的领导班子，等于说打了一个胜仗没有指挥员，行不行啊？不可能嘛！”“我曾三次到大庆，都受到深刻的教育和启发。那时候，没有任何厂矿像大庆取得那样伟大的成就。”

1967年2月1日，周总理在接见工交战线的群众代表时深情地说：“大庆最近很乱，甚至还有人反对王铁人，我很着急，我一提起这件事就很激动，恨不得飞去看一看。”3月23日，在接见大庆代表时他又强调：“大庆会战是党中央决定的。1960年苏联撤走了专家，这是考验，大庆在那样困难的条件下，五年工夫石油产量由97万吨跳到去年的1060万吨，这是伟大的成绩。毛主席从井冈山时就讲自力更生，1962年我去大庆，那真称得起艰苦

等多位党和国家领导人曾亲临油库视察，并接待过西哈努克、金日成等外国领导人。

转油站：指把数座计量（接转）站来油集中在一起，进行油气分离、油气计量、加热沉降和油气转输等作业的中型油站，又叫集油站。

炼油厂：指将从地层中开采出的原油经过蒸馏、催化、裂化、裂解、加氢精制等工艺过程，生产出柴油、汽油、煤油、润滑油、石油焦、沥青、乙烯等产品的工厂。

铁人诗话　光生气不行，还得干！我们一定要找到更多的大油田，多打井，快打井，多出油。

奋斗，自力更生。”面对错综复杂的斗争，周总理断然采取保护油田的措施，对大庆实行军管。周总理在文件的开头加上“大庆油田是在伟大的毛泽东思想哺育下成长起来的我国工业战线上的典型”，在另一处加上了“大庆军管会由石油工业部和沈阳军区共同领导”。文件很快上报给党中央，毛泽东批示“照办”。

1967 年 3 月 23 日，中共中央、国务院、中央军委联合发出《关于大庆油田实行军事管制的决定》，3 月 27 日，沈阳军区派出部队进驻大庆，油田所属各单位都派了军代表，成立了大庆油田军事管制委员会，组织广大职工抓革命促生产，坚守岗位，完成各项生产任务。周总理在谈到对大庆实行军管这个决定时说：“这个决定，毛主席、中央常委都看过，开头第一句关系到大庆的政治生命问题，这是总体，这个文件是很慎重的，我是不会掉以轻心的，这是毛主席批示照办的。”随着形势的不断发展，大庆油田出现了“两降一升”的局面，如果持

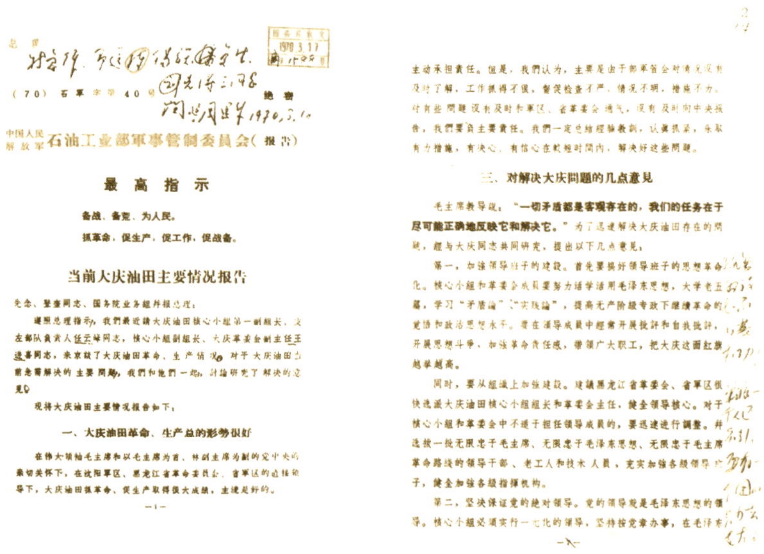
（70）石军字第 40 号　绝密

中国人民解放军石油工业部军事管制委员会（报告）

最高指示

备战、备荒、为人民。

抓革命，促生产，促工作，促战备。

当前大庆油田主要情况报告

先念、登奎同志、国务院业务组并报总理：

遵照总理指示，我們最近請大庆油田核心小組第一副組长、支左部队負責人任云峰同志，核心小組副組长、大庆革委会副主任王进喜同志，来京汇报了大庆油田革命、生产情况。对于大庆油田当前急需解决的主要問題，我們和他們一起，討論研究了解决的意見。

現将大庆油田主要情况报告如下：

一、大庆油田革命、生产总的形势很好

在伟大領袖毛主席和以毛主席为首、林副主席为副的党中央的亲切关怀下，在沈阳军区、黑龙江省革命委員会、省軍区的直接領导下，大庆油田抓革命、促生产取得很大成績，主流是好的。

—1—

主动承担責任。但是，我們认为，主要是由于部軍管会对情况没有及时了解，工作抓得不狠，督促检查不严，情况不明，措施不力。对有些問題没有及时和軍区、省革委会通气，没有及时向中央报告，我們要負主要責任。我們一定总結經驗教訓，认真抓紧，采取有力措施，有决心、有信心在較短时間内，解决好这些問題。

三、对解决大庆問題的几点意見

毛主席教导說：“一切矛盾都是客观存在的，我们的任务在于尽可能正确地反映它和解决它。”为了迅速解决大庆油田存在的問題，經与大庆同志共同研究，提出以下几点意見：

第一，加強領导班子的建設。首先要搞好領导班子的思想革命化。核心小組和革委会成員要努力活学活用毛泽东思想，大学老五篇，学习“矛盾論”、“实践論”，提高无产阶級专政下繼續革命的觉悟和政治思想水平。要在領导成員中經常开展批評和自我批評，开展思想斗争，加強革命責任感，帶領广大职工，把大庆这面紅旗越举越高。

同时，要从組織上加強建設。建議黑龙江省革委会、省軍区很快选派大庆油田核心小組組长和革委会主任，健全領导核心。对于核心小組和革委会中不适于担任領导成員的，要迅速进行調整。并选拔一批无限忠于毛主席、无限忠于毛泽东思想、无限忠于毛主席革命路綫的領导干部、老工人和技术人員，充实加強各級領导班子，健全加強各級指揮机构。

第二，坚决保证党的絕对領导。党的領导就是毛泽东思想的領导。核心小組必須实行一元化的領导，坚持按党章办事，在毛泽东

—八—

▲ 1970 年 3 月 17 日，石油工业部军管会向国务院上报《当前大庆油田主要情况报告》。3 月 18 日，周总理批示“大庆要恢复‘两论’起家基本功”

会战诗抄

站在井场望五洲，八米钻台连全球。一颗红心两只手，誓为祖国献石油。

续下去，后果不堪设想。周总理知道消息后焦急万分。

1970 年 3 月 11 日，周总理把铁人王进喜请到北京，亲自听取了他的汇报，关切地说："大庆的情况我已经了解了。"接着，周总理要求石油工业部立即派人到大庆调查了解，很快形成了报告。3 月 18 日，周总理在石油工业部军管会报送的《当前大庆油田主要情况报告》上批示："要保护好大庆油田，要加速解放大庆的干部。"特别强调大庆不要忘本，"大庆要恢复'两论'起家的基本功"。批示下达到大庆油田后，广大干部职工深受鼓舞，很快恢复了岗位责任制大检查、技术座谈会等制度，迅速扭转生产被动局面。大庆党委发动群众开展大讨论，旗帜鲜明地提出"大干社会主义有理，大干社会主义有功，大干社会主义光荣，大干了还要大干"，胜利开发了喇嘛甸油田，使原油产量每年以 28% 的速度递增，最终于 1976 年跃上 5000 万吨，支撑了濒临崩溃的国民经济大厦。

3. 刘少奇视察大庆油田

1961 年 8 月 7 日，刘少奇主席视察大庆油田。

在列车上，刘少奇听取了康世恩的汇报，讨论了油田建设长远规划的问题。刘少奇一行先来到西油库，询问了油库建设的情况，从战备的角度作出指示："金属油罐摆在地面上，人家一看就知道是油田，还是非金属的好，它隐蔽。"在前往转油站和三排一号注水站途中，刘少奇乘坐的吉普车陷进淤泥中，任凭司机怎么操作也无法脱困。附近的十几名工人闻讯赶来，大家硬是用双手把车子从

延伸阅读

两降一升：受"文化大革命"影响，大庆油田原油生产出现被动局面，投入开发建设的杏树岗油田，由于没有贯彻执行早期注水、保持压力的开发方针，造成油层压力迅速下降、油井产量下降和含水率上升的状况，概括起来叫作"两降一升"。

喇嘛甸油田：位于大庆长垣最北部，蕴藏了 8 亿多吨石油。喇嘛甸油田因储量高、油层物性好等因素，作为战略储备油田一度保留开发。1973 年，大庆油田党委根据国务院及计委"关于全面开发大庆油田，两年建成喇嘛甸油田"的决定精神，开始投建喇嘛甸油田。1975 年产量达到 1099.2 万吨，约占大庆产量的四分之一，全国的七分之一，为大庆油田原油年产上 5000 万吨创造了条件。

会战诗抄　钻头向深钻，钻塔耸云间。天天向高攀，一步一层天。

淤泥中抬出来。站在泥中的刘少奇连声向工人们道谢，工人们则鼓起热烈的掌声，这件小事流传至今，成为一段佳话。在北一区三排52井，看到乌黑的原油带着压力从地下喷射出来，刘少奇高兴地鼓掌，对大家说："这个油田很有希望！"在1202钻井队，听到全队正在赶超苏联功勋钻井队时，他高兴地说："祝你们成功！"在会战指挥部"二号院"，他观看了地质图表、参加了座谈会，并关切地说："工作和生活条件越艰苦，越要搞好职工生活，越要注意劳逸结合。在暂时困难时期，更要关心职工和家属的生活和福利。"当听完油田和黑龙江省领导汇报的大庆发展远景后，他说："大庆这个地方最近几年要增加到几十万人，怎么建设，要很好地规划。几十万人，不能长期没有家呀！暂时没有可以，长期没有不行，所以要盖房子。职工宿舍、家属住宅，要分散地搞，不要集中在一起，炼油厂、化工厂、电厂等可以集中一点。"在谈到家属问题时，他说："家属要很好地组织。多少户可以组成一个合作社或者生产队？又盖房子、又开荒、又种菜。否则，这么多人吃菜全部靠从外地调入问题很大。我看就是十来户为一个单位，公家先用拖拉机把地开好，交给他们去种，每10户贷给两头牲畜，贷给一些锄头、犁耙等，再贷点款，好好种地。在工业发展的时候，就要把农业组织起来，这样工业和农业结合起来，事情就好办了。"正是因为有了这样具体的指示，才出现了之后大庆家属红红火火搞生产的生动局面。

延伸阅读

"二号院"：1960年10月，大庆石油会战指挥机关从安达市区迁到了东部的萨尔图地区。在荒原上建起了"干打垒"、土坯房，作为会战总指挥部用房，编为一、二、三号院，主要领导和部分机关职能部门驻在第二号大院里，此后"二号院"就成了大庆石油会战指挥机关的代称。

"干打垒"：是指当时东北地区居民的一种普遍住房。它除用少量的木材外，几乎全用土筑成。"干打垒"施工简单、成本较低，能够很快大面积推广建设，符合会战时期对住房的迫切需求。1960年全油田突击建设完成了30万平方米的"干打垒"，在荒原上第一次出现了一批新的村落，当年实现了"人进屋、机进房、菜进窖、车进库"的目标。

4. 朱德视察大庆油田

1964年8月1日，中国人民解放军建军37周年。这一天，全国人大常委会委员长朱德视察大庆油田。

康世恩向朱委员长汇报了炼油厂艰苦创业的过程，朱委员长听后非常欣慰，感慨道："你们大庆油田闯出了社会主义企业建设的道路。"当汇报到1952年转业的石油师已经成为石油战线的骨干力量时，朱委员长高兴地说："部队转业也有两种情况，一种是把革命传统坚持下来了，另一种是跟着人家走。1952年转业40多个师到各个部门搞建设，你们石油部门把革命传统坚持下来了，新疆建设兵团也把革命传统坚持下来了。"接着康世恩汇报了组织家属搞农业生产的情况，家属生产队有政治指导员，各单位设有政治部。朱委员长强调，"全国各方面都要设政治部，我们解放军就是靠政治工作建设起来的，大家要学习解放军！"

参观途中，康世恩指着窗外的"干打垒"平房，对朱委员长说："这就是1960年职工、家属搞的土房子。现在也是分散建居民点，这样既便利于工业生产，又便利于农业生产。"朱委员长边看边点头，说："你们树立了一个艰苦朴素的样板，要坚持下去，把家属组织起来搞农业副业生产，还可以搞点放牧。人人都劳动，给国家创造的财富就多了。我们这么大的国家，人口这么多，只有一部分人劳动，我们就富不起来。"在会战指挥部"二号院"，朱委员长对大庆油田提出希望："国家整个形势，各方面工作都好，外贸也好，就是要有硬东西才有力量。你们还有那么多面积，可否多搞些油。现在是石油时代，太需要石油了，以后要的还多。你们要继续前进，要永远保持艰苦奋斗，这是革命的传统，生活上不能和资本主义比，要艰苦一点，要把生产搞好。"他兴致盎然地为大庆题词："大庆是革命精神和科学态度相结合的新型社会主义企业的标兵，戒骄戒躁，永远前进。"随后再次挥毫，题诗一首：

八一参观大油田，
采油部队建功全。
围攻四载荒丘灭，
创造百年企业坚。
政治恰符群众意，
指挥亦并士兵肩。

大军十万开天地，
结合工农典范编。

这首诗，不仅形象地描述了当时大庆油田开发建设的情景，而且首提百年企业，预言了半个世纪后大庆油田的发展前景。

5. 邓小平三次视察大庆油田

中国的石油工业道路到底怎样走，这是困扰石油战线许多领导干部的难题。1958 年 2 月 27 日至 28 日，党中央负责石油工业的总书记兼国务院副总理邓小平用两个下午时间详细听取了石油工业部有关同志的汇报，作出了伟大的战略决策。

邓小平指出："听说你们石油工业部有搞人造油和天然油的讨论？石油工业怎样发展，我看人造油是要搞的，并且下决心搞，但中国这样大的国家，当然要靠天然油。""石油勘探工作在很多地方应当从战略方面来考虑问题，""战略、战役、战术总是要三者相结合的，""必须加强石油勘探设备的制造，加快石油勘探队伍的建设"。"克拉玛依这个地方的缺点是在国家西北边疆的最边上，离用油的地方远，怕运不出来。""苏北交通很方便，那么美的地方，应该加速。如此类推，东北如何促进？四川如何促进？都应该考虑。把真正有希望的地方，如东北、苏北和四川这三块搞出来，就很好。对这些地方应该积极创造条件，在地质上创造一个打井的基础，可以三年搞成，也可以五年搞成，应该提出一个方案来。""在第二个五年计划期间，东北地区能够找出油来就很好。""把钱花在什么地方，是一个很重要的问题。总的来说，第一个问题是选择突击方向，不要十个指头一般平。全国如此之大，二十、三十个地方总是有的。应该选择重要的地方先突击。选准突击方向是石油勘探的第一个问题，不然的

《大庆油田报》文章《小平同志，大庆人永远怀念您》

铁人诗话

担子越重越光荣，困难越大越有闯头，我们要把支援世界革命的千斤重担，自觉地挑起来！

话，可能会浪费一些时间。”“就经济价值来讲，华北和松辽都是一样的，主要看哪个地方能先搞出来。应该由石油工业部组织一下，请地质部和大量的地质专家们来，大家讨论一下，确定个方案。石油勘探的战略方针，不能这里、那里都搞一下，总要有个轻重缓急。哪个地方能先找出油来，哪个地方没有油，要排出一个先后顺序。”“对松辽、华北、华东、四川、鄂尔多斯五个地区，要好好地花费一些精力，研究考虑一番。”

邓小平这一段段远见卓识的讲话，指明了石油勘探工作的战略方针、战术方法，有工作重点，有突击方向，为中国石油工业的发展设计了宏伟的蓝图。根据这一段讲话，中国石油工业发展的重点开始了从交通不便、荒凉落后的西北向交通发达的东部地区的大转移。

1961 年 7 月 23 日，邓小平第一次视察大庆油田。先后前往北 1—58 井、孙玉庭钻井队、北 1 排 2 号转油站、3 排 1 号注水站和正在建设的西油库。

行车途中，邓小平不忘刚才工人师傅告诉他的生产数字，一边计算着一边说：“一口井一天生产 70 吨，一年就是 2.5 万吨；一天生产 80 吨，一年就是 2.8 万吨，这是高产量的井，是好井！”说完情不自禁地笑了。接着，他又问：“炼油厂跟得上吗？”听完康世恩的汇报，邓小平微皱双眉，提高声音说：“要抓紧啰！有啥子困难就说嘛！争取明年搞成！”随后他又检查了职工生活设施，看到工人们正在盖“干打垒”房子，就问：“去年盖了多少？今年又搞多少？”康世恩说：“去年搞了 30 万平方米，今年只能盖 20 万平方米。”邓小平高兴地点点头，说：“30 万加上 20 万就是 50 万，每人平均 10 平方米。”邓小平一路参观，看到油井旁绿油油的庄稼时，高兴地说：“这个地方靠着铁路，有火车站，草原很平，汽车到处可以跑，土地肥，到处能种地，这个地方太好了！青海、玉门、新疆都没有这个条件，四川也没有。”“你们也办个农场，养乳牛、菜牛和羊……井边要多种树。最好种核桃树，可以榨油，又可以吸收水分，每棵树等于一个小水库。”看到油建公司养的猪，他又兴冲冲地说：“要好好养猪，要好好种地。成立专业队，实行单独核算形式，开头两年要补贴点，以后可以自给自足。农副业队生产的东西，也要实行等价交换。专业队是集体所有制，不要和企业混在一起。你们要争取做到蔬菜、副食品自给。”这一句句指示，犹如浓浓的彩笔，勾画着一个美丽壮观的宏图。

1964 年 7 月 16 日，邓小平第二次来到大庆油田，他首先看望了铁人王进喜带领的 1205 钻井队，向当班工人亲切问候。接着他来到中三转油站、中二注水站、李天照井组、西油库，给广大干部职工送去关怀和鼓舞。在“二号院”，他认真详细地听取了油田领导的工作汇报，作出了指示，希望大庆这面红旗树起来，就要树得住；希望大家戒骄戒躁，夺取更大的成绩。

翌日早饭后，邓小平一行视察了炼油厂，此时的炼油厂已投入二期工程施工。为了建设这个炼油厂，邓小平倾注了大量的心血。那是 1962 年初，石油工业部决定加速在大庆建设炼油厂。然而根据年初“七千人大会”精神，国民经济要进一步调整，大批基本建设项目要停建或缓建。而此时，正在筹建的大庆炼油厂急需资金，还差 5000 多万元。最后石油工业部把《关于建设炼油厂一期工程急需增加投资的报告》呈送国务院。邓小平说：“全国在下马，该下的硬是要下，你们这个石油工程很有来头，化纤塑料，该上的硬是要上！ 5000 万就 5000 万吧！”正是由于邓小平拍板定案，一年之后的 1963 年 11 月，一座由我国自行设计、自己施工的大型炼油厂一期工程胜利竣工，当年就加工原油 10.67 万吨，上缴利税 256 万元。

1978 年 9 月 14 日，在我们党即将迎来伟大转折前夕，邓小平第三次来到大庆油田。一下车他便情不自禁地说：“十多年没来了，大庆变化很大。”

他先后参观油田设计院地宫、采油六厂喇二联合站、采油一部中 6—17 井、大庆展览馆。在萨尔图仓库，工人们表演了蒙目摸料，邓小平连声说好。下午，邓小平视察了采油二部图强管理站大寨田、大庆化肥厂、乙烯工程会战指挥部，每到一处都详细询问，作出具体的指示。邓小平十分关心大庆职工的居住和收入情况，他询问“干打垒”房屋还有多少后说：“大庆贡献大，房子要盖得好一些，要盖楼房，要搞建筑材料。”当听说大庆职工标准工资平均 44.6 元时，他说：“太低了，应该高。”在离开大庆临上火车前，他还语重心长地指示：“要把大庆油田

会战诗抄

山外有山楼外楼，石油工人争上游；争得上游莫骄傲，还有先进在前头。

建设成美丽的油田。”在邓小平同志作出这一指示之后，从 1979 年起，大庆油田的楼群如雨后春笋般，大庆职工的生活也和全国人民一样发生了翻天覆地的变化。

邓小平同志不仅对大庆油田的发现和建设做出了战略性的指导，还经常宣传大庆精神。1977 年 7 月 21 日，他在《完整准确地理解毛泽东思想》的讲话中，在谈及学习毛泽东的建党思想时说：“比如，在延安中央党校，毛泽东同志亲笔题的四个大字，叫‘实事求是’，我看大庆讲‘三老’，做老实人、说老实话、干老实事，就是实事求是。”1978 年 4 月 22 日，他在全国教育工作会议上的讲话中指出：“学生负担太重，今后要采取有效措施来防止和纠正。但是，同样明显的是，要极大地提高科学文化水平，没有‘三老四严’的作风，没有从难从严的要求，没有严格的训练，也不能达到目的。”在邓小平同志亲切关怀下，大庆职工的生活水平提高了，但是大庆人时刻没有忘记艰苦奋斗，始终继承弘扬大庆精神、铁人精神，持续努力为国家作出高水平的贡献。

6. 江泽民两次视察大庆油田

1990 年 2 月 25 日，江泽民同志第一次视察大庆油田。他刚下火车就驱车看望铁人的家属。江泽民说：“王进喜同志为中国石油工业的发展立下了汗马功劳，我们吃水不能忘记掘井人啊！”“铁人艰苦奋斗、自力更生、奋发图强的精神，不仅石油战线要学习，解放军也要学习。有了这种精神，任何人想压垮我们，都是不可能的事情。”

江泽民视察了大庆 22 个基层单位，中午与职工一起排队买饭，又与职工共进午餐。视察一天的江泽民仍兴致勃勃，他说：“大庆到处都洋溢着一种展示了中国工人阶

延伸阅读

地宫：会战初期，针对大量石油工人为刚转业的军人、不了解油田基本情况的实际，大庆油田因陋就简举办科普展览，用实物、模型、图表及文字等方法介绍松辽盆地砂岩油田总体概况和局部状态，把地下油层分布的情况、石油生成和运移的规律以及复杂的地质、地貌，通过科普展览直观形象地展示出来。这种石油科普展室被称为“地宫”。当时油田各单位办了 100 多个地宫，广泛普及了石油知识。

联合站：是油气集中处理联合作业站的简称。主要包括油气集中处理（原油脱水、脱盐、天然气净化、原油稳定、轻烃、液化气回收等）、油田注水、污水处理、供变电和辅助生产设施等部分。

级风貌的大庆精神。”他与大庆领导亲切交谈后，挥毫题词：“发扬大庆精神，自力更生、艰苦奋斗，为建设有中国特色的社会主义而努力。”江泽民高度赞扬大庆“四个精神、五大贡献”，即“为国争光，为民族争气的爱国主义精神；独立自主，自力更生的艰苦创业精神；讲究科学，‘三老四严’的求实精神；胸怀全局，为国分忧的奉献精神”。江泽民又概括了大庆的五大贡献，第一，大庆油田的发现与开发建设，打破了中国贫油论之说；第二，在三年最困难的时期，大庆在能源上支援了各地，为国家作出了贡献；第三，在“文化大革命”中，为支撑濒临崩溃的经济作出了贡献；第四，在资产阶级自由化的阴风煽起时，大庆坚持了社会主义方向，坚持了思想政治工作，坚持了党对企业的领导；第五，在 1989 年春夏之交的政治风波时，大庆保持了石油高产。在讲完大庆的贡献后，他又语重心长地说：“大庆在给国家创造物质财富的同时，给我们党、给我们国家、给我们工人阶级创造了一个很宝贵的思想财富，也就是中央再三肯定的那四个精神，我们应该珍惜它，而且在今后实现四化的过程中，它是非常重要的。”最后，他意味深长地说：“作为一个城市来讲，总还是有一个长远的将来，如何未雨绸缪作点考虑。”

1995 年在庆祝大庆油田开发建设 35 周年之际，江泽民为大庆题词：“发扬大庆精神，搞好二次创业”。1997 年 1 月 17 日，江泽民在人民大会堂接见了“新时期铁人”王启民，并与中国石油天然气总公司工作会议代表合影留念。此后，江泽民在讲话中多次提到大庆精神和王启民。他说：“今天我要特别给你们坦率地亮一个思想，就是中央认为，我们建设有中国特色的社会主义，不单单是要经济搞上去，还有一个很重要的，就是要把精神文明建设搞上去。大庆精神、艰苦奋斗、‘三老四严’等传统作风，是我国工人阶级的优秀品质，大庆是我国工业战线的一个好榜样，大庆职工和石油队伍是我国工人阶级的英雄队伍。我们现在有了第二代铁人，我认为应当大力宣传他们的事迹。”1998 年在抗击百年不遇的洪水斗争中，江泽民亲临抗洪前线，在哈尔滨听取了大庆油田的汇报，并指出：

会战诗抄 不怕天刮风下“西瓜”（冰雹），不怕地翻浆道路滑。困难越多劲越大，誓把大油田早拿下！

“当前，在抗洪救灾的艰苦斗争中，尤其要大力发扬大庆精神。”

2000年8月24日，江泽民同志第二次视察大庆油田。在考察了中十六联合站、萨中聚合物配置站后，来到铁人王进喜生前所在的1205钻井队。在钻井平台上，在隆隆的机器声中，他关心钻井队的作业情况，更关心工人们的工作环境。当看到钻井工人劳动条件已大为改善、劳动强度大为降低时，他十分满意，并与油田劳动模范、铁人王进喜的家属一一握手，向他们表示慰问。在1205钻井队施工现场，他表示，对大庆的未来充满信心。工人们提议与他一起唱歌时，他连声说好。“高举红旗去战斗，踏着铁人脚步走……”高亢有力的歌声表达了大庆人一往无前的英雄气概。

7. 胡锦涛视察大庆油田

1984年8月16日，胡锦涛同志来到大庆检查工作。在大庆团干部会议的讲话中指出：“大庆的精神，体现了我们中华民族的优良品质和我们中国工人阶级的英雄气概。大庆精神是我们宝贵的精神财富，是我们大庆的新一代成长的丰富营养。大庆精神不仅仅是我们六十年代建设大庆的时候所需要的，也是我们今天建设现代化的大庆油田所需要的。”

1996年3月21日，胡锦涛在接见大庆油田主要负责同志时强调：“要珍惜大庆光荣史，再创大庆新辉煌。大庆这面旗帜在全国人民心目中有着很高的地位。大庆人的奋斗业绩，至今令人感动、令人鼓舞，使中国人扬眉吐气、引以为豪。大庆的历史功绩不仅在于为国家生产了十几亿吨原油，而且还在于为国家造就了一支英雄的工人阶级队伍，培养输送了一大批领导骨干和科技骨干；不仅在于创造了巨大的物质财富，而且在别人卡我们脖子、国家十分困难的时候，用石油支撑了我们共和国的经济大厦。还有很重要的一条，就是在大庆油田的开发建设中，培育了大庆精神、铁人精神这一宝贵的精神财富。希望同志们发扬光荣传统，努力开拓创新，做到承前启后，继往开来。”

1998年8月26日，胡锦涛来到大庆抗洪前线和受灾地区，慰问抗洪军民，看望灾区群众，鼓励广大军民与洪水斗争到底，夺取最后胜利。在大庆抗洪抢险最前沿，胡锦涛指出：“党中央、国务院十分关注大庆的抗洪抢险斗争。大庆油田是我国最大的石油工业基地，在我国经济发展中，有着十分重要的地位和作用。今年嫩江发生历史罕见的特大洪水，给大庆油田和大庆市人民生命财产造成了严重的威胁。在这紧要关头，黑龙江省委、省政府作出了‘宁肯牺牲农田，也要确保大庆油田’的决策。大庆油田的广大干部职工，在搞好抗洪抢险的同时，坚持生产，把灾害降低到最小的限度，为全国经济的发展，作出了积极贡献。希望大庆全体干部职工克服困难，继续努力，完成全年的计划指标，为国家的改革开放和现代化建设作出更大的贡献。”

2009 年 6 月 26 日，胡锦涛视察大庆油田。他首先来到铁人王进喜工作过的 1205 钻井队作业现场，对大家说："与 50 年前相比，现在的条件已经有了很大不同，但大庆精神永远是激励我们不畏艰难、勇往直前的宝贵精神财富。希望大家高扬钢铁 1205 钻井队的旗帜，发扬优良传统，继续艰苦创业，为我国石油工业发展作出新的更大的贡献。”随后，胡锦涛来到大庆油田勘探开发研究院采收率实验楼。他高兴地说："你们提出的超越权威、超越前人、超越自我的口号很有气魄，要继续弘扬这种精神，瞄准更高目标，攻克更多难关，使大庆油田不断焕发新的生机，为确保我国能源安全发挥更大作用。”胡锦涛还参观了大庆油田历史陈列馆，同大家一起重温大庆油田的创业和发展历程。胡锦涛深情地说："50 年来，以铁人王进喜同志为代表的一代又一代大庆油田创业者，怀着为国争光、为民族争气的远大胸怀，克服重重困难，创造了极不

延伸阅读

油藏的采收率：是指采出原油的数量与油藏原始地质储量之比。油藏的地质条件和现有的开发采油工艺水平，决定了一个油藏原油采收率的高低。随着开发工艺水平的不断提高，原油采收率也将随之增加。就原油开采技术先进的国家来讲，提高原油采收率都将是主要课题。一个大油田，即使其原油采收率提高 10%，其原油的增产数量也是相当可观的，甚至相当于一定规模的新油田。

会战诗抄

“一穷二白”不怕，怕的是没有革命雄心；失败挫折不怕，怕的是没有革命毅力；千难万险不怕，怕的是没有实干精神。

平凡的业绩，生产了大量国家经济发展需要的宝贵石油产品，培育了爱国、创业、求实、奉献的大庆精神，锤炼了一支敢打硬仗、勇创一流的英雄队伍，在我国石油工业发展史上，谱写了光辉的篇章！”

8. 习近平总书记心系大庆油田

2009 年 9 月 22 日，时任中央政治局常委、中央书记处书记习近平出席大庆油田发现 50 周年庆祝大会并发表重要讲话。他指出：“大庆的成长和辉煌，见证了中华人民共和国的成长和辉煌；大庆的探索和成功，体现了党领导人民进行社会主义建设、进行改革开放的探索和成功；大庆的成绩和贡献，已经镌刻在伟大祖国的历史丰碑上，党和人民永远不会忘记。”他强调：“正是在党中央、国务院的正确领导下，在全国人民的大力支持下，大庆油田 50 年来不仅取得了巨大成就，而且积累了宝贵经验，给我们提供了许多深刻启示。国有企业的发展和进步，必须同国家和民族的命运紧紧联系在一起；必须坚持马克思主义科学理论的指导；必须始终坚持全心全意依靠工人阶级的根本方针；必须突出科技创新这个主题。”并寄希望于大庆油田：“结合新的实际，一如既往、与时俱进地大力弘扬大庆精神、铁人精神，保持艰苦奋斗、锐意进取的精神风貌，进一步做好油田开发建设的各项工作，以油田科学发展、和谐发展的骄人业绩，为做强做大我国石油工业作出新的更大的贡献。”在大庆期间，习近平还亲切会见了部分大庆石油会战老同志和铁人王进喜的亲属。

2016 年，受国际低油价的冲击，大庆油田面对“历史上第一次整体性亏损”，产量的压力、效益的压力、改革的压力，如同重重大山压在大庆人的心头。2016 年 3 月 7 日，习近平总书记参加十二届全国人大四次会议黑龙江代表团审议，听取大庆油田党委书记姜万春发言后，语重心长地指出：“大庆就是全国的标杆和旗帜，大庆精神激励着工业战线广大干部群众奋发有为”，“只要精神不滑坡、办法总比困难多。我们从来都是在压力和挑战中前进的，也一定能继续在压

会战诗抄　不怕狂风暴雨打，不怕翻浆道路滑。不怕腰酸骨头碎，不怕泰山头上压。练就一身钢筋骨，手托钻机走天下。

力和挑战中不断前进。”5月份在视察黑龙江时，他强调“大庆精神、铁人精神激励了几代人，今天我们仍然要用这些精神来教育广大党员干部”。6月份他又做出重要批示，要大力弘扬以“苦干实干”“三老四严”为核心的石油精神，凝聚新时期干事创业的精神力量。这些亲切的话语、指示在石油战线激荡起深刻而有力的回响，给予大庆全体干部职工巨大鼓舞。大家表示，要牢记总书记的重要讲话精神，坚定信心，弘扬大庆精神、铁人精神，坚决打好应对低油价的攻坚战，以实际行动让党中央放心，不辜负总书记的殷切期望。

2019年9月17日，在庆祝中华人民共和国成立70周年之际，习近平总书记签署主席令，授予42人国家勋章、国家荣誉称号，授予大庆“新铁人”王启民“人民楷模”国家荣誉称号。

2019年9月26日，习近平总书记为大庆油田发现60周年发来贺信，高度评价大庆油田为党和国家作出的卓越贡献，要求大庆不忘初心、牢记使命，大力弘扬大庆精神、铁人精神，不断改革创新，推动高质量发展，肩负起当好标杆旗帜、建设百年油田的重大责任，为实现“两个一百年”奋斗目标、实现中华民族伟大复兴的中国梦作出新的更大的贡献。这既是对大庆油田的充分肯定，也是对中国石油乃至整个石油工业的重大政治嘱托和殷切期望。大庆油田干部职工把深刻领会习近平总书记重要指示精神所蕴含的真理力量、闪耀的思想光芒、彰显的实践伟力作为第一位的政治任务，努力在学懂弄通上下硬功夫，在创造性贯彻落实上下硬功夫，奋力当好标杆旗帜，创建百年油田。落实习近平总书记关于加大国内油气勘探开发力度的指示批示，全力以赴大打勘探开发进攻战，打好稳油增气攻坚战，立志再创新绩、再立新功，为保障国家能源安全作出大庆人的贡献。

二、工业学大庆运动的推动和影响

在我国工业发展史上，曾持续了18年之久的工业学大庆运动，有着重要的历史意义。这场运动起于1964年毛泽东主席发出工业学大庆号召，止于1981年党中央发布〔1981〕47号文件，持续时间之长、涉及范围之广、作用影响之深在中外工业发展史上都是罕见的。回顾这场不平凡的运动，可以分为三个阶段。

1. 1964—1966 年，工业学大庆运动的起始阶段

大庆经验轰动全国，形成了总结大庆经验的热潮。大庆会战进行到 1963 年下半年，已经取得了决定性胜利。1963 年 10 月下旬，国家经委和东北局经委在大庆召开“东北地区基层工业企业经验交流座谈会”，参加会议的有东北地区大型国营企业的厂长，国家经委、东北局经委的专家与负责人，共 100 多人。会议由国家经委第一副主任谷牧、东北局经委主任顾卓新主持。按照会议的安排，会议代表先轮流参观了 20 个基层单位，包括钻井队、采油队、集油站、家属缝补厂以及“地宫”、油库、新建的炼油厂，等等。然后，由副总指挥兼生产办公室主任张文彬汇报“三年石油会战进展情况”，副总指挥陈李中汇报“油田地面建设，集中优势兵力打歼灭战情况”，会战指挥部生产办公室副主任宋振明汇报“坚持基层岗位责任制情况”，副书记吴星峰汇报“加强思想政治工作情况”。通过这些参观考察和听取情况汇报，与会代表反响热烈。大家称赞大庆石油会战是我国工业战线的一项创举，赞扬大庆工人艰苦奋斗精神，以及在科研工作、生产管理方面取得的成就与经验。座谈会的情况很快传到北京，国家经委决定宣传大庆事迹与经验。1963 年 11 月 6 日，康世恩在国家经委召开的全国工交工作会议上作了报告，反响热烈。12 月 24 日、28 日由彭真主持，在人民大会堂先后由康世恩、余秋里向中央、国家机关和北京市领导干部数万人作了报告。

延伸阅读

“工业七十条”：1961 年 9 月，中共中央颁发了《国营工业企业工作条例（草案）》（以下简称《条例》），该条例共 10 章 70 条，故称“工业七十条”。70 条中对中国工业企业的计划管理、技术管理、劳动管理、工资管理、奖励和职工福利、经济核算、企业财务、生产协作、责任制度、党委领导下的厂长负责制、工会和职工代表大会、党的工作等重大问题作了明确的规定和说明。它是中国工业企业管理的第一个总章程。《条例》总结了中华人民共和国建立以后，特别是三年“大跃进”中正反两方面的经验教训，对于贯彻执行“调整、巩固、充实、提高”的八字方针，清除“左”倾思潮的影响，提高工业管理和企业管理水平，加快工业发展，充分调动职工积极性等都发挥了重要的指导作用。

会战诗抄

辩证法是无价宝，革命生产离不了。采油工人掌握它，地下油水听指导。要油油就流，治水水就走。

大庆石油会战时期，正值我国总结大跃进的经验教训，提出了“调整、巩固、充实、提高”八字方针和制定颁发《工业七十条（草案）》的时期。在大庆会战中，既注意纠正那种不讲科学的盲目蛮干和大轰大嗡作风，又注意保护群众的冲天革命干劲，以及充分发挥人的主观能动作用。到 1963 年，在贯彻八字方针取得重大成绩后，毛主席和党中央抓住大庆这个典型，进行广泛的宣传，振奋人们的精神，推动国民经济全面好转，这一举措非常明智、非常及时、非常正确。

1963 年后，毛主席多次提出工业学大庆的问题。10 月，毛主席在关于学习解放军，加强思想政治工作的批示中写道：“现在全国学习解放军、学大庆，学校也要学习解放军……看来不这样是不行的，是不能振起整个工业部门成千上万的干部和工人的革命精神。”1964 年 1 月 7 日，毛主席在听取全国工业交通情况汇报时要求报纸写些新鲜事物，报道学习解放军、学习石油工业部，并在会上表扬了石油工业部会战经验和大庆铁人王进喜。同年 2 月 13 日，在召开的春节座谈会上，毛主席说：“过去我们工作有错误，一是瞎指挥，二是高征购，主要是这两条。现在改正过来了只是又走向了反面，有的地方不指挥，那就没劲了，这不好，要鼓起劲来。所以要学习解放军，学习大庆！”

《工人日报》文章《工人阶级的光辉形象——王铁人》

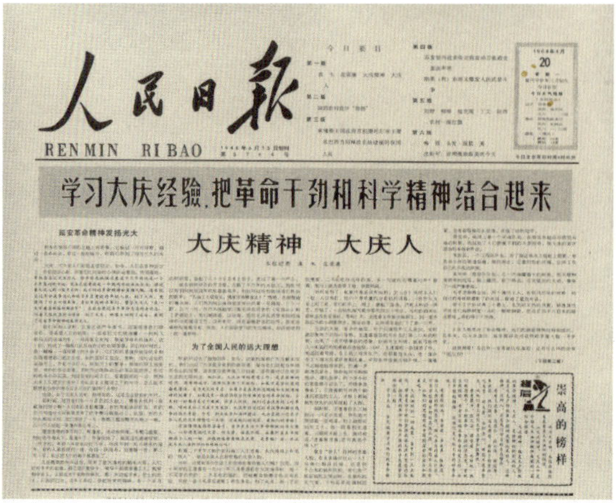
人民日报
RENMIN RIBAO
学习大庆经验，把革命干劲和科学精神结合起来
大庆精神 大庆人
崇高的榜样

▲ 1964 年 4 月 20 日，《人民日报》刊发长篇通讯《大庆精神大庆人》

1964 年 2 月，中央颁发《关于传达石油工业部关于大庆会战情况报告的通知》后，全国各省市的大型企业特别是黑龙江省和石油系统的企业，主动组织人员到大庆学习，每日有上千人在大庆参观。与此同时，也有许多上级单位请大庆领导和铁人王进喜，到外地介绍经验。还有很多文化艺术界、新闻界

的知名人士，在周恩来总理的鼓励下，到大庆深入生活，进行创作，讴歌中国工人阶级在社会主义建设中的创造性劳动精神和风貌。一时间，大庆感到接待压力很大，有些力不从心。4 月，周总理指出：“要加强对大庆的新闻报道，减轻大庆的压力。”4 月 20 日，《人民日报》首先发表了记者袁木、范荣康合写的通讯《大庆精神大庆人》，报道了大庆人吃大苦、耐大劳，为让祖国甩掉贫油落后的帽子而忘我拼搏的感人事迹。同时，还发表了《编后话》，指出：“大庆精神，就是无产阶级的革命精神。大庆人，是特种材料制成的人。这种精神，这种人，正是我们学习的崇高榜样。”此后，《人民日报》《工人日报》等新闻宣传单位，又陆续发表了不少有关大庆油田的报道。《工人日报》记者李冀、张杰、杜铁采写的《工人阶级的光辉形象——王铁人》等一批有影响的报道，影响了一代人。这期间，中央和国家领导人周恩来、朱德、陈毅、董必武、邓小平、李富春、薄一波、张鼎丞、叶剑英、贺龙、罗瑞卿等，都到大庆视察访问，给大庆以指示或题词。外宾朝鲜首相金日成和罗马尼亚主席杨·格奥尔基·毛雷尔也对大庆进行访问，对大庆的成就给予充分肯定。

为了将工业学大庆运动和本地区、本单位的实际结合起来，1964 年 4 月 20 日，周恩来总理在上海召开的工业交通“五好”集体、“五好”职工代表大会上的讲话中指出：“大庆是全国的标兵，每个城市、每个县、每个工厂还要树立自己的大庆。你们上海这次召开的‘五好’集体、‘五好’职工代表大会，就是树立上海的大庆标兵，这是非常重要的。如果全国各地都派人去大庆学习，那大庆非搞垮不可，就交通问题也没有办法解决，大庆已经有点招架不住了。”在这种情况下，全国上下逐步地把学大庆运动和提高本行业、本地区工业管理水平结合起来，涌现出一批学大庆的先进单位。

1965 年，《人民日报》、北京人民广播电台等新闻单位，陆续发表《学大庆从哪里学起》《大庆作风是怎么样养成的》等文章，使学大庆运动向深层次发展。各行业、各系统都把学大庆和本单位实际结合起来。全国总工会和全国妇联召开

会战诗抄

北上延长奔袭七里镇，西出嘉裕转战戈壁滩，南入天府嘉陵苦鏖战，东越山海关征服大草原。

工矿企业职工代表和妇女代表大会时，邀请大庆家属代表呙冬英、苑柏琴、于文兰等，向首都工矿企业的1万多名干部和职工家属积极分子，汇报大庆家属组织起来，参加农副业生产的经验。国家经委、科委在北京召开工业科学技术座谈会时，也邀请大庆的油田总地质师闵豫和油田副总工程师刘文章，介绍大庆油田发展新技术和新工艺的经验。1965年5月，刚上任不久的国家工交政治部主任陶鲁茄前往大庆视察，看到大庆人自己办的《成就展览》很有新意，就建议搬到北京去展出。这个展览，在石油工业部领导的亲自过问下，几经修改，实际变成了大庆经验形象化的展览。经过邓小平等领导的审查，同年11月，在北京历史博物馆正式展出。不到半年时间，参观人数上百万，影响极大。

1966年2月至3月，国家经委和工交政治部在北京召开全国工业交通工作会议和政治工作会议，推荐了全国工矿企业70个学大庆先进单位，介绍先进经验，这是全国工业学大庆活动召开的第一次盛会。会上，薄一波副总理就工业学大庆问题，做了重要讲话。会议还提出了当时公交战线的工作方针：高举毛泽东思想伟大红旗，大力学习解放军政治工作经验；广泛开展学大庆、创“五好”的比学赶帮活动；多快好省，好字当头，努力增产，狠反浪费，促进工业生产新高潮；进一步开展群众性的技术革新、技术革命，赶超国内外先进技术水平；大力支援农业，巩固工农联盟；积极支援国防，保证国防重点建设，为促进工农业新发展，完成国家计划而奋斗。

这次会议还专门请铁人王进喜作《一不怕苦、二不怕死、全心全意拿下大油田》的报告，会议取得了圆满成功，各行业的革命精神都振奋起来了，一个生产建设新高潮，很快在工业战线上涌现出来。

石油行业以大庆经验为依据，组织了渤海湾石油会战，很快拿下胜利和大港油田，建成了上海等两个大型炼油厂。到1965年，我国所用的原油和成品油，完全实现自给。鞍山钢铁公司和开滦煤矿学习大庆经验，以解放军为榜样加强思想政治工作，建立健全岗位责任制，生产形势很快由被动转为主动。铁路机车制造部门学习大庆的集中兵力打歼灭战，试制成功2000匹、1200匹和600匹三种不同类型内燃机火车头，代表着我国铁路运输牵引动力更新换代的开始。上海市提出：“学大庆、见行动”口号，全市三分之一的企业和车间干部，一半时间搞管理，一半时间参加生产劳动，提高了生产效率。广州重型机器厂工人学习大庆，鼓起了冲天革命干劲，机器厂的工人说：“大庆人在极端困难的条件下开发油田，浑身是劲，我们也要争口气，外国人能做到的东西，我们也要做到。”这段时间里，全国工业战线，处处以大庆为榜样，自力更生，艰苦奋斗，实行增产节约，开展比学赶帮活动，一片朝气蓬勃的新景象。

2.1966—1976 年，工业学大庆运动的曲折阶段

正当全国工矿企业职工贯彻中央指示精神、开展工业学大庆运动、全力以赴进行增产节约的时候，史无前例的“文化大革命”开始了。这一场给国家政治、经济、文化带来严重灾难的运动，当然也给工业学大庆带来了严重的干扰与破坏。

“文化大革命”开始不久，林彪、“四人帮”一伙把目光对准了大庆油田。1966 年 10 月 9 日到 28 日，中共中央召开了工作会议，开始批判资产阶级反动路线。这期间，那些根本不懂工业生产的人，根据“四人帮”一伙的指示，硬说：“大庆经验是走资派总结出来的黑经验。”宣扬了“资产阶级的突出政治落实在生产上”的理论。攻击“岗位责任制、三老四严，是资产阶级的管卡压”“工农结合、城乡结合是假共产主义”。与此同时，张春桥也在上海叫嚷：“王铁人表现也很不好，可能走向反面。这些年来，他的地位发生了变化，是既得利益者，有名、有利、有地位，还有什么革命要求呢？”在“四人帮”一伙的煽动下，当年 11 月，北京的红卫兵到大庆点火，冲击了油田正在召开的科研技术座谈会，大庆的科研工作从此中断。1967 年的一二月份，大庆生产指挥系统瘫痪，各项规章制度被废弛，科研部门被解散，各类事故不断，油田出现了严重的混乱状态。

1976 年 6 月，国务院领导小组向党中央汇报前三季度主要经济指标完成情况时指出：“5 月份以来，工业生产和铁路运输大幅度下降。钢和铁的平均日产

会战诗抄

谁说会战苦，我说最幸福。日日传捷报，越干越舒服。

都降到1.2万吨，为全年计划日产量的50%；发电量每天平均下降到1.57亿度，为全年计划日发电量的60%；原油日产量平均下降到2.8万吨，为全年计划日产量的40%；铁路平均日装车数下降到1.91万次，为计划日装车数的46%。第三季度全国工业生产平均水平，大约只有原计划的50%。”受其影响，大庆油田刚刚稳定了的生产秩序再次受到冲击，操作规程被一些人撕掉，“天天读”代替生产会，造成产量下降，事故接连发生。8月份，被迫关井449口，原油生产由日产量36500吨降至19000吨。9月份，大庆炼油厂发生加氢车间爆炸，死伤130多人。特别是在开发新区杏树岗油田时，不进行科学论证，提出“三年不搞科研，照样出油”的谬论，简单地用老区方案开发新区。结果，投产不久，就出现了产量下降、压力下降、含水上升的“两降一升”被动局面。

1969年4月，中国共产党第九次全国代表大会在北京召开。这次会上，王进喜当选为中央委员，受到毛主席的接见。不久，王进喜被选为大庆革命委员会副主任。1970年3月，王进喜到北京，向石油工业部军管会和国务院汇报大庆油田的情况，提到了大庆所受的影响，派仗不断、管理不严、科研停顿、事故很多，油田出现“两降一升”局面。周总理看了王进喜的汇报，对大庆非常关心，于3月18日，在石油工业部的报告上批示：“大庆要恢复‘两论’起家基本功”，并要求石油工业部立即派人到大庆帮助解决问题。当年4月，石油工业部派原石油工业部副部长孙晓风等人，组成工作组，到大庆帮助工作。孙晓风到大庆后，首先，传达了周总理的指示精神；其次，广泛召开职工座谈会，了解油田存在的问题，提倡加强生产管理，落实恢复生产的措施。由于当时大搞战备工作，大部分机械设备被占用，孙晓风便采取人拉肩扛的办法进行修井，提高产量。但是，当时大庆的领导人和几个造反派对孙晓风的这一做法并不认可。他们认为：王进喜汇报不实，周总理受骗了，继而提出相反的意见，做出了“继续大练革命基本功的决定”，批判阶级斗争新动向，并认为孙晓风同志搞的一套是复旧。为此还对王进喜进行了多次围攻，甚至在外油田开会时因围攻王进喜，引起了与会人员的公愤。

1971年，毛主席在全国视察工作时，沿途多次说：工业学大庆，农业学大寨，全国人民学习解放军，解放军学习全国人民。为此，《人民日报》《红旗》杂志、《解放军报》发表社论，也重提“进一步开展工业学大庆，农业学大寨，全国人民学习解放军运动”。这一年的 6 月 20 日，《人民日报》又专门发表了经周总理审阅的《工业学大庆》社论。社论指出：“大庆，是伟大领袖毛主席提倡的一面红旗，工业学大庆是毛主席向全国人民发出的伟大号召。几年来，毛主席的号召极大地鼓舞了我国工人阶级自力更生、艰苦奋斗，越来越深刻地改变了我国工业面貌。今年，开始实行发展国民经济第三个五年计划的时候，许多地方的党代表大会提出进一步开展学大庆的群众运动。一个以大庆为榜样，抓革命、促生产的群众运动的新高潮正在蓬勃开展。这对于推动工业战线的斗、批、改，加快社会主义建设，进一步巩固无产阶级专政，具有极为重要的意义。”社论指出，“大庆的经验充满高度革命精神，没有一个革命化的密切联系群众的领导班子是学不好的。王进喜同志，是大庆工人阶级的模范人物，也是大庆班子的优秀代表。他是一不怕苦、二不怕死的铁人，是捍卫毛主席革命路线的英雄，当了中央委员不骄不躁，一面工作，一面劳动，鞠躬尽瘁，死而后已。王进喜同志是毛主席表彰过的那种老实人，是发扬大庆油田‘三老四严’等革命作风的榜样，各级领导班子成员都要向王进喜同志学习！”

20 世纪 70 年代，随着我国政治经济形势的变化，工业学大庆运动出现了两种不同的导向，产生了两种不同的效果。

一种导向是，“抓革命、促生产”，加强劳动纪律，严格规章制度，努力完成生产任务。受“文化大革命”的影响，工农业生产遭到严重破坏，劳动纪律涣散、管理松懈。由此，强调工业学大庆要发扬独立自主、自力更生、艰苦奋斗、勤俭建国的方针。在周总理的主持下，起草了《1972 年全国计划会议纪要》。纪要明确要求，“企业要恢复和健全岗位责任制、考勤制、技术操作规程、质量检查制度、设备维修制度、经济核算制度等 7 项制度”。还提出，“企业要抓数量、品种、质量、原材料燃料动力消耗、劳动生产率、成本、利润等 7 项指标”。会上，已任燃化工业部第一副部长的康世恩代表燃化部发言，批判了林彪一伙以突出政治为名，反对生产管理的谬论。这次会议纪要，由于张春桥的阻止，没能正式传达下去，康世恩的发言受到追查。

1973 年元旦《人民日报》发表毛主席的“深挖洞、广积粮、不称霸”指示的社论，提出：“要继续开展工业学大庆的群众运动，加强生产管理，提高产品质量，降低成本，提高劳动生产率。”在这种导向的指引下，工业学大庆运动中涌现出了一批完成或超额完成任务的先进企业。

四川省工业战线提出：“以大庆为榜样，抓革命，猛促生产。”全省广大工人、干部和技术人员，为了创造优异的成绩，坚持以大庆为榜样，鼓足干劲，力争上游，推动生产多快好省地向前发展。1971年上半年，全省工业总产值比去年同期增加了30%以上；钢、钢材、生铁、原煤、车床、木材、硫酸、化肥、纯碱、农药、天然气、棉纱、棉布等主要工业产品，产量都比去年同期大幅度地增长，其中化肥增长60%以上。

天津市在1974年5月，召开“工业学大庆经济交流会”，大张旗鼓地表彰了一大批在生产上作出卓越贡献的学大庆先进集体和先进个人，打破了“文化大革命”以来，“只讲政治，不敢讲生产”的沉闷局面。为此，《天津日报》还发表社论指出：“学大庆，就必须像大庆那样，坚持独立自主、自力更生、艰苦奋斗、勤俭建国的伟大方针，破除迷信，打破洋框框，走我国自己发展工业的道路。要敢闯、敢超、敢于创新，要像铁人那样，一不怕苦、二不怕死，艰苦奋斗、战天斗地、排除万难，鼓足干劲、力争上游，多快好省地建设社会主义。”

1974年，农业部召开黑龙江、吉林、四川、云南、甘肃、陕西等六省地林业管理部门“工业学大庆”座谈会，介绍大庆式企业典型大兴沟和穆棱两个林业局的经验。大兴沟和穆棱林业局，一个是森林资源较少的局，另一个是森林资源较多的局。大兴沟从国家需要的大局出发，从改变我国森林资源少的伟大目标出发，学习大庆人的革命英雄主义，坚定贯彻建林以营林为基础的方针，全面规划、合理布局，通过10年的努力，加速抚育改造，大力培育人工林，绿化荒山70多万亩，使一个资源濒于枯竭的局，做得越来越好。穆棱林业局的广大职工，在“学大庆永向前，艰苦奋斗20年”的口号鼓舞下，坚持合理采伐、采育结合，大打营林造林之仗，一年人工造林10万亩，朝着产量翻一番的目标奋进。他们共同的体会是，学大庆，就是要有大庆那种改天换地大干社会主义的革命精神，一定要保持过去革命战争时的那么一股劲，那么一股革命热情，那么一种拼命精神。舒舒服服学不了大庆，轻轻松松改变不了面貌。

另一种导向是，在“文化大革命”的背景下，工业学大庆运动越来越政治化。1974 年 4 月，上海市召开“工业学大庆经验交流会”后，《文汇报》发表文章提出：“学大庆，一定要学根本，归根到底就是要把巩固无产阶级专政的任务落到每一个基层，使我们企业成为反修防修的战斗堡垒，巩固无产阶级专政的坚强阵地！”大会认为，进一步开展工业学大庆，就是继续认真学习大庆的基本经验，就是坚持党的基本路线，坚持无产阶级专政。管工业、办企业、搞生产，都是为了巩固无产阶级专政、实现共产主义这个大目标，离开了这个大目标，经济工作就会走到邪路上去。这些把企业当成政治团体的导向，对学习大庆产生了严重的干扰和负面作用。例如：1974 年，黑龙江省召开工业学大庆经验交流会，许多工厂企业代表说：“大庆经验千条万条，最根本的一条就是在一切工作中坚持和巩固无产阶级专政。”一位矿务局的党委书记，回顾学大庆的教训时说：“过去我们有两次到大庆学习，本本上记的是指标、制度，回去后只抓质量标准化、管理制度化，学大庆没有学到根本上，收效不大。”有的代表做“检查”说：“把大庆当成了生产典型，没有从阶级、阶级斗争的高度去认识，犯了错误。”

1973 年，邓小平担任国务院副总理，协助周总理工作，加快了经济恢复和企业整顿的步伐。他根据周总理的指示，经毛主席同意，在国家计委的提议下，从美国、荷兰、日本等国，进口了 43 亿美元的成套设备和单机的引进方案，即“四三方案”。其中包括：13 套大化肥、4 套大化纤、3 套石油化工、1 套烷基苯工厂，并决定安排一套大化肥和一套石油化工在大庆油田。这套工程的实施，对提高大庆综合利用和炼油向深层次的石油化工发展，有着深刻的意义。可以说，这是大庆油田的一次技术革命和技术革新。但是，这次引进措施和大庆建设的大化工程，却遭到了“四人帮”的极力反对。他们借口“反对唯生产力论”，把这次引进说成是“崇洋媚外”。在“批林批孔”中，他们大批“洋奴哲学、爬行主义和地主买办资产阶级思想”，把矛头指向了周总理和邓小平。

这一年，大庆油田还开始了另一项重大工程，开发喇嘛甸新区。这是 1972 年，经过周总理苦心研究，在不得已的情况下，亲自批示进行的。喇嘛甸新区

镜头人物

宋振明：（1926—1990年）1938年参加革命，1942年加入中国共产党。解放后，先后任玉门矿务局运输处处长、采油厂厂长、大庆石油会战指挥部副指挥、大庆党委书记、石油化学工业部副部长、石油工业部部长、国家能源委员会副主任、中原油田会战领导小组组长等职务。

位于大庆长垣的北部，储量占长垣总量的25%。会战时期，它作为战备油田储备。1972年10月，由于交通运输不畅，山西的煤炭无法运送出来，全国燃料紧张。在这种情况下，周总理找燃化部副部长康世恩商量，决定提前开发战备油田。康世恩深知周总理的良苦用心，决定组织好这次油田开发会战。他派焦力人副部长到大庆，和宋振明一起研究合理的开发方案。

1973年3月26日，大庆油田的钻井、油建、采油、运输、供应等各路职工，一万多人汇集到喇嘛甸新区开始会战。会战中，宋振明发现当时参加会战的职工，多数是1964年以后参加工作的徒工，长期以来没有升级，工资加补贴每月才24元。而会战中劳动量非常大，吃得多，伙食费特别贵。当时，流行一个顺口溜："开水煮白菜，一月18块，稍微有点肉，26块也不够。"所以，多数工人在工地只吃馒头，不吃菜。针对这个问题，宋振明

▲ 1974年8月23日，油田鲜明地提出"四个大干"

会战诗抄

大雪铺路平坦坦，寒风给咱擦热汗。驾起我的解放牌，一夜运走万座山。

主张每个月给会战职工补助误餐费 9 元钱。这一措施，得到会战职工的拥护和赞同。但是，有些人却说，这是搞“物质刺激”“收买人心”。他们组织批判会，张贴大字报说：“大庆不抓阶级斗争，不坚持政治挂帅，执行的是修正主义办企业道路。”他们煽动群众，提出了“不为错误路线生产卖命”的口号。针对这些谬论，大庆工人豪迈地提出了“大干社会主义有理，大干社会主义有功，大干社会主义光荣，大干了还要大干”的口号，生产抓得更紧，油田开发速度进一步加快。仅用两年的时间，就采用新技术打井 1000 口，建成原油产能 800 万吨的规模，为大庆年产 5000 万吨奠定了基础，缓解了国家燃料紧张的困难。黑龙江省许多煤矿企业学习大庆提出的“四个大干”，增加原煤产量，为国家在困难时期，作出了特殊贡献。燃化工业部在开滦召开了“学大庆赶开滦交流会”，大庆介绍了“四个大干”的经验，许多油田和煤矿企业也以“四个大干”为口号，振奋起超额完成任务的斗志。于是，“四个大干”就从大庆喊到了黑龙江省，从黑龙江省喊到了全国，成为当时反对“四人帮”破坏生产的一种精神动力。

1975 年 1 月 13 日到 27 日，全国人大四届一次会议在北京召开。会前发出通知，转述了毛主席提出的意见：“全党要团结，把国民经济搞上去。”大会期间，选举邓小平主持中共中央日常事务和国务院的日常工作。此后，企业整顿的步伐和“工业学大庆”的力度加大了。1975 年初，国务院决定成立“工业学大庆办公室”，由赵荫华任主任。工业学大庆办公室的任务是：调查研究和总结大庆及工业学大庆的经验；推动全国工业学大庆活动广泛、扎实、有效地向前发展；普及大庆式企业。

同年 5 月，国务院决定：由谷牧领导，吴冷西、胡绳、袁木等人参加，在工业学大庆办公室和大庆油田领导的参与下，总结大庆办企业的经验。几经修改，草拟出《坚持党的基本路线，走毛主席指引的办企业的道路》的报告。这个报告阐述了不能把抓生产当“唯生产论”，把关心群众生活当成搞“物质刺激”；要建立健全以岗位责任制为中心的生产管理制度，要建立完善的科研系统；要狠抓领

会战诗抄

北风大，我不怕，风雪严寒算个啥。为了革命多出油，发愤图强把井打。

导班子建设，要把敢于负责的人调整进领导班子；要加强思想政治工作，开展社会主义劳动竞赛，等等。报告与同年8月国务院、国家计委起草的《关于加快工业发展的若干问题》的精神一致。

3. 1977—1981年，工业学大庆的高潮阶段

1976年10月26日，党中央一举粉碎了“四人帮”篡党夺权的阴谋，在危难中挽救了党和国家。这标志着“文化大革命”十年浩劫结束，我们国家进入了一个新的历史时期。1977年，《人民日报》《解放军报》和《红旗》杂志联合发表的元旦社论《乘胜前进》，传达了党中央的战略任务。社论说：“在新的一年里，要深入开展揭批‘四人帮’；深入开展农业学大寨、工业学大庆的群众运动；努力把国民经济搞上去；进一步把群众性的学习马列主义和毛泽东著作运动推向新的高潮。这是大治天下的四项战斗任务。”为落实“四项战斗任务”，1月19日，中共中央正式发出《关于召开全国工业学大庆会议的通知》。根据通知精神，全国各省、市、自治区和有关部委及大型企业，都开始认真地做调查研究和准备工作。

在通知发出以前，国家工业学大庆办公室的工作，就已经进入紧张的倒计时。早在1975年12月，办公室派出工作组到大庆油田蹲点，帮助总结经验。工作组成员深入基层，和工人们同吃、同住、同劳动，掌握了大量的第一手资料。初步总结出：领导班子建设、建立生产指挥系统和科学研究系统、建立健全岗位责任制度、加强职工思想政治工作、开展社会主义劳动竞赛等几个方面的经验。1976年元旦，在零下30多摄氏度的严寒与狂风大作的深夜里，工人们精神抖擞，忘我劳动，大干社会主义的动人

镜头人物

赵荫华（1919—2017年）1961年7月—1979年6月，历任国家经济委员会企业管理局局长，国家计划革命委员会生产组副组长兼生产办公室主任。

吴冷西（1919—2002年）曾任新华社社长、广东省委书记、中央文献研究室副主任、广播电视部部长、中华全国新闻工作者协会名誉主席和中国广播电视学会名誉会长等职务。1975年任国务院政治研究室的领导成员。

胡绳（1918—2000年）原名项志逖，笔名蒲韧、卜人、李念青、沈友谷等，中国著名哲学家、近代史专家。1982年出任中共党史研究室主任，负责研究中国共产党党史，起草《关于建国以来党的若干历史问题的决议》和修订《中华人民共和国宪法》。

袁木（1927—2018年）中华人民共和国国务院研究室原主任兼国务院发言人，20世纪70年代曾任中央组织宣传组组织联络员办公室组织联络员、中央组织部调研室负责人。

场面，给工作组留下了永生难忘的回忆。通知下发以后，办公室抓紧时间，积极地研究拟订工业学大庆的条件标准。经过从下而上、从上而下的几个反复和多次修改，拟订出“工业学大庆六条标准”，即有一个坚决执行毛主席无产阶级革命路线和党的各项政策，认真贯彻“鞍钢宪法”的坚强的领导核心；有一支用毛泽东思想武装起来的，能在阶级斗争、生产斗争和科学实验中打硬仗的铁人式职工队伍；有一套全心全意依靠工人阶级的，科学严密的社会主义企业管理制度；坚持大搞技术革新和技术革命，不断挖掘生产潜力，企业的技术改造进展快，收效大；年年全面完成国家计划，主要技术经济指标达到先进水平；认真执行“五七”指示，做到以工为主，兼搞别样，在有条件的地方，要像大庆油田那样，搞农副业生产。同时，为掌握交流全国学大庆的准备情况，办公室还成立了《工业学大庆简报》组，及时反映企业整顿、制度健全、思想工作等方面的经验。

为迎接工业学大庆会议的召开，全国各省、市、自治区和各部门，也都做了大量的准备工作。全国共推荐出学大庆典型 181 个，选出大会发言 60 个，很多省市和行业都提前召开了经验交流会，推广先进经验。如：黑龙江省召开工业学大庆会议，请大庆介绍揭批“四人帮”、大干社会主义的经验，还树立了哈尔滨水泥厂、建华机械厂、鸡西矿务局、合江地区交通局、延寿县邮电局等工业学大庆的典型。铁路系统于 1977 年 2 月，在北京召开会议，学习大庆、揭批“四人帮”破坏铁路交通的罪行。会议指出，1975 年《中共中央关于加强铁路工作的决定》是正确的，不仅推动了全国铁路形势的好转，而且促进了整个工业生产和交通运输事业的发展。会议研究了学习大庆经验管好铁路，大干快上的问题。确定上半年客车、货车，都要恢复到历史最高水平。

党中央为开好工业学大庆会议，组成坚强的筹备领导小组。早在通知下发前，1976 年 12 月 2 日至 20 日，国务院就在北京召开了全国工业学大庆会议的筹备会议，出席会议的有各省市、自治区主管工业的书记，国务院有关部委和工业学大庆办公室的负责人以及新华社等新闻单位有关人员，共计 196 人。会议由

铁人诗话　有人问我，老讲先苦后甜，究竟苦多少年，有个完没有？我看我们这一辈子就不要想这个，能享多少就享多少嘛，和解放前对比一下，我们就是享福了嘛。

王震、余秋里、谷牧、孙健等副总理主持，主要是听取各省、市近期学大庆、揭批“四人帮”的情况，大庆党委第一副书记陈烈民同志介绍了大庆的基本经验。会议还讨论了召开全国工业学大庆会议的有关问题，共同商定了初步方案。会议结束时，要求各省、市、自治区和各个部门回去以后，要广泛发动群众，深入揭批“四人帮”，掀起抓革命、促生产的高潮，以优异的成绩迎接全国工业学大庆会议的召开。

全国工业学大庆会议通知下发后，2 月 14 日，中央领导批准了筹备小组关于召开全国工业学大庆会议筹备工作的几个问题的请示报告，同意成立会议领导小组。组长由谷牧担任，袁宝华、宋养初、康世恩、方强为副组长；袁宝华兼任秘书长；张耀祠、李梦夫、马仪、张百发、宋振明、王磊、陈剑飞、宋英奇、曹志等为副秘书长；秘书处下设会务组、文件起草组、简报组、典型资料组、宣传报道组、总务组、保卫组、展览组等，分路筹备各方面的工作。3 月 3 日至 9 日，由副秘书长李梦夫、陈剑飞、曹志带领 25 人，组成第一批赴大庆先遣组，去哈尔滨和大庆，分别与黑龙江省委和大庆党委领导进一步落实召开大会的有关事项。3 月 18 日，筹备组又派第二批赴大庆先遣组，前往大庆具体协商在大庆期间开会的各方面具体情况。3 月 28 日，谷牧副总理听取了黑龙江省、大庆油田、会议秘书处第二批赴大庆先遣人员关于会议准备工作情况的汇报，并同各代表团先遣队负责人会谈，提出开好会议的要求。强调指出，会议的各项准备工作中，最重要的是思想准备，各代表团一定要做好思想发动工作，使大家充分认识学大庆的重要意义，端正态度，真正地把大庆经验学到手。4 月 5 日，中央政治局听取谷牧关于会议准备工作情况的汇报后，批准了会议日程。4 月 6 日，袁宝华召开秘书处会议，传达中央政治局的指示。当天，秘书处工作人员 490 多人，乘专列到大庆，开始接待工作。4 月 9 日到 13 日，各地和部门的代表团 7000 多人，陆续到大庆报到，分别住在 17 个驻地。4 月 14 日到 19 日，全体代表编成 10 个大队，分 5 路和中央领导一起，冒着风雪严寒参观和视察大庆的化肥厂、化纤厂、6 排 17 井、萨尔图仓库、缝补厂、喇 2 联合站、油田科学陈列馆、1205 钻井队和 1202 钻井队、女子采油队、红卫星家属管理站等基层单位。大家一致反映：百闻不如一见。一进大庆处处是课堂，事事受教育。大庆的工作，的确是实实在在、扎扎实实，不是一点好，而是全面好。大家对这样的典型口服心服，表示：“大庆不愧是工业战线的一面红旗”。

4 月 20 日，天气放晴，气温回升。大庆油田数万名职工、家属、学生手持彩旗、花束，排在街道两旁，兴高采烈地向会议代表致意。

下午 3 时，全国工业学大庆会议在大庆建成不久的大会棚隆重开幕。国务院副总理李先念致开幕词。国家有关部委领导和各省、市、自治区代表团团长，大寨大队、大寨公社的代表和南京军区某部“硬骨头六连”的代表，都在台上就座。大庆会战初期作出贡献的“五大标兵”王进喜、马德仁、段兴枝、薛国邦、朱洪昌和其他省市的全国著名劳动模范王崇伦、王君少、王林鹤、裔式娟、毛信贤、苏广铭、马恒昌、刘声、马六孩、黄荣昌等，以及先进企业、先进单位的代表，六七千人汇集一起，这次会议堪称是工业战线上的一次群英大会。

全国工业学大庆会议召开期间，大庆党委书记、革命委员会主任宋振明作了题为《高举毛主席的伟大旗帜，走我国自己工业发展的道路》的经验介绍。接着，大庆油田的先进基层单位代表，钢铁 1205 钻井队、采油二部 49 队、油建二大队三中队、红卫星家属管理站先锋五队、大庆化肥厂、大庆供应指挥部等单位也分别介绍了经验。此外，大庆革委会副主任闵豫以《用“两论”精神指导科学研究，努力赶超世界油田开发先进水平》为题、大庆革委会副主任张瑞清以《加强财务管理，努力为社会主义增加积累》为题、大庆生产办公室副主任张立中以《加强领导，依靠群众，管好用好设备》为题，分别介绍了经验。这次经验介绍从始至终都贯彻了一条主线，以马克思主义、毛泽东思想为指导，狠批“四人帮”对党、对国家、对大庆的干扰和破坏，全心全意依靠工人阶级走自力更生艰苦奋斗的道路，把大庆建设成重要的石油化工基地，长期支援我国社会主义四个现代化的发展。4 月 23 日，大庆经验介绍完后，纪登奎宣布会议在大庆阶段的任务已经胜利完成，下一阶段的会议将在北京继续召开。

全国工业学大庆会议视频

会战诗抄

钻井工人干劲大，哪怕风雪路滑。竖起钢塔开机器，油龙俯首听话。到处挂满冰花，茫茫银海如画，丹心热血红旗举，困难不在话下。

4月23日至26日，全体代表和工作人员分批由大庆返回北京。谷牧主持召开第二次领导会议。袁宝华介绍会议在北京阶段的具体日程安排，并研究了如何开好会议的问题。4月27日，工业学大庆会议在北京继续召开。大会上发言的有省、市、部、委的领导，有学习大庆取得优异成绩的地、县介绍先进企业典型。他们以各自的典型事例，介绍了我国工业战线上，正确贯彻毛主席重要指示，排除“四人帮”干扰破坏，努力发展生产和大干社会主义，普及大庆式企业的生动情况。例如：湖南省委书记于明涛的发言——《努力完成毛主席交给我们的建设工业省的伟大事业》；江苏省常州市委书记何冰皓的发言——《用“穷棒子”精神学习大庆，让大庆之花开遍县社工业》；郑州铁路局李克基的发言——《打倒“四人帮”，郑州铁路局有希望》；鞍钢弓长岭铁矿王君绍的发言——《顶逆流控潜闹翻番，战震灾重新建设开滦》，等等。这些典型极富新意，给人以振奋，代表了我国工人阶级大公无私、奋发向上的英雄气概。

4月30日，各代表团认真讨论了大庆式企业标准，提出了修改意见，决心创更多的大庆式企业。5月4日，在北京人民大会堂，余秋里副总理受中央委托，作题为《全党、全国工人阶级动员起来，为普及大庆式企业而奋斗》的报告。叶剑英、李先念、陈锡联、纪登奎、汪东兴、粟裕、沈雁冰等大批党、政、军领导出席，盛况空前。在接下来的三天，与会代表分析讨论余秋里的报告，并制定学大庆和普及大庆式企业的规划。

这次工业学大庆会议，无论是参加人数、开会时间，还是影响意义等方面，都是空前的。会议把工业学大庆运动推向了最高潮，可以说是历史上一次极其重要的会议。参会同志表示，通过学习和实地参观，从思想上认识到大庆经验的根本方面：①大庆从会战开始，就方向明确，靠“两论”起家，打破洋框框，走自己工业化的道路。在“文化大革命”的十年里，正确贯彻毛主席的各项指示，顶住林彪、“四人帮”的干扰破坏，无论什么情况下都坚持大干社会主义，努力把完成生产任务落实在基层。②大庆努力培养一支觉悟高、干劲大、作风好的铁人式队伍，有一种革命加拼命的精神，有一种不干则已，一干就干到底的狠劲，有一种在任何困难前坚韧不拔的毅力。大庆人创造的为国争光、为民族争气的大庆精神和铁人精神，是大庆取得胜利的力量源泉。③大庆实行技术革命和技术革新，依靠科技力量，迅速发展了生产力。17 年来，石油产量以平均每年增长 28%的幅度持续上升。油田的开发和建设，有自己独特的创造，在许多方面赶上和超过了外国最先进的水平。④大庆善于从实际出发，总结经验教训。在生产向前发展，管理出现问题的时候，依靠工人的觉悟，总结经验教训，建立健全岗位责任制，并在实践中培养出“三老四严”的作风，使生产井井有条。在生活发生困难的时候，从油田实际出发，把家属组织起来参加生产劳动，建立“工农结合、城乡结合”的新型矿区，使整个矿区人人生活在组织之中，出现了新型的人际关系。⑤大庆各级党委的领导艺术高明，工作方法很有创造性。他们始终坚持高度革命精神同严格科学态度相结合，深入思想政治工作同合理的规章制度相结合，开展共产主义理想教育同执行社会主义政策相结合，大干苦干同关心群众生活相结合，调动了一切积极因素，为建设社会主义服务。

工业学大庆会议的召开，对全国工人阶级和全国人民都是一个巨大的鼓舞，极大地调动了广大干部和群众建设社会主义的积极性。工业生产和交通运输全面上升，许多工业产品都超额完成了计划。石油始终高产、稳产，铁路运输创历史最高水平，钢铁生产的形势也迅速好转。一些受“四人帮”严重干扰破坏的地区和企业，生产一跃而起，发展很快。当年 4 月，贵州省工业总值比去年同期增加 55%，河南增加 30%，全国经济形势又出现大好局面。在这种大好局势下，会议代表情绪高涨，劲头十足。许多代表团把大会精神及时向家里传达，有些省市不等代表回去就召开了万人大会，进一步开展了学大庆、发展生产的高潮，四川和山东这两个人口最多的省，提出互相竞赛。接着，北京和上海、江苏和湖南、湖北和广东、广西和甘肃，也结成对子开展竞赛。可谓形势喜人，形势逼人。参加会议的各部、委机关代表一致认为，一定要认真学，扎扎实实地学，当大好形势的促进派。不仅要学大庆，而且要学习石油部门，以他们为榜样，搞好机关的思想革命化，更好地为社会主义建设贡献力量。

这次工业学大庆会议召开后，全国工业形势迅速发展。中央召开了系列重要

铁人诗话 条件不好，要艰苦奋斗，条件好了，也要艰苦奋斗，艰苦奋斗这个旗帜，我们要一直举到共产主义。

会议，做出了许多重大的战略部署，确定了三年、八年、二十年的发展规划。地方党委加强了对工业学大庆运动的领导，组织了社会主义劳动竞赛，对工交企业特别是大型骨干企业下功夫进行整顿。许多地方，领导同志亲自抓薄弱环节，有力推动了工业生产的发展。国务院的工交部门，下力气抓好本部门的工作；石油工业部抓住大庆油田这个典型，推动本部门的工作，为工交战线不断提供新的经验；煤炭部在全行业推广开滦的经验，大力建设特别能战斗的队伍，大搞老矿挖潜翻番，加快新井建设，一大批重点煤矿学大庆、赶开滦，工作颇有成效；冶金部发动群众，粉碎“四人帮”的帮派体系，抓班子整顿，抓队伍建设，抓企业管理，扭转了钢铁生产长期徘徊的局面；全国最大的钢铁企业鞍钢，学大庆大干快上，一年翻身，被命名为大庆式企业；铁道部同地方党委一起，狠抓老大难，整班子，抓基础，恢复以调度为中心的指挥系统的权威，做到全线畅通无阻。全国建成大庆式企业 3000 个左右，比原有的大庆式企业增加了三倍多，为企业总数的 3%。到 1978 年的第一季度末，原油持续稳产高产，完成 2485 万吨，比上一年第四季度每天增加 1 万吨；原煤超产 1400 多万吨，比上一年第四季度增长 3%；钢的生产到 3 月份累计产量 765 万吨，已完成全年计划的 27%；发电量完成 576 亿度，比上一年同期增长 23%；拖拉机、内燃机等农业机械和配件，比上一年同期增长 30%到 50%；化肥日产水平达到 12900 吨，比上一年第四季度日产增加 1 万吨；轻纺工业生产情况很好，完成全年任务的 25%以上。其他行业也都完成或超额完成了第一季度的任务，全国形势越来越好。

在这样的大好形势下，国务院于 1978 年 4 月中旬召开了第二次全国工业学大庆会议。李先念、余秋里、康世恩等领导出席会议，并作了重要发言。会议期间，来自大庆油田、开滦煤矿、鞍山钢铁公司等企业的负责人，以及石油工业部、煤炭部、冶金部、铁道部等部门的负责人，系统地介绍了他们近一年来深入学大庆和整顿企业的情况和经验。这次会议对提高产品质量问题进行了专门讨论。国家经委主任袁宝华同志向会议作了题为《坚决把产品质量搞上去，促进国民经济高速发展》的报告，要求各地区、各部门、各企业放手发动群众，大打一场质量翻身仗，保证当年所有的产品质量都达到历史最好水平，已达到历史水平的要赶超世界先进水平。通过这次会议，各地区、各部门、各企业都对提高产品质量的重要性，有了新的认识，大大增加了紧迫感。

这次会议之后，全国各企业在进一步深入揭批“四人帮”、开展工业学大庆运动、贯彻执行“工业三十条”试行草案、强化企业整顿上狠下功夫，彻底弄清了加强党的领导和以生产为中心的关系；彻底弄清了办社会主义企业，必须坚持严格的规章制度，必须立足于优质的产品和工程质量，必须学习国外先进技术，必须实行按劳分配等一些根本性的问题。不少地区和部门注意用典型指导一般，推动全局。煤炭系统开展学“纲要”、创水平竞赛；纺织系统开展了“万米无疵布”“无次品”的竞赛活动；铁道部开展学赶“毛泽东”机组的竞赛活动等，都取得了成效。各地区和各部门以整顿为重点，狠抓薄弱环节，整顿一批，验收一批，经过一年的努力，企业面貌发生了很大变化。到 1978 年底，累计建设县属以上大庆式企业 1 万多个，约占全国县属以上企业的 8%；其中大中型企业 2000 个，约占全国大中型企业的 20%。

1978 年 12 月 18 日至 22 日，中国共产党第十一届三中全会在北京召开。这是一次具有划时代意义的重要会议。会议重新确立了党的马克思主义思想路线，坚决批判了“两个凡是”的错误方针；全会果断地停止使用“以阶级斗争为纲”和“无产阶级专政下继续革命”的口号，做出把工作重点转移到社会主义现代化建设上来的战略决策；全会总结了党的历史经验教训，重新确立了党的正确组织路线，决定在组织上健全党的民主集中制，加强集体领导。党的十一届三中全会从根本上冲破了长期“左”倾错误的严重束缚，使党重新回到马克思主义的正确路线上来。

1979 年 1 月 1 日，《人民日报》发表题为《把主要精力集中到生产建设上来》的元旦社论。社论根据三中全会精神指出，“把全党工作的重点转移到社会主义现代化建设上来，是一个伟大的战略转变。全体干部、全体党员和全国人民要动员起来，跟上客观形势的发展，在思想上来一个大解放。当前，摆在我们经济战线上的任务，就是把主要精力集中到生产建设上来。实现四个现代化，大幅

会战诗抄

废寝忘食心情愿，不拿油田不甘休。东征西讨南北战，为党争光理当然。

度地提高目前落后的生产力，必然要多方面地改变同生产力发展不相适应的生产关系和上层建筑，改变一切不适应的管理方式、活动方式和思想方式”。

这一年，邓小平提出，坚持四项基本原则和改革开放的总路线为工业发展指明了方向，并开始讨论计划和市场如何结合，开始讨论生产的目的和生产、消费的关系。同年5月25日，国家经委、财政部、对外贸易部等6家单位发出《关于在京、津、沪三市的八个企业进行企业管理改革试点的通知》，并转发了《关于企业管理改革试点座谈会纪要》。该纪要指出，在总结我国企业管理经验的基础上，学习外国的科学管理方法、手段，做到洋为中用；改革企业管理必须扩大企业管理自主权，改企业基金制为利润留成制，企业在产品生产、销售、试制和资金使用、认识安排、职工奖惩等方面，拥有部分权力；建立职工代表大会制度，扩大职工的民主管理权力等。同时，与工业有密切关系的价格体制、外资体制已开始改革，建设经济特区也在酝酿过程。

在这种形势下，如果再单一地抓工业学大庆运动，创大庆式企业，推动工业实现现代化，显然与发展的形势已不相适应了。根据形势发展，工业学大庆办公室修订了《大庆式企业标准》和1980年要把1/3的企业建成大庆式企业的奋斗目标。实事求是地提出，学习大庆经验要和本单位实际相结合，要解放思想，勇于改革，勇于创新，勇于把外国先进经验和本地区、本部门、本单位实际集合起来，创一条建设社会主义的新路。

1981年12月18日，中共中央下发国家经委党组《关于工业学大庆问题的报告》的通知，对大庆的基本经验和工业学大庆运动做出正确评价，认为：国家经委党组

延伸阅读

工业三十条：中共中央于1978年5月颁发了《关于加快工业发展的若干问题的决定（草案）》，该草案共30条，故称“工业三十条”。其主要内容包括：揭露批判“四人帮”、整顿企业领导班子；实行党委领导下的厂长负责制，改进工业管理体制，发挥中央和地方两个积极性；工业大力支援农业；把发展燃料、动力、原材料工业和交通运输业放在突出位置；企业要挖潜、革新、改造和加强综合利用；把提高质量、增加品种放在第一位；增加积累，厉行节约；基本建设打歼灭战；加强科学研究和采用先进技术；开展劳动竞赛，实行各尽所能、按劳分配原则；关心职工生活，加强劳动纪律，改进工作方法和工作作风等。“工业三十条”总结了中国工业管理的经验，恢复和肯定了1961年中央颁发的“工业七十条”中规定的行之有效的方针和政策，它对于医治“文化大革命”造成的经济创伤和为进一步发展工业和整个国民经济发挥了积极作用。

对大庆的基本经验，工业学大庆运动，大庆式企业的分析和看法，是符合党的六中全会精神的，对工交战线今后宣传和学先进典型的意见，是切实可行的。过去在长期“左”的思想影响下，把大庆的一切经验都和阶级斗争、路线斗争联系起来，去总结，去拔高，直至把有些经验绝对化、模式化，在宣传和推广中出现了这样或那样的问题，这是在特定的历史条件下造成的。中央希望，全国工交战线的领导干部和广大职工，都要从自己的实际情况出发，学习和发展包括大庆在内的一切先进典型的经验，以改进领导作风，建设职工队伍，加强企业管理，推进四化建设。中央希望，大庆和整个石油战线的领导干部和广大职工，要继承优良传统，发扬革命精神，务必谦虚谨慎，坚持“两分法”前进。

《人民日报》文章《中共中央发出召开全国工业学大庆会议通知》

此后，集中的、大规模的、群众运动式的学大庆活动结束了，但是某个行业、某个领域、某个专题全国性的学大庆活动还经常进行。如 2004 年由国资委党委举办的“国有企业企业文化建设经验交流研讨会”在大庆召开；2006 年国有企业“四好”班子建设工作座谈会在大庆召开；2007 年中宣部、国资委党委联合开展“新时期大庆油田思想政治工作调研”；2011 年中央企业及地方国资委负责人会议在大庆召开，等等，均产生广泛影响。

三、来自中共中央和国务院的肯定

在大庆油田不同的发展时期，中共中央下发三个文件，国务院发出六次贺电、贺信对大庆油田的建设发展给予肯定，这是大庆油田的光荣和骄傲。

1. 中发〔1964〕78 号文件

大庆石油会战取得胜利后，1963 年 12 月 28 日，余秋里在中央机关 17 级以上干部大会上作了《关于大庆石油会战情况的报告》。中央机关和北京市的干部以及一些工厂企业的职工听了这个报告备受鼓舞，极大地推动了各方面的工作。为了让全国普遍传达这个报告，中共中央于 1964 年 2 月 5 日发出〔1964〕78 号

中发〔1964〕78号文件《中央关于传达石油工业部关于大庆石油会战情况的报告的通知》

文件《中央关于传达石油工业部关于大庆石油会战情况的报告的通知》。该通知指出：大庆油田的经验虽然有其特殊性，但是具有普遍意义。他们贯彻执行了党的社会主义建设总路线，坚持政治挂帅，坚持群众路线，系统地学习和运用解放军政治工作经验，把政治思想、革命干劲和科学管理紧密结合起来，把工作做活了，把事情做活了。它是个多快好省的典型，它的一些主要经验，不仅在工业部门中适用，在交通、财贸、文教各部门，在党、政、军、群众团体的各级机关中也都适用，或者可做参考。

2. 中发〔1977〕1号文件

1977年1月19日，中共中央发出《关于召开全国工业学大庆会议的通知》。该通知指出："大庆是伟大领袖毛主席亲自树立的我国工业战线的一面红旗。大庆，按照毛主席的路线、方针、政策，走出了一条我国自己工业发展的道路。'工业学大庆'是毛主席的英明决策。我国工业战线开展工业学大庆运动，取得了很大成绩，一大批先进企业、先进集体和先进人物在茁壮成长。'四人帮'反党集团出于其反动本质，千方百计否定大庆经验，破坏工业学大庆运动……以达到他们篡党夺权、复辟资本主义的罪恶目的。由于他们的干扰破坏，筹备了两年的全国工业学大庆会议，一直没能开成。粉碎了'四人帮'，排除了干扰，召开全国工业学大庆会议的条件具备了。""全国工业学大庆会议的主要任务是：深入揭发批判'四人帮'阴谋篡党夺权的罪行，认真学习大庆经验，制定今后五年普及大庆式企业规划和实现这个规划的具体部署和主要措施。"通知明确要求，工业战线的广大干部和群众，要把大庆工人阶级提出的"大干社会主义有理，大干社会主义有功，大干社会主义光荣，大干了还要大干"的战斗口号化作实际行动，以优异的成绩迎接全国工业学大庆会议的召开。

铁人诗话

"两论"是咱们的传家宝，子孙万代不能丢，一定要用毛泽东思想把脑瓜子武装起来，才能百战百胜。

3. 中发〔1981〕47 号文件

1981 年 12 月 18 日，中共中央下发《中共中央转发国家经委党组〈关于工业学大庆问题的报告〉的通知》。1980 年 9 月，黑龙江省委书记李力安给胡耀邦同志写了一封信，提出对工业学大庆运动问题要有一个明确的说法。为此，国家经委党组根据党的十一届三中全会的思想路线，实事求是地评价了大庆经验，认真总结了学大庆中的经验教训，形成了《关于工业学大庆问题的报告》并呈给中央。中共中央同意这个报告，并以文件形式转发。文件肯定了大庆的基本经验，认为工业学大庆运动主流是好的，对其历史作用应当加以肯定，并对今后工交战线继续开展学先进活动提出了建议。

中发〔1981〕47 号文件《中共中央转发国家经委党组〈关于工业学大庆问题的报告〉的通知》

4. 国务院致大庆油田五千万吨稳产 10 周年贺电

1986 年 1 月 25 日，国务院为庆祝大庆油田实现五千万吨稳产 10 周年发来贺电。贺电指出：大庆油田实现连续稳产 10 年的目标，是在油田进入中高含水采油阶段，地下情况发生重大变化，开采难度逐年增大的情况下取得的，你们在生产建设上做了大量艰苦扎实的工作，在科学技术上发扬勇攀高峰的精神，通过富有创造性的劳动，不仅为国家创造了巨大的物质财富，而且使油田高含水期采油技术达到了世界先进水平，这是我国社会主义经济建设的一项重大成就，也是我国科学技术发展的一项重大成就。

5. 国务院致大庆油田发现 30 周年贺电

1989 年 9 月 28 日，国务院为庆祝大庆油田发现 30 周年发来贺电。贺电指出：30 年来，大庆油田以马克思列宁主义、毛泽东思想为方针，继承和发扬我们党和人民解放军的优良传统，

各个时期国务院贺电

会战诗抄

天上星星亮晶晶，地下一片篝火红。大庆工人学“两论”，油田一片读书声。

在社会主义工业建设的实践中，形成了以高度的爱国主义、艰苦创业和求实、献身精神为主要特征的大庆精神，以及加强党的领导，加强思想政治工作，推进科技进步，实行科学管理，充分发扬民主，全心全意依靠工人阶级，办好社会主义企业的成功经验。大庆精神和大庆经验，过去曾激励我国工业战线职工奋发前进，今后仍将继续发挥榜样和鼓舞作用。

6. 国务院致大庆油田开发建设35周年暨5000万吨稳产20周年贺电

1995年9月19日，国务院向为国民经济发展作出重大贡献的大庆油田广大职工发来贺电。贺电指出：35年来，在党中央、国务院的亲切关怀下，大庆油田为我国石油工业的发展和社会主义建设作出了突出贡献，为国家创造了巨大的物质财富，精神文明建设也取得了丰硕成果。大庆油田开发建设的实践证明，无论过去和现在，大庆油田都是我国工业战线的一面旗帜，大庆油田的职工队伍是一支爱国敬业、英勇善战、能打硬仗的队伍。大庆精神和大庆经验，过去曾激励我国工业战线广大职工奋勇前进，今后仍将继续发挥激励和鼓舞作用。

7. 国务院致大庆油田发现40周年贺电

1999年9月21日，国务院在庆祝大庆油田发现40周年贺电中指出：40年来，大庆油田广大干部、职工以马克思列宁主义、毛泽东思想、邓小平理论为指导，艰苦创业，拼搏进取，形成了以“爱国、创业、求实、奉献”为突出特征的大庆精神、铁人精神，并连续24年保持年产原油5000吨以上水平，为我国石油工业的崛起和国民经济的发展作出了重大贡献，成为我国工业战线的一面红旗。国务院特向你们，并通过你们向大庆油田各级干部、工程技术人员、工人和离退休干部、职工及家属同志们，表示热烈祝贺和亲切慰问！

8. 国务院致大庆油田发现50周年贺电

2009年9月17日，国务院就大庆油田发现50周年向大庆发贺电。贺电指出：50年来，几代大庆人艰苦创业、拼搏奋进、无私奉献，大庆油田已发展成为我国最大的石油生产基地，为保障国家能源安全、促进国民经济和社会发展作出了突出贡献，不仅创造了巨大的物质财富，而且创造了以“爱国、创业、求实、奉献”为鲜明特征的大庆精神、铁人精神，成为激励中国人民不畏艰难、勇往直前的宝贵精神财富。大庆油田开发建设的辉煌历程，谱写了我国产业工人和科技工作者自力更生、艰苦奋斗的壮丽诗篇，再次向世人证明，中国人民有志气、有信心、有能力不断创造非凡的业绩，不断铸就社会主义现代化建设事业的新丰碑！

9. 国务院致大庆油田发现60周年贺电

2019年9月23日，国务院为庆祝大庆油田发现60周年发来贺电。贺电指出：大庆油田的发现和开发，在中国石油发展史上具有历史转折意义，由此开始了我国石油工业的跨越式发展。60年来，以王进喜、王启民为代表的几代大庆石油人艰苦创业、拼搏奋进，把大庆油田建成了我国最大的石油生产基地，取得了令世人瞩目的辉煌业绩，为保障国家能源安全、促进经济社会发展作出了重要贡献。大庆油田孕育形成的大庆精神、铁人精神，成为中华民族伟大精神的重要组成部分，激励着中国人民不畏艰难、勇往直前。六十年一甲子，筚路蓝缕、岁月峥嵘，大庆油田的光辉发展历程充分证明，中国人民有信心、有办法、有能力创造非凡成绩，不断夺取中国特色社会主义新胜利。

第三节 大庆精神、铁人精神的影响

一、巨大的鼓舞，行动的指南

1961年6月25日，时任中央统战部部长、全国人大常委会副委员长、全国政协副主席李维汉视察大庆油田，指出：“大庆人精神饱满，意气风发。大家都说很好，很大的胜利、更大的胜利还在前面。既要鼓足干劲，又要劳逸结合，争取长期的、不断胜利。”

1961年6月25日，时任全国人大常委会副委员长、全国政协副主席陈叔通视察大庆油田时题词：“埋头苦干，自力更生”，并赋诗：“钻探生产一年余，速度惊人信不虚，克拉玛依名久著，规模视此竟如何？”

1962年8月10日，时任最高人民法院院长谢觉哉视察大庆油田并题词：“能源无限，国之瑰宝。”

1962年8月22日，时任中央军委副主席叶剑英视察大庆油田并题诗：“大地沉沉睡万年，人民科学变油田。一场会战十三路，预祝高歌唱凯旋。”

1963年8月25日，时任国务院副总理邓子恢视察大庆油田，他勉励大庆职工“继续发扬老红军优良传统，多产石油，支援国家建设”。

1963年10月30日、1977年4月11日、1996年5月24日，时任国家经委副主任、国务院副总理谷牧三次视察大庆油田并题词：“学习铁人，再创辉煌。”

1964年8月1日，时任国家副主席董必武视察大庆油田，勉励大庆职工：“你们是个工业上的标兵，你们也要做将来建设共产主义的标兵。”“你们已经创造出一条道路，沿着这条道路，根据中央精神，继续前进，就会创造出一条更广阔的道路。”

1973 年 12 月 28 日，时任国家副主席李德生视察大庆油田，之后又四次视察。他感慨地说：“大庆，这是国家的聚宝盆。”

1977 年 5 月 28 日，时任全国人大常委会副委员长赛福鼎·艾则孜视察大庆油田并赞誉“经验太好了，都能像大庆这样干，我们国家的建设就更快了”。

1977 年 10 月 5 日、1993 年 8 月 13 日，时任中央政治局候补委员、全国人大常委会副委员长、全国妇联主席陈慕华两次视察大庆油田并题词：“铁人永远是我们学习的榜样。”

1978 年 5 月 23 日，时任国务院副总理康世恩视察大庆油田，此后每年来油田调研，听发展汇报，提发展目标，为大庆题词：“不忘会战岁月，发扬大庆精神”“霓虹灯下创大业，大庆精神永不丢”“石油巾帼，功垂史册”。

1985 年 8 月 3 日，时任全国人大常委会副委员长陈丕显视察大庆油田并题词：“继续发扬创业精神，夺取新的更大的胜利”。

1985 年 8 月 9 日，时任全国人大常委会副委员长耿飚视察大庆油田并题词：“艰苦创业，振兴中华”。

1986 年 7 月 8 日，时任全国政协副主席杨静仁视察大庆油田并题词：“大庆是艰苦创业的一面旗帜”。

1986 年 8 月 10 日，时任中顾委常委王首道视察大庆油田并题词：“不断改革，夺取新的胜利”。

1989 年 9 月 11 日、1993 年 9 月 12 日，时任中央军委委员、国务委员、国防部长、解放军总参谋长迟浩田两次视察大庆油田并题词：“喜看大庆腾飞，不忘铁人精神”。

1990 年 8 月 12 日、1999 年 7 月 3 日，时任中共中央政治局常委、书记处书记、全国政协主席李瑞环两次视察大庆油田，他指出：“大庆的胜利里面，既含有许多专家、知识分子、科学技术人员的这种成果，也有老工人日夜的奋斗，就像王铁人同志。大庆石油战线的经验，对我们国家的建设应该说有普遍意义，有着重大作用。”

1992年8月4日，时任全国政协副主席杨成武视察大庆油田，在铁人王进喜同志纪念馆铁人塑像前献花并题词："铁人精神代代传"。

1992年8月4日，时任国务院副总理吴学谦视察大庆油田，在铁人王进喜同志纪念馆题词："闪光的精神，宝贵的财富"。

1993年6月16日、2002年8月19日，时任全国政协副主席马文瑞两次视察大庆油田并题词："大庆精神代代相传""民族之魂"。

1993年7月27日至2007年9月28日，时任全国政协副主席杨汝岱多次视察大庆油田并题词："发扬大庆精神，致力四化建设"。

1994年4月12日，时任国务院副总理朱镕基视察大庆油田。他高度评价了大庆的历史功勋和在石油工业中的主导地位，并希望把大庆红旗树下去，把铁人精神发扬光大。他还要求大庆油田保持高产稳产，加快发展石油化工，把大庆建设成"北国江南"。

1995年9月20日，时任全国政协副主席洪学智视察大庆油田，出席大庆油田开发建设35周年暨5000万吨稳产20周年总结表彰大会并为大会题词："石油事业兴旺发达，大庆红旗永放光辉"。

1996年7月2日，时任国务院总理李鹏视察大庆油田，对大庆油田作出的贡献给予了高度评价："功不可没"，并为大庆油田题词："科技研究领先，保持原油稳产"。

1997年6月14日，时任中央书记处书记、中宣部部长丁关根视察大庆油田，指出："大庆创业体现了党的艰苦奋斗优良传统，这种精神不仅过去、今天需要，将来仍然需要。"

1998年6月17日，时任全国人大常委会副委员长王丙乾视察大庆油田，在铁人王进喜同志纪念馆题词："发扬铁人精神，振兴大庆经济"。

1998年8月3日，时任国务院副总理吴邦国视察大庆油田，指出："如果没有大庆油田，国际石油领域就没有中国的位置"。

铁人诗话 不能受点表扬脑瓜子就发烧，把尾巴翘到天上去，那还得了。毛主席说："事物都是一分为二的。"成绩、荣誉、表扬，都要一分为二。

1998 年 9 月 11 日，时任国务院副总理李岚清视察大庆油田，对大庆的未来发展寄予厚望，指出：“大庆应该走建设高科技现代化发展的路子”。

1998 年 9 月 11 日、2004 年 7 月 12 日、2007 年 1 月 27 日，时任全国妇联主席、全国人大常委会副委员长顾秀莲三次视察大庆油田。在参观铁人王进喜纪念馆后题词：“铁人精神，民族之魂”。

1990 年 2 月 25 日、2000 年 8 月 24 日、2005 年 3 月 21 日，时任中组部部长、中共中央办公厅副主任、国家副主席曾庆红三次视察大庆油田，指出：“百年油田这个提法很好，百年那就是 2060 年，那个时候我们国家就全面建成小康社会了。在这个历史进程中，大庆还要继续作出大的贡献。”

1997 年 7 月 26 日至 2005 年 8 月 2 日，时任国家计生委副主任、农工党中央副主席、全国人大常委会副委员长蒋正华多次视察大庆油田并题词：“学习铁人精神，实现民族振兴”。

2001 年 8 月 9 日、2003 年 10 月 5 日、2008 年 7 月 22 日，时任中央政治局委员、中央政治局常委李长春三次视察大庆油田，指出：“大庆精神、铁人精神是以爱国主义为核心的民族精神和以改革创新为核心的时代精神的重要组成部分，是社会主义核心价值体系的重要组成部分”。

2003 年 5 月 3 日，时任中共中央政治局常委、中央纪委书记吴官正视察大庆油田，指出：“要按照中央要求，全面贯彻‘三个代表’重要思想，一手抓防治‘非典’，一手抓经济建设这个中心不动摇，努力保持国民经济持续快速健康发展的好势头”。

2003 年 5 月 30 日、2012 年 7 月 28 日，时任全国政协主席贾庆林两次视察大庆油田，指出：“大庆油田进入了依靠科技发展的时代，大庆精神、铁人精神有了新的发展，希望你们继续发扬大庆精神、铁人精神，为大庆石油稳产创造新的业绩”。

2003 年 7 月 27 日，时任全国人大常委会副委员长费孝通视察大庆油田，参观铁人王进喜纪念馆后题词：“学铁人，促发展，奔小康，兴中华”。

2003 年 8 月 8 日、2004 年 7 月 21 日，时任全国政协副主席张怀西两次视察大庆油田，参观铁人王进喜纪念馆后题词：“铁人精神，永垂不朽”。

2003年10月23日，时任国务院副总理黄菊视察大庆油田，赞扬说："大庆是我国工人阶级的一面旗帜，大庆精神是时代精神的体现，希望你们保持自力更生、艰苦奋斗精神，为大庆的二次创业，为中国的石油工业，为东北老工业基地的振兴，作出新的贡献"。

2004年6月14日，时任全国人大常委会副委员长铁木尔·达瓦买提视察大庆油田，在参观铁人王进喜纪念馆后题词："英雄王铁人，中华民族魂，精神当永在，务必万古珍"。

2006年9月5日，时任中组部部长贺国强视察大庆油田，参加在大庆召开的国有企业"四好"班子建设工作座谈会，指出："要坚持用邓小平理论、'三个代表'重要思想和科学发展观武装国有企业领导人员的头脑，不断提高国有企业领导人员的思想政治素质"。

2007年8月9日，时任全国政协副主席王文元视察大庆油田并题词："喜看作出巨大贡献的过去，展望更加辉煌的未来"。

2007年12月29日、2009年9月22日，时任国务院副总理张德江两次视察大庆油田。在参观大庆油田历史陈列馆后题词："大庆精神、铁人精神，就是中华民族的精神，中国共产党人的精神！向所有参加大庆油田的建设者致以崇高的敬意！"

2009年6月7日，时任中央书记处书记、中宣部部长刘云山视察大庆油田，指出："大庆精神、铁人精神是永恒的，是宝贵的精神财富。新时期大庆人体现出的精神风貌令人振奋，要进一步加大宣传报道力度，把大庆精神、铁人精神发扬光大。"

2011年7月16日，时任全国人大常委会副委员长、中华全国总工会主席王兆国视察大庆油田，此前于1992年8月8日、2005年7月8日两次视察大庆油田，在参观铁人王进喜同志纪念馆后题词："学习铁人精神，学习大庆精神"。

2011年7月25日，时任国际关系学会会长唐家璇视察大庆油田，参观铁人

会战诗抄

抢晴天、抓阴天，牛毛细雨当好天，月亮底下当白天，晴天一天顶两天。小雨大干，大雨硬干，暴雨钻空干，不下雨拼命干！

王进喜纪念馆并题词："铁人精神，尤其是王进喜同志的高尚情操，永远激励着外交战线的同志们不断前进，从胜利走向新的胜利"。

2011 年 8 月 20 日，时任国家副主席李源潮视察大庆油田并题词："大庆是中国工人创先争优的红旗"，此前李源潮还曾于 1984 年 11 月 12 日视察大庆油田。

2012 年 8 月 21 日，时任全国人大常委会副委员长、全国妇联主席陈至立视察大庆油田并为铁人王进喜纪念馆题词："铁人精神永放光芒"。

2014 年 6 月 15 日，时任全国政协副主席王钦敏视察大庆油田并为大庆油田题词："梦想成真之路"。

2018 年 7 月 24—27 日，中共中央政治局常委、中央纪委书记赵乐际到黑龙江省调研。他参观了铁人王进喜纪念馆，深入大庆油田 1205 钻井队、大庆石化炼油厂一线调研企业党建和纪检工作情况，勉励干部职工适应新时代要求，继承弘扬大庆精神、铁人精神、"三老四严"精神，为党分忧、为国争光，拼搏奉献、崇廉拒腐，不断创造新的业绩，为推动老工业基地振兴发展作出贡献。

二、显著的成就，光辉的礼赞

1963 年 6 月 19 日，朝鲜民主主义人民共和国最高人民会议常任委员会委员长崔庸健、朝鲜劳动党中央委员会李孝淳副委员长、朴成哲外相等朝鲜贵宾，在周恩来总理、陈毅副总理陪同下参观视察大庆油田。参观时，朝鲜贵宾对大庆油田给予很高的评价。崔委员长说："这个油田真是宝""油田搞得很科学""你们建设得很好，我看了之后十分高兴，你们要好好工作，咱们有了油就好办了。"参观西油库时，朴外相指着油罐车向周总理说："这里建设得很好，真了不起。"韩益洙大使说："这么大个中国，有这么大个油田是全世界人民的幸福，是宝贝。"临别时，油田领导表示今天花的时间长了些，委员长辛苦了。崔委员长说："不，不，时间一点也不长，我们很高兴。"

之后，朝鲜民主主义人民共和国首相金日成，罗马尼亚部长会议主席毛雷尔，阿尔巴尼亚劳动党中央政治局委员、部长会议主席穆罕默德谢胡，柬埔寨国家元首西哈努克亲王夫妇和首相宾努，缅甸总理吴奈温，坦桑尼亚总统尼雷尔，英国首相希思，秘鲁总理哈林，墨西哥总统埃切维里亚等政要也先后参观大庆油田，对于中国自力更生建设的油田给予高度评价。

此外，一些世界知名人士和世界著名石油公司也慕名参观大庆油田，进行调研学习。包括日本的西园寺公一、井上靖，美国记者安娜·路易斯·斯特朗夫人，斯诺夫人，美籍华人科学家林家翘，物理学家吴健雄、杨振宁，女作家韩素音夫妇等，对于大庆油田开发建设取得的成绩表示赞赏，并就一些关心的问题交流了看法。2011 年 6 月 21 日，世界著名石油企业壳牌公司董事会和执行委员会成员打破惯例一行 15 人乘同一架飞机抵达大庆油田，进行了为期一天的考察访问。壳牌集团董事会主席约玛·奥利拉和首席执行官傅赛称赞中国石油工人的创业精神。他说："铁人精神为中国石油工业创造了奇迹。壳牌同样珍视这种开创精神与责任感。这使壳牌与中国石油建立了共识和增强了伙伴关系，共同满足中国日益增长的能源需求。"

20 世纪 90 年代，我国著名科学家钱学森从科技界引退之时，党和国家给予他巨大荣誉，当记者问他是否因此而激动时，80 岁高龄的钱学森回答："我一生中真正激动只有三次：一次是青年时代在美国，我的论文发表并得到物理学界的承认，我感到自己的学识超过了老师。第二次是从国外远涉重洋万里归来，踏上祖国土地的那一刻。第三次是最近有人写文章说我是科技界的铁人！我一生的愿望就只希望成为铁人那样的中国人！"

1977 年 6 月，加拿大籍中国古典文学研究专家叶嘉莹在她创作的《大庆油田行》长诗中写道："创业艰辛业竟成，飞鹏从此殿云程，中华举国兴工业，大庆红旗是典型。"

2001 年 6 月 1 日，著名相声演员马季来到大庆油田，他说："早在 1961 年，我就在大庆萨尔图体验生活。那时条件虽然艰苦，但给了我后来事业上取之不尽的东西——大庆精神、铁人精神。"

2009 年 9 月 2 日，著名文化学者余秋雨参加庆祝大庆油田发现 50 周年心连

会战诗抄

有了成绩乐不倒，受到表扬喜不倒，遇到困难吓不倒，碰了钉子绊不倒。

心艺术团慰问演出活动，并作专题文化讲座。他深有感触地说："我其实在飞机上就很感动，因为我坐的是首航。我想，在这个蓝天上，几乎没有一架飞机没有用过大庆的油。但是，一直没有一架飞机飞到大庆；没有一条航线属于大庆，但是没有一次航行与大庆无关。这件事情我觉得有种象征意义，这是一座作出了巨大奉献的城市，总是把自己放在最后，我很感动。所以我有幸坐首航班机来朝拜大庆，那是我的一种机会。大庆的朋友让我明天演讲的时候完成一个题目，叫作《文化和责任》，我想以一个学生的身份来完成这个作业。"

2016 年 12 月 1 日，著名作家、中国作家协会副主席叶辛在《作家叶辛与大庆文学爱好者畅谈写作》中提到："王铁人和 1205 钻井队是我们那个年代的学习榜样，是工人阶级的代表，常常见之于广播、报纸上，如今，我第一次来到大庆这座英雄的城市，发现大庆不光有磕头机（抽油机），也是一个现代化的城市，非常美。"

2017 年歌唱家刘秉义接受《大庆日报》采访时饱含深情地说："大庆对于我来说，是个特殊的地方，感觉像回家一样。石油工人、石油事业、大庆精神一直在我演唱这首歌的过程当中教育着我，鼓舞着我。"

2018 年 8 月 14 日，原中共中央文献研究室主任逄先知在他的《巩固和拓展红色地带》一文中指出："红色文化，是中国共产党领导中国人民在长期的革命斗争中和建设实践中形成和发展起来的，经历了不同的历史时期。它具有鲜明的革命性、人民性、时代性和伟大的实践意义。最早可溯源到党建时的红船精神，接下来主要有井冈山精神、长征精神、延安精神、西柏坡精神。新中国成立后，又有抗美援朝精神、大庆精神、两弹一星精神、雷锋精神，等等。这些精神一脉相承，又有各自的特点。"

2019 年 6 月 12 日，作曲家秦咏诚在《工人日报》一篇文章中说："跟王铁人在一起的 3 天，改变了我的一生""王进喜干起工作来很'疯狂'，他那种为国为民的忘我精神，深深感染了我。""我是 1964 年写的《我为祖国献石油》，那年我

铁人诗话　我们心里想的，眼里看的，嘴上说的和手上做的要结合起来，念了一火车书，光说不干就不是马列主义。

刚30岁。写的时候没承想啊，这首歌竟然一唱就是几十年！我和石油工人有缘，和爱国歌曲有缘啊！”“在大庆学习和锻炼的那段日子为我打下了生活和感情基础，如果没有当年在大庆的生活经验，没有亲身感受石油工人的会战经历，就不会有这首歌的诞生。”

2019年8月29日，著名朗诵表演艺术家瞿弦和在《大型文艺演出侧记：“大庆”之年，放歌大庆》一文中说：“我是大庆的老朋友，与大庆有着特殊的感情，再次来到大庆，与大庆人一同为祖国送祝福，为大庆加油，感到十分高兴。”

2019年9月16日，全国政协委员、商务印书馆总经理于殿利在《人民政协报》第11版《文化自信源自人民的创造》一文中写道：“大庆文化所具有的强烈的冲击性特征就是劳动和创造，这构成大庆精神的内核。大庆精神告诉我们：文化是干出来的，甚至是闯出来的。文化自信源自人民的创造，源自时代的创造。社会主义革命时期，我们闯出了一条活路；改革开放时期，我们闯出了一条出路；进入新时代，我们闯出了一条道路。”

2019年9月17日，著名作家、中国作协副主席、中国报告文学学会会长何建明在《9·26——中国人为什么称这天是“大庆”》一文中写道：“我来大庆不下十五六次，每一次看到满城遍野的‘磕头机’，我都会热泪盈眶……因为我犹如看到了自己那从来都在默默劳作的母亲，她从意气风发的年轻时代，到风华正茂的中年岁月，再到步履蹒跚的残烛暮年，都在为我们这些儿女的幸福与成长呕心沥血，竭尽所能地奉献着她的乳与血、汗与水……”

三、民族的精神，艺术的呈现

自1964年毛主席发出工业学大庆的号召后，一代又一代的文艺家奔赴大庆，深入火热的生产一线，创作了大量的小说、散文、诗歌、画册、戏剧、宣传画、电影、电视剧等脍炙人口，广为流传的文艺作品。这些作品生动地反映了各个历史时期大庆油田开发建设的巨大成就，反映了大庆工人阶级崇高的思想品格和精神面貌，教育鼓舞了一代又一代中国人，成为红色经典文艺的代表。

诗词作品以郭沫若的《满江红·颂石油自给》为代表。“一滴煤油，一珠血，人都知道。旧时代，因循苟且，扣头乞讨。命运全凭天摆布，咽喉一任人掐倒。玉门关，锁匙也因人，堪愤恼！破迷信，碎镣铐！主奖励，抓领导。仅三年，地底潜龙飞跃。众志成城四第一，铁人如海全五好。颂今朝，解放地球军，强哉矫！”这首词表现了胜利实现石油自给对提振民族精神、改善工业布局、发展国民经济的重大意义。此后作家赵树理又创作了《竹枝词·咏地质工作者》：“一队英才来摸‘底’，千层崖石始交‘心’。重新写部‘石头记’，敢笑‘西天’经不真。”这首词表现了大庆油田的科技工作者走自己的科技开发之路，打破了西方宣扬的中国贫油论，用实践印证陆相生油理论正确的创新气魄。

话剧以《初升的太阳》为代表。《初升的太阳》是由著名导演孙维世和大庆的家属、工人共同编创的 6 场大型话剧。由金山导演，大庆职工家属业余演出队演出，完成于 1965 年，反映的是在毛泽东思想哺育下的大庆职工家属如何破除封建观念，从脱离集体生产劳动的消费者变为自觉参加集体生产劳动、走上革命道路的劳动者的一段历史。描写了在建设“工农结合，城乡结合，有利生产，方

▲ 话剧《初升的太阳》剧照

会战诗抄

胸怀朝阳在井场，世界革命装心上。井场本是红哨房，我为革命站好岗。千米油层能看透，万条油龙握手上。

便生活”的社会主义新型矿区的斗争中，人们思想的变革。全剧以“大庆家属闹革命，毛主席教导记在心中”的主题歌贯穿始终，幕间穿插家属们生产劳动的场面，载歌载舞，使全剧衔接紧凑，浑然一体，形成了自然、流畅、朴拙的艺术风格。1966 年初，该剧首次进京演出，引起轰动。后来，大庆本土剧作家杨利民先后创作了《黑色的石头》《铁人轶事》等有影响的作品。《地质师》获得“五个一工程奖”“文华大奖”以及曹禺戏剧文学奖等多项殊荣。

电影作品以《大庆战歌》《创业》为代表。《大庆战歌》是一部全面反映大庆会战英雄业绩和大庆精神的影片，由张骏祥导演，上海海燕电影制片厂摄制。该片是在周恩来总理的亲切关怀下，海燕厂与大庆密切合作的成果。对大庆会战时期的基本经验和做法、重大事件以及有代表性的先进集体和个人都有所反映，比较准确地恢复了当年的场景。由于该片中有些镜头系补拍而成，所以称为“艺术性纪录片”。《创业》是一部反映我国石油工业历史的彩色故事片，由大庆油田与长春电影制片厂联合创作，张天民执笔，长春电影制片厂于 1974 年摄制。以老一辈石油工人牵着骆驼跟随地质专家到祁连山下寻找油田为开端，该片以大庆石油会战为主要背景，展现了在中国共产党领导下，广大石油职工和家属坚持自力更生、艰苦奋斗方针，靠“两论”起家，破除迷信，勇于实践的为“油”献身精神。此后，又先后涌现了《远方的眷恋》《铁人》《阿敦础鲁》等反映大庆油田不同历史时期先进人物的优秀影片。

电视剧作品以《铁人》《奠基者》为代表。《铁人》由蔡沛林、李国昌编剧，张笑天改编，王驰涛导演，1989 年由大庆石油管理局、中国电视剧制作中心、长春电影制片厂联合摄制，1990 年正式上映，共 8 集。该剧以王进喜带领钻井队会同各路石油大军，奔赴大庆参加石油大会战，而后我国正式向全世界宣告“中国人民依

▲《创业》电影海报

靠‘洋油’的时代一去不复返”这段石油会战史为背景，展现了以铁人王进喜为代表的广大石油职工、家属为改变祖国石油工业落后面貌，“宁肯少活二十年，拼命也要拿下大油田”的英雄气概和艰苦创业精神，真实地再现了当年石油大会战的恢宏历史，该剧荣获了第十届“飞天奖”金像奖。《奠基者》由康洪雷导演，侯勇、郑晓宁主演，是一部讲述大庆油田创业史的工业题材电视剧，也是纪念中国石油创立 50 周年的重点题材大戏。整部剧视角宏大，通过历史事件的真实再现，将我国当年石油大会战的恢宏画卷，浓缩进跌宕起伏的故事中，真实再现了当年大庆石油会战的壮阔场景。

歌曲作品以《我为祖国献石油》为代表。由薛柱国作词，秦咏诚作曲。1964 年《诗刊》发表了歌词，同年《歌曲》发表了这首歌，即传唱于全国。歌曲表现了石油工人“头戴铝盔走天涯”，为祖国石油事业勇于拼搏的情怀和“风雪雷电任随它”的革命乐观主义精神。曲调高亢雄壮，富有感染力。此外《踏着铁人脚步走》《满怀深情望北京》《再铸时代铁脊梁》等优秀歌曲也被人广为传唱。

歌曲《我为祖国献石油》

文学作品以《铁人传》《部长与国家》为代表。《铁人传》由孙宝范、卢泽洲执笔，分上、下两部，2000 年由石油工业出版社出版。本书以翔实的资料，纪实的手法，全面、真实、准确地反映了铁人王进喜的工作、生活，用事实诠释了铁人精神。全书使用了大量的照片、文献资料，图文并茂，曾获中华铁人文学奖。《部长与国家》的作者为何建明，作品以大量鲜为人知的历史人物活动，叙述了当年毛泽东、周恩来、邓小平等老一辈无产阶级革命家为打破国际反华势力对我国进行的全面封锁，毅然决策开发松辽石油基地的一系列故事，以及余秋里与战友康世恩等并肩指挥千军万马，在条件极其恶劣的情况下，用最短的时间，发现和开发了世界级油田的全过程。此外，著名作家周立波、李季、艾芜、徐迟、魏巍、魏钢焰等都先后来大庆体验生活，创作了有影响的作品。

铁人诗话

干革命就得有股干劲，没有干劲，就不是干革命。

四、全方位关注，多角度报道

中央媒体对于大庆油田的发展给予了全方位、多角度的关注，及时向外界报道了大庆油田在60年发展历程中的重大事件、重大典型、重大成就。同时，在报道的过程中，不断总结、提炼大庆精神、铁人精神，为扩大大庆精神、铁人精神的影响作出了重要贡献。

对于重大事件的报道。1964年毛主席发出工业学大庆的号召后，《人民日报》采写了长篇通讯《大庆精神大庆人》，率先向国内外深度报道了大庆石油会战以及大庆在物质和精神上的贡献。此后，又结合形势的需要，对大庆油田成为典型坚持“两分法”大踏步前进、工业学大庆会议召开、世界石油大会在大庆召开、国资委中央企业企业文化建设经验交流会召开、中宣部调研新时期大庆油田思想政治工作、大庆油田科技创新、绿色油田专题、聚焦井下修井107队、三元复合驱专题、集中采访星火一次变电所党支部好经验、“王德民星”命名、大庆油田深化改革振兴发展、大庆油田高质量发展、壮丽70年奋进新时代等活动进行了采访报道。

对于重大典型的报道。1966年《工人日报》推出《工人阶级的光辉形象——王铁人》之后，一批宣传王进喜同志的优秀报道集中见报，使全国人民全面深刻地学习了王进喜同志的先进事迹，推动形成了学铁人、做铁人的社会风尚。此后，在纪念铁人诞辰80周年、90周年时刻，推出了大量的报道。1997年《人民日报》推出《智牵油龙建奇勋——记大庆“新时期铁人”王启民》后，在全国范围内掀起学习王启民的热潮，此后在王启民被评为“改革先锋”“人民楷模”“最美奋斗者”之际，中央媒体也集中推出报道。2012年8月26日，《人民日报》发表《“我的人生价值在钻台”——记大庆油田1205钻井队队长李新民》，使“大庆新铁人”走进全国人民的视野。此后，围绕李新民，中央媒体又集中报

铁人诗话

石油工人一声吼，地球也要抖三抖。石油工人干劲大，天大困难也不怕。

道了他率领 GW1205 钻井队勇闯海外市场的事迹，展示了大庆油田实行“走出去”战略，开拓海外市场的历程。

对重大成就的报道。从 1959 年《人民日报》报道《松辽平原有石油》开始，在大庆油田每个重大成就的节点上，中央媒体都给予及时充分的报道，包括大庆油田发现 15 周年报道、大庆油田 5000 万吨稳产 10 年的报道、大庆油田发现 30 周年报道、大庆油田发现 35 周年暨 5000 万吨稳产 20 周年报道、大庆油田发现 40 周年报道、大庆油田三次采油突破 1 亿吨报道、大庆油田获得“工业大奖”报道、大庆油田发现 50 周年报道、寻根——中国共产党的伟大精神·大庆精神篇、大庆油田发现 60 周年报道，等等。每次这些大规模、集中宣传大庆油田取得辉煌成就的报道活动，策划的精细巧妙，组织的科学严谨，报道的深刻充分，发挥了宣传鼓劲、舆论引导、升华提高的作用，不断提升了大庆油田的知名度、美誉度。

结　语

习近平总书记指出，大庆精神始终得到党中央、国务院的亲切关怀，始终凝结着党的三代中央领导集体的巨大心血。正是在党中央、国务院的正确领导下，在全国人民的大力支持下，大庆油田不仅取得了巨大成就，而且积累了宝贵经验，给我们提供了很多深刻的启示。大庆精神、铁人精神已经成为中华民族精神和中国共产党的伟大精神重要组成部分，这笔宝贵的精神财富将永远激励中国人民为建设强大国家、实现民族复兴不懈奋斗！

思考题

1. 请思考大庆精神、铁人精神是如何上升为民族精神的。
2. 请谈谈工业学大庆运动对我国工业现代化建设的重大意义。
3. 习近平总书记在庆祝大庆油田发现 50 周年大会上的讲话、致大庆油田发现 60 周年的贺信，对大庆油田可持续发展具有怎样的指导意义？
4. 你最喜欢有关大庆油田的文学艺术作品是什么？请谈谈石油文艺的特点。

第二章

大庆精神、铁人精神产生的背景

大庆油田“这一重大发现，翻开了中国石油开发史上具有历史转折意义的一页，由此开始了我国石油工业的跨越式发展。”

——习近平

第一节 国际形势空前严峻

一、以美国为首的西方阵营，对我国进行经济封锁和军事威胁

1949 年 10 月，中华人民共和国成立。中华民族再也不是一个被人随意欺辱的民族，中国人民已经站立起来了。然而，在美苏冷战的背景下，以美国为首的西方阵营已经同中国共产党处于尖锐的对立状态。美国对刚刚成立的中华人民共和国采取军事上包围、政治上孤立、经济上封锁“禁运”的政策，妄图把红色中国扼杀在摇篮之中。

1949 年初，中国人民解放军的胜利已成定局，国民党的失败指日可待，美国对这一点很清楚。美国驻华军事顾问团团长魏德迈说：“军事形势已经恶化到只有投入美国军队才能挽救局势的程度。”但是，军事上卷入中国内战，超出了美国的能力，同美国以欧洲为重点遏制苏联的战略相矛盾，而且也得不到美国公众的支持。杜鲁门总统说：“有两片广阔的土地不是任何近代的西方军队所能征服的，那就是俄国和中国。要想以武力把我们的生活方式强加于这两个巨大的地区，在过去是愚蠢的，在现在也是愚蠢的。”因此，美国政府悄悄地拉开了同国民党的距离。1949 年 2 月，美国国务卿艾奇逊把美国对华政策形象地比喻为“等待尘埃落定”，实质是只要国民党政权不垮台，美国就不会改变承认国民党政府的政策。这种政策的实行，使美国与新中国建立外交关系的前提与条件化为乌有。

在美国眼中，中国凭借自身的革命力量就已经成为它的危险对手。美国决不

会把新中国说成是一个成熟的国际力量，因为如果承认新中国是独立自主的，就破坏了它在外交上拒绝承认新中国的主要依据。显然，美国的政策与新中国的领袖们所追求的政治目标格格不入。正如美国学者费正清所说："一个致力于废除长达一个世纪之久的不平等条约的耻辱的政治力量，怎么可能去和制定那些不平等条件的既得利益者妥协呢？"

为达此目的，1949 年 11 月美国倡导十四个资本主义国家在法国成立了"巴黎统筹委员会"的国际组织，纠集主要资本主义国家，对社会主义国家实行经济封锁。12 月，美国政府决定，"美国不应给共产党（领导的）中国以官方的经济援助，也不应鼓励私人在共产党中国投资"。朝鲜战争爆发后，"巴统"宣布对中国实行"禁运"，美国确定"运用所有的政治和经济措施，对北京施加压力"。

1950 年 6 月朝鲜战争爆发，中美对抗成为世界关注的焦点。杜鲁门命令美国陆海空军介入朝鲜战争，第七舰队进驻台湾海峡。在中国领导人看来，这无疑是把朝鲜内战国际化并对中国进行武装侵略。自 1945 年以来，毛泽东一直担心的美国军事干涉终于发生了。经过代价巨大的持久战争之后，杜鲁门政府才认识到避免扩大战争的必要，它不想再进攻中国，而只是寻求体面停战的结局。执政 20 年之久的民主党竞选失败，共和党艾森豪威尔当选为美国总统，他的主要竞选口号就是"终止朝鲜战争"。朝鲜战争使中美关系处于双方似乎都不能或不愿意改善的敌对状态，其中最大的政治代价就是美国决意加强同中国台湾的联系。1950 年 6 月 27 日，美国以武力阻止我国解放台湾，并下令封锁我国沿海。11 月 17 日美国国务院发表公告，宣布冻结中华人民共和国在美国的资产，并禁止美国船只开往中国港口。1951 年 2 月，美国操纵联合国，颠倒是非，竟然诬告中国为"侵略者"。三个月后，又通过了对中国的贸易实行禁运的提案。由此，中美开始了长达 20 年的公开敌对。

铁人诗话

干啥工作都要有个规矩，有个好的革命作风，不然就干不好。

二、“一边倒”的外交政策，导致西方国家的对立

1949年上半年，毛泽东主席先后提出了“另起炉灶”“打扫干净屋子再请客”和“一边倒”三条方针。这是根据中国的历史和现实以及当时的国际环境作出的重大决策。

新中国成立前夕，党面临的现实问题是：新中国诞生后如何迅速与一些国家建立外交关系，获得国际承认；如何防止帝国主义武装干涉，保障国家安全；如何取得外国对战后经济恢复的必要援助等。在当时的国际条件下，要解决这些问题，必须争取苏联的帮助。但苏共领导人斯大林对中国共产党抱有某种怀疑态度，担心中国走上“民族主义”道路。1949年初，斯大林派遣苏共中央政治局委员米高扬为特使到西柏坡访问，中共中央主要领导人利用这个机会，向苏联方面通报了中国革命的形势和夺取全国胜利的部署，介绍了建立人民民主政权的构想和将要采取的内政外交方针，并就恢复生产、开展经济建设以及请求苏联给予援助等重大问题交换了意见。通过这次内部访问，中苏两党消除了彼此之间的一些隔阂和误会，密切了相互关系。3月13日，毛泽东在七届二中全会的总结中说：“中苏关系是密切的兄弟关系，我们和苏联应该站在一条战线上，是盟友，只要一有机会就要公开发表文告说明这一点。”6月30日，毛泽东在《论人民民主专政》一文中明确提出：新中国将“倒向社会主义一边”。

从1949年6月底到8月中旬，以刘少奇为首的中共中央代表团不公开地对苏联作了访问。这是党在新中国成立前夕采取的一个重大外交步骤。访苏期间，刘少奇向斯大林等联共(布)领导人通报了中国革命的形势、党的内外政策、新政治协商会议和中央人民政府的筹备情况，强调新中国将在国际事务中与苏联和各人民民主国家站在一道，希望中国新政府成立后苏联和东欧各民主国家能率先尽快地予以承认。他还转达了毛泽东希望在中苏建交后公开访问苏联的意向。双

铁人诗话 干工作光有一股子猛劲是不行的，一定要注意质量。要为油田负责一辈子，要经得起子孙后代的检查。

方就苏联提供贷款、派遣专家帮助中国进行经济和国防建设进行了商谈，并就处理1945年苏联与国民党政府签订的《中苏友好同盟条约》问题初步交换了意见。在会谈中，斯大林表示，中国党的政策是正确的，中苏两党应建立密切的关系，互相帮助。他承诺，中国新政府一经成立苏联立即承认，并将提供经济和军事援助。他同意，中国新政府成立后即邀请毛泽东访问苏联。刘少奇的这次访问，为中苏建立新型国家关系奠定了基础。

明确宣布新中国将联合苏联，站在国际和平民主阵营一边，这是党确定的一项重要的外交方针。在考虑未来新中国的对外关系时，党一直把同苏联的关系置于首位，这不仅因为长期以来苏联对于中国共产党领导的革命运动给予同情和支持，而且因为第二次世界大战结束后在美苏冷战和国共内战的相互作用下，必然使美国以及以美国为首的西方阵营同中国共产党处于尖锐对立状态。正是因为如此，“一边倒”的外交政策才导致西方国家与新中国的全面对立。

三、中苏关系破裂，我国经济困难形势加重

中苏两党之间在20世纪50年代中期出现分歧。苏联逐渐推行霸权主义政策，企图把中国纳入与美国争霸的轨道，控制中国的内政外交。1958年苏联国防部要求在中国建立长波电台，坚持中苏共同建设、共同管理、共同所有。中方明确表示中方负责建设，所有权属于中国，建成后两国共同使用。一波未平一波又起，苏联又向中国提出建立共同潜艇舰队，当即遭到毛泽东和中国其他领导人的严词拒绝。此外，苏共领导人赫鲁晓夫对中国采取炮轰金门的行动很不满意，甚至担心这种行动发展下去会引起美苏冲突。上述三件事的出现表明中苏之间的矛盾已经涉及关系中国主权的重大敏感问题。毛泽东后来说，“中苏闹翻实际上是在1958年，他们要在军事上控制中国，我们不干”。

1959年中苏分歧进一步恶化，双方矛盾爆发出来。当年6月下旬，苏联以正与美国等西方国家谈判关于禁止试验核武器协议为由，中断向中国提供原子弹样品的有关技术资料项目。8月下旬，中印边境地区发生第一次武装冲突，苏联政府发表声明反对中国政府立场。苏联作为中国的盟国，第一次公开把双方分

歧暴露在世界面前。9 月 12 日，苏联又同印度在莫斯科签订协议，向印度提供 15 亿元的巨额贷款，协助印度执行新的五年计划。这一协议再次向世界印证了中苏两国的分歧。

1958 年至 1959 年间发生的一系列事件，在中苏两党之间造成明显的裂痕。这些事件表明，中苏分歧已从最初的意识形态领域扩大到现实的国家利益范围。

面对这一系列变化，中国共产党和中国人民发扬独立自主、自力更生的精神，顶住了巨大的压力。当年 9 月，中共中央总书记邓小平在中苏两党高级会谈中指出："中国共产党永远不会接受父子党父子国的关系。你们撤退专家使我们受到了损失，给我们造成了困难。中国人民准备吞下这个损失，决心用自己双手的劳动来弥补这个损失，建设自己的国家。"

四、与美苏两大阵营同时对立，坚持独立自主发展

1962 年 10 月美苏之间爆发了古巴导弹危机，中印之间爆发了大规模的边境冲突。在这两个事件结束之后，赫鲁晓夫在苏联最高苏维埃会议上发表讲话，指责中国在加勒比海危机和中印边境冲突中采取的原则立场，中苏矛盾因此变得更加尖锐。这一年冬季，欧洲一些国家的共产党相继召开代表大会，苏共领导人利用这些会议，指名攻击中共。受苏共影响，卷入围攻中共代表团的兄弟党也越来

延伸阅读

炮轰金门：此次事件又称第二次台湾海峡危机，是指 1958 年 8 月 23 日至 10 月 5 日之间，发生于金门及其周边的一场战役。国共双方以隔海炮击为主要战术行动，因此被称为炮战。

古巴导弹危机：1962 年，加勒比海地区发生了一场震惊世界的古巴导弹危机。这场危机起源于 1959 年美国在意大利和土耳其部署了中程弹道导弹雷神导弹和朱比特导弹，苏联为了扳回一城，随即在古巴部署导弹。这是"冷战"期间苏美两国之间最激烈的一次对抗。危机虽然仅仅持续了 13 天，但苏美双方在核按钮旁徘徊，这使得人类空前地接近毁灭的边缘，世界大战处于千钧一发之际，最后以苏联与美国的相互妥协而告终。迄今为止，古巴导弹危机仍然被认为是人类存亡的最危险时刻。

会战诗抄

汗水化透三尺雪，千米岩层被钻穿。去年打井十万米，今年乘胜往上攀。

越多。在这种情况下，中共中央决定发表一系列答辩文章进行反击。从 1962 年 12 月 15 日到 1963 年 3 月 8 日，中国共产党以《人民日报》和《红旗》杂志社论等形式相继发表了系列理论文章，进一步阐述了中国共产党对于重大国际问题的看法。

这一轮交锋的显著特点是，双方从以往的内部交换意见演变为公开争论，相互指责对方的路线方针政策，给对方扣上反马克思列宁主义的帽子；双方的着眼点也不再限于相互之间的意识形态分歧和两国国家利益之间的矛盾，而是以此为基础扩大到社会主义阵营和国际共产主义运动内部的纲领路线之争。从 1963 年 9 月到 1964 年 7 月，中国共产党连续发表了总称为《关于国际共产主义运动的总路线的论战》的九篇文章，全面批评苏共的对外政策。与此同时，苏联方面也发表了一系列论战文章。由此，中苏两党之间的论战达到高潮。1964 年 10 月，赫鲁晓夫因苏联领导层内部矛盾被迫下台，勃列日涅夫当选为苏共中央第一书记。苏共新的领导层并没有弥合两党之间的分歧，米高扬明确表示：苏共过去和现在都实行集体领导，在同中共的思想分歧问题上，我们中央是一致的，完全没有分歧，甚至没有细微的差别。对此，周恩来得出结论：情况比原来预计的更坏，苏共领导继续执行赫鲁晓夫的路线不变。

随着美国不断扩大侵略战争，中国与其展开了强硬的斗争。1965 年 3 月，美国总统约翰逊批准对越南北方实施代号“滚雷”的战略轰炸行动，并派遣 3500 人的海军陆战队进驻越南。这是美国第一次将一整支地面部队投入越南，与此同时美国还对中国进行露骨的战争威胁，企图以此来阻止中国对越南的支援。美国的报纸还大肆宣传，称在越南战争中将不再有朝鲜战争中那样的所谓的“庇护所”。在中越边境地区，美国飞机不断入侵中国领空进行侦查、骚扰。中国政府对美国的战争威胁作出了最强烈的反应，全国开始转入临战状态。在公开宣示援越抗美决心的同时，中国方面还通过多种途径向美方传话，一方面表明中国已经做好应战准备，另一方面也表明中国希望避免同美国的战争。

但是美国对于中国的态度置若罔闻，不断升级战争行动。在这种情况下，应越南领导人的请求，1965 年 6 月 9 日，第一批中国志愿部队——中国志愿工程队第二支队进入越南，中国支援部队援越抗美军事行动由此拉开帷幕。越南战争最为激烈的时期，也是中国支援部队出动人数最多、担负任务最为繁重的时期。人民解放军先后派出了防空、工程、铁道、后勤保障等部队在越南北方执行任务。到1968年3月为止，先后入越的部队共23个支队、95个大队另83个小队，总计32万余人，其中最高年份为17万余人。

美国扩大侵越战争是在苏联积极谋求与美国在国际事务中合作，苏美开始实现有限缓和的情况下发生的。越南战争的升级不仅使得中美关系紧张起来，而且在中苏之间注入了新的不信任因素。1965年2月，苏联向越南民主共和国和中国建议，召开一个新的印度支那问题国际会议，以便通过谈判解决越南问题。中国领导人认为，这是企图帮助美国摆脱在越南的困境，此刻任何动摇均有利于美帝国主义，中国拒绝了苏联的建议。3月，苏联不顾中国的反对，举行各国共产党工人党代表协商会晤，中共等七个国家的共产党拒绝参加。6月，《人民日报》和《红旗》杂志编辑部发表题为《把反对赫鲁晓夫修正主义的斗争进行到底》的文章，公开提出“反帝必反修”的主张。1966年3月，中共拒绝苏共的邀请，没有参加苏共二十三大。从此，中苏两党关系基本中断。

中美关系和中苏关系同时陷入敌对状态，使中国领导人对美苏阴谋策划反华战争的担忧也达到顶点。20世纪50年代末至60年代上半期，中国同美苏之间的矛盾日趋尖锐化，以“反帝反修”口号为标志，中国同时与美苏两个超级大国相对抗成既定格局。造成这种对抗的原因是

延伸阅读

中苏论战“九评”： 1956年苏共二十大后，中苏两党在国际共产主义运动路线和策略等问题上出现分歧并逐步激化。1963年6月，邓小平率领中共代表团赴莫斯科参加中苏两党会谈。会谈期间，苏共中央发表《给苏联各级党组织和全体共产党员的公开信》，对中共进行攻击。从1963年9月至1964年7月，中共中央以《人民日报》和《红旗》编辑部的名义，相继发表9篇评论苏共中央公开信的文章，批判“赫鲁晓夫修正主义”；与此同时，苏共发表文章进行还击。对此《关于建国以来党的若干历史问题的决议》如此记载：“苏联领导人挑起中苏论战，并把两党之间的原则争论变为国家争端，对中国施加政治上、经济上和军事上的巨大压力，迫使我们不得不进行反对苏联大国沙文主义的正义斗争。”

铁人诗话　表扬是好事，不能正确对待就成了坏事；批评是坏事，改了就变成好事。

多方面的，一方面是美国顽固坚持孤立和遏制中国的政策，蓄谋制造“两个中国”，随后又不断扩大侵略战争，最终使中美两国两次走向热战；另一方面是苏联为使中国外交服从它的战略需要，向中国施加了越来越大的压力。迫于对外来侵略的应对，中国对外部世界做出的反应也越来越激烈，外部压力同中国反应交互作用，使得中国面对的国际环境日趋严峻。然而，正是因为中国敢于同时与美苏两个大国对抗，才得以在美苏冷战的大环境下逐步成为世界上一支完全独立的力量。

第二节 国内条件极度困难

一、战争打乱了社会主义建设的进程

新中国成立初期，可以说是一穷二白，经济建设非常困难。1949 年工业总产值只有 140 亿元人民币，重工业与轻工业分别为 37 亿元和 103 亿元；农业产值则更加不堪，因畜力、农具、人力、肥料等生产物资的匮乏，相比解放前，农业生产、粮食总产量都下降了 25%，棉花甚至下降了 50%；城乡居民生活拮据，还在温饱阶段挣扎，城镇有一半居民没有工作。在这种经济形势下，新中国最重要的任务便是加大对工业生产、经济发展的恢复，从而使人民生活水平得以提升。

1950 年 6 月党的七届三中全会原计划用三年至五年的时间恢复生产，然后进行大规模的经济建设；准备从 1951 年起，在财政安排上大幅减少军费和国家机构的行政开支，尽可能增加经济建设费和文教事业费。这是党从领导革命战争

转向领导和平建设的一项重要决策。可是不久，美国入侵朝鲜和中国台湾，迫使中国不得不进行抗美援朝战争，党和人民政府在财政经济安排上也必须做出相应的调整。战争爆发前，我国政府曾设想在 1951 年将军费开支从 1950 年占预算总支出的 43% 减少到 30%，而用 70% 来进行经济建设。战争的爆发，特别是转入持久战，迫使我国把 1951 年国家预算中军费开支的比例提高到 45.64%。当年的总预算因战争增加了 60%，而总预算中直接用于朝鲜战场的就占 32%。两年以后用于经济建设的贷款仍然很紧张。1952 年 9 月，周总理访苏时请苏联在今后 5 年中再贷款 40 亿卢布，其中大部分用于军事和国防，购买工业设备的仅有 8 亿卢布。

朝鲜战争爆发时，新中国刚刚成立 8 个月。由于长期内战，加之近代一百年来的积贫积弱，国民经济已经接近崩溃的边缘。三年的抗美援朝，无疑给新中国恢复国民经济带来很大困难，本来就已经很紧张的财政支出，又加上了战争负担，更显捉襟见肘。中国在朝鲜战争期间消耗各种作战物资 560 余万吨，战争费用开支达人民币 62 亿元，其对新中国经济发展的影响可想而知。在国家最需要资金和物资进行经济恢复的时候，却不得不应付战争的需要，这直接影响了新中国成立初期的国民经济恢复工作，使开展大规模的工业化建设计划延迟实施，也影响了我国人民生活水平的提高。

1951 年 5 月 18 日，联合国大会在美国的操控下通过一项对中国实行禁运的决议，这便使针对中国的贸易禁运由美国一国转向多国，并烙上了联合国的印记。美国经济事务助理国务卿索普于半年后发表一份声明指出，已有 43 个国家对联大决议予以接受并积极贯彻，而这些国家原先都是向中国进行战略物资出口的主要国家。这种经济封锁带来的直接结果就是，中国不得不在经济建设上依赖于苏联及其他东欧国家。此后，在中国的贸易总额中，中苏及其他社会主义国家之间的贸易额比重在 1950 年、1952 年、1953 年分别为 32.4%、58.9% 和 72%，而且此后一直到 20 世纪 50 年代末都处于 70% 以上。中国经济的发展受苏联影响非常大，若中苏关系恶化，对苏联的过分依赖必定会给中国造成重大损害，这

会战诗抄

月当灯、风擦汗，冒冰雪、顶严寒。斗了大地斗青天，一心为了建油田。迎着困难朝前跑，咱吃的是这碗“革命饭”。

在以后的历史中得到了验证。

二、“大跃进”“人民公社化运动”和“反右倾”扩大化导致人民生活水平明显下降

1958年的“大跃进”和“人民公社化运动”，特别是“反右倾”以后继续“大跃进”的错误，使我国国民经济出现了严重困难，这种困难的严重程度，是新中国成立以来未曾有过的。坚持“以钢为纲”，片面追求高指标，造成国民经济的主要比例关系严重失调。

首先，积累和消费比例失调。1958年至1960年，积累率大大超过第一个五年计划期间已经较高的年平均积累率24.2%。新增积累在新增国民收入中所占的比重，1959年竟然超过新增国民收入，侵占了上年结转的消费基金。项目建成投产率由1957年的26.4%降为1960年的9.8%。每百元积累增加的国民收入，“一五”期间年平均达到32元，1959年降到19元，1960年降至0.4元。其次，工农业比例失调。从1957年到1960年，工业总产值由704亿元增加到1637亿元，按可比价格计算，增长1.3倍；而农业总产值却由537亿元减到457亿元，按可比价格计算下降22.8%。最后，工业内部的比例关系失调。钢铁工业的畸形发展，不但使与之配套的一些重工业部门不堪重负，还严重冲击和挤占了轻工业。从1957年到1960年，重工业总产值增长2.33倍，而轻工业总产值却只增长47.02%。

农业和轻工业的生产出现大幅度下降。1959年核实的粮食产量只有3393.6亿斤，仅完成计划的62%，比1958年实际产量3953亿斤减少559.4亿斤，仅相当于1954年的水平。1960年产值只完成457亿元，在1959年大幅度下降的基础上又下降了12.6%。粮食产量2876.9亿斤，比1959年减少517亿斤，下降5.2%；1959年经核实的棉花产量为3417.6万担，仅完成计划的74%。1960年棉花产量为2125.8万担，比1959年又减少1291.8万担，下降37.8%。油料产量3881万担，减少4327万担，下降52.7%。粮、棉的产量降到1951年的水平，油料产量甚至比1949年还低。其他主要农副产品的产量也大幅下降。轻工业总产

值只完成 547 亿元，比 1959 年下降 9.8%。棉纱、布、食糖等主要轻工业品的产量则下降了 28%~60%，这是新中国成立十年来从未有过的现象。

由于各种“大办”，过量采伐树木和毁林开荒，盲目开采矿产资源对森林资源和生态环境的破坏也相当严重，致使许多地方水土流失加剧、生态环境恶化、林产品产量锐减，很长时期连原有的生态环境都难以恢复并埋下长久的隐患。由于可供应市场的商品大量减少，职工人数却急剧增加，市场供应非常紧张。1960 年底，全民所有制单位职工人数高达 5044 万人，比 1957 年增加 2593 万人，工资总额也由 156.4 亿元增加到 263.2 亿元。国家财政连年出现巨额赤字，1958 年为 21.8 亿元，1959 年为 65.8 亿元，1960 年高达 81.8 亿元。银行大量增加信贷和发行货币，社会购买力由 1957 年的 488.2 亿元猛增到 1960 年的 716.7 亿元，大大超出社会商品供应量，造成商品奇缺、通货膨胀、人民消费水平大幅下降。

为了控制物价上涨，合理分配商品，国家对许多商品实行定量供应，凭证供应，发放了包括粮、肉、蛋、糖、肥皂甚至火柴等各种票证和工业券。1960 年同 1957 年相比，城乡居民人均粮食消费量减少 19.5%，其中农村人均消费量减少 23.7%，食用植物油人均消费量减少 23%，猪肉人均消费量减少 70%。至于禽、蛋等食品，市场上几乎没有供应。

三、三年自然灾害导致全国范围内普遍爆发饥荒

1959 年的旱灾是新中国成立十年来最严重的一次，受旱面积达 5 亿亩，其他灾害面积 1 亿多亩。1960 年 1 月至 7 月，全国累计受灾面积达 6.7 亿亩。其中受灾面积 6 亿亩，主要受旱地区是华北、西南、华南及西北部分地区。7 月上半月，全国洪涝面积共 3900 万亩。广东、福建台风侵袭受灾面积 1000 万亩。黑龙江、吉林内涝面积 1100 万亩，河南南部、安徽北部和山东大部地区连降暴雨，受害面积 1000 多万亩。其他灾害（冰雹、霜雪冻害）30 多万亩。由于严重的自

会战诗抄

月亮跟着地球走，地球跟着太阳走。石油跟着我们走，我们永远跟党走。

然灾害，1959 年粮食少收 600 万吨。

当时面临的最大问题是严重缺粮。一方面粮食连年大幅度减产，另一方面粮食的销售量却因城镇人口的剧增而不断增加。为了维持城镇商品粮供应，国家不断地向农村下达征购指标。由于高估产量，1958 年至 1960 年连续 3 年，国家每年的征购量都高达 1000 亿斤以上，几乎占当年总产量的 30%~40%。尽管如此，仍然不能保证城镇人口的最低需要，只好不断动用粮食库存。进入 1960 年后，库存急剧减少，周转调拨极为困难，大中城市基本上是调入一点销售一点，随时都有脱销危险。五六月间，中央几次发出紧急指示，要求为京、津、沪和辽宁等地调运粮食。当时，北京的粮食库存只够销七天，天津只够销十天，上海已几乎没有大米库存，只能靠借外贸部门准备出口的大米过日子，辽宁省十个城市的存粮也只够销八九天。

1960 年 7 月 5 日至 8 月 10 日，中共中央在北戴河召开工作会议。毛泽东主席在会议上讲话，强调民以食为天，吃饭是第一条。“三级所有，队为基础”，至少五年不变，搞一个死规定，五年以后再说。会议形成了三个文件:《关于开展以保粮、保钢为中心的增产节约运动的指示》《全党动手，大办农业，大办粮食的指示》《关于全党大搞对外贸易收购和出口运动的紧急指示》。会议确定认真清理劳动力，充实农业战线，首先是粮食战线的方针;坚决缩短基本建设战线，集中力量保证重点产品、重点企业和基本建设项目。

9 月底，全国 82 个大中城市的粮食库存比上年同期减少近一半，不到正常库存量的 1/3。过去大量调出粮食的吉林、黑龙江、四川等省，也因连年挖了库存而无力继续大量调出。在此情况下，尽管采取诸如在调拨上搞南北季节性调剂、在销售上限制居民每次购买的数量等许多措施，但仍解决不了基本问题，只得靠减少城镇居民的供应定量、压低农村地区的口粮标准、大力提倡采集和制造代用食品等办法来渡过缺粮难关。粮、油和蔬菜、副食品等的极度缺乏，严重危害了人民群众的健康和生命。许多地方城乡居民出现了浮肿病，患肝炎和妇科病的人数也在增加。由于出生率大幅度大面积降低，死亡率显著增高，原本希望快一些让人民群众过上好日子，结果却适得其反。这是“大跃进”“人民公社化运动”和“反右倾”斗争的严重后果，其教训是沉痛的。

第三节 石油工业极其落后

一、基础薄弱，面貌落后

早在2000多年以前，中国人就发现并开始利用石油和天然气，在这一领域不断创造出引人注目的成就。然而由于社会政治、经济制度等方面的原因，石油天然气的开发得不到应有的重视，举步维艰，发展缓慢。20世纪30年代，陕北、新疆等地发现了一些油田，勘探开发了具有相当规模的玉门油矿，为现代石油工业的发展奠定了基础。但是和同一时期迅速发展的西方发达国家相比，中国石油工业仍远远落在了后面。

在古代中国发现油气苗的情形，曾被载入多种史书。公元前200多年写成的《山海经》记述道："……令丘之山。无草木，多火。"说的就是天然气冒到地面后发生燃烧的现象。《汉书》《蜀都赋》等书、文记载着陕西和四川地区相继发现天然气和石油苗。地处陕西神木西南的鸿门，挖掘水井时获得天然气并发生燃烧，被称为火井，是最早有记载的一口天然气井。史书中还记述了延安地区的石油苗："高奴，有洧水，可燃。"指在延安地区清润河的水面上，有可燃烧的物质——石油。在历朝的史书、地方志、奏章和私家著述中屡有关于石油天然气的记载，其记述的地理分布遍及当今行政区域20多个省、市、自治区。

会战诗抄

安下心，扎下根，大庆会战献青春。一颗红心跟党走，当好革命接班人。

延伸阅读

李约瑟(Joseph Terence Montgomery Needham, 1900—1995年)英国近代生物化学家、科学技术史专家,其所著《中国的科学与文明》(即《中国科学技术史》)对现代中西文化交流影响深远。李约瑟关于中国科技停滞的思考,即著名的"李约瑟难题",引发了世界各界关注和讨论。其对中国文化、科技做出了极为重要的研究,被中国媒体称为"中国人民的老朋友"。

"石油"一词最早出现在宋代学者沈括的《梦溪笔谈》一书。他在书中写道:"鄜延境内有石油,旧说高奴县出脂水,即此也。"由于石油一词具有明显的科学性,得到广泛认同,遂流传于世。

在漫长的发现和开发石油天然气的历史进程中,中国人民依靠自己的勤劳和智慧,创造了许多划时代的先进技术。诞生于宋代(公元960—1279年)的顿钻钻井技术,就是石油工业发展史上的一大创举。著名的英国科学家李约瑟在所著的《中国科学技术》一书中说道,这种凿井技术大约在12世纪前就已经传到西方各国。

19世纪下半叶,当美、俄等国已经采用现代方法大规模开采石油的时候,中国还停留在土法捞油的状态。美、俄等国在国内石油生产过剩的情况下,利用鸦片战争强加给中国的不平等条约,开始向中国输出石油。最早是从倾销煤油开始的,当时民间称煤油为"洋油"。美国是世界上最早大量生产石油的国家,在中国市场倾销煤油也是美国商人首先开始的。1863年,美国商人向中国输入煤油2100加仑(约6.8吨),主要供应在华外国人照明用。后来输入量逐年增加,5年之内增加将近6倍,1868年达到113736加仑(约368吨)。与此同时,俄国石油工业迅速发展,也开始向中国输出石油。从1863年至1937年的75年中,外国商人输入中国的各种石油产品约2890万吨,其中煤油约2318万吨,汽油约132万吨。

"洋油"输入对中国社会经济产生了巨大的影响。它一方面满足了工农业和交通运输业的需要,有利于促进社会经济的发展;另一方面,由于灯用油逐步取代了以动植物油作燃料的传统灯盏,使得豆油、菜籽油、棉籽油、花生油及蜡烛等销量日渐减少,影响了农民收入,危害了白

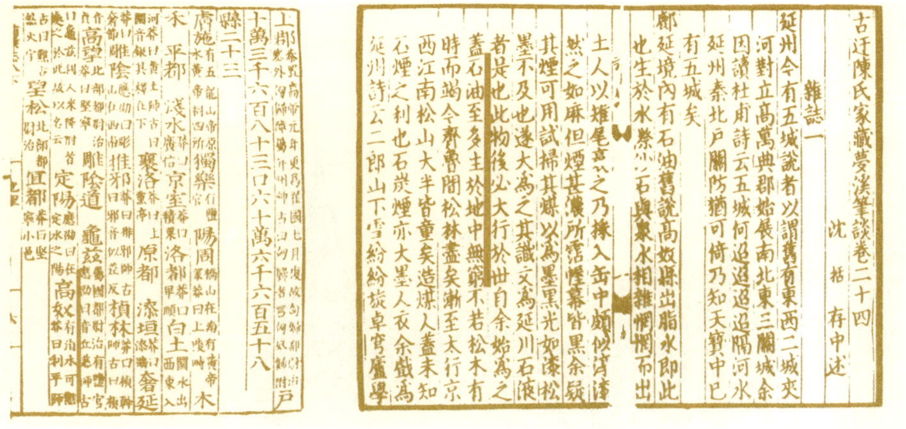
古迂陳氏家藏夢溪筆談卷二十四
沈括　存中述
雜誌一
延州今有五城說者以謂舊有東西二城夾河對立高萬興典郡始展南北東三關城余因讀杜甫詩云五城何迢迢迢迢隔河水延州秦北戶關防猶可倚乃知天寶中已有五城矣
鄜延境內有石油舊說高奴縣出脂水即此也生於水際沙石與泉水相雜惘惘而出土人以雉尾裛之乃採入缶中頗似淳漆然之如麻但煙甚濃所霑幄幕皆黑余疑其煙可用試掃其煤以為墨黑光如漆松墨不及也遂大為之其識文為延川石液者是也此物後必大行於世自余始為之蓋石油至多生於地中無窮不若松木有時而竭今齊魯間松林盡矣漸至太行京西江南松山大半皆童矣造煤人蓋未知石煙之利也石炭煙亦大墨人衣余戲為延州詩云二郎山下雪紛紛旋卓穹廬學

▲《梦溪笔谈》中有关石油的记载

蜡生产和蜡烛制造业，许多农民、白蜡生产者和挑运脚夫失去生计，生活陷于极端贫困的境地。随着煤油倾销量不断加大，加剧了贸易中的不平等性质，造成对外贸易长期入超。外商在中国市场大量倾销煤油，换回大量低价农副产品、手工业品、丝绸产品及白银，从中获得巨额利润。“煤油源源不断地运进中国来，白银源源不断地流到外国去”，刺激着中国近代石油工业的诞生。

据记载，中国最早的油井出现在台湾。1874 年（清同治末年），钦差大臣沈葆桢在台湾得知苗栗出磺坑有一口 3 米深的油井，日采石油数十斤，售给附近居民点灯和医用，主张收归官办。1876—1877 年（清光绪年间），福州将军兼闽浙总督文煜和福建巡抚丁日昌上奏皇上，提出开发台湾石油，开办苗栗油矿。奏准后，丁日昌委派唐延枢主持钻凿工作，从美国购回一台以蒸汽为动力的新式顿钻钻机，并转托在上海的美国商人布朗雇请两名美国技师，用近代钻机钻成台湾苗栗第一口油井，这标志着中国近代石油工业的开端。购买外国钻机、聘请外国技术人员都从不同侧面证明了苗栗油田的存在。

20 世纪初，在中国最早有油苗记载的陕西延长，用近代钻机钻成了中国大陆第一口工业油井。当时，中国人使用煤油灯已比较普遍，对国外煤油的需求量

铁人诗话

干部是带领群众的，要以身作则带头干。参加劳动，决不能指手画脚。

▲ 台湾苗栗油矿

越来越大。1901年煤油输入达43.1万吨，造成对外贸易大量入超，国内有识之士对开发本国石油呼声日盛。陕西巡抚曹鸿勋等提出：“以延长煤油与外国煤油争衡”，延长石油“非速自办，不能杜外人之觊觎”，“以中国之财力，开中国之利源。”1904年11月，延长石油获准试办。两年后，购得日本顿钻设备1套，聘得日本技师佐藤弥市郎及工匠6名。1907年2月，人员与钻机相继到达延长，成立延长石油官厂。经过3个月准备，第一口井于6月7日开钻，9月10日钻至81米时停钻，9月12日投产，初日产原油1~1.5吨，这是中国大陆用近代钻机钻成的第一口油井。采出原油后，用小铜釜试炼，日产灯油12.5公斤，送到西安检验，烟微光白，可与进口煤油相媲美。同年10月，从日本进口的炼油釜装竣投产，10斤原油可提炼6斤煤油，遂将所产煤油装箱运往西安销售，一时“内外传颂，交相称赞”。

在延长油矿开发的同时，新疆独山子地区也开始了近代钻井。1909年，新疆当局筹集白银30万两，派人前往俄国聘请工匠，购买提油机（炼油釜）、挖油机（钻机）各一台。提油机安装于迪化（今乌鲁木齐）工艺厂，挖油机运往独山子钻凿油井，深七八十丈，钻获油流，这被认为是新疆近代石油工业的开端。当第一批工业油井出现不久后，中国台湾、新疆等地石油勘探均告中断，只有延长油矿坚持下来，成为中国大陆第一个近代油矿。

1914年6月，延长成立中美油矿事务所。9月，3台以蒸汽为动力的顿钻运到陕北，钻井技师同时到达。各钻机均配备中国工人，开始钻探。到1916年初，共钻探井 7 口，总进尺 5958.84 米，有 2 口井见少量油气，3 口井见油气显示，2 口井为干井，钻探未获得工业油流。根据钻探结果，美孚地质师阿世德于 1916 年 2 月撰写了《陕西地质调查最后报告》，认为陕北钻探“所获油量甚属稀少”，“没有一口井的产量有工业价值”，随后决定地质、钻探人员全部回国，这标志着中美陕北石油勘探失败。

石油地质勘探成败本是常事，尤其在当时的历史条件下，更不可能一蹴而就。然而美孚参加陕北石油勘探的某些地质师，回国后公开发表他们的报告，说陕北“没有一口井能生产足够的石油使其有利可图”。接着，一些从事理论研究的地质家也相继发表文章，评价中国石油地质。其基本观点是：中国无论海相地层，还是陆相地层，都不可能生产大量石油。其中最有代表性的是斯坦福大学教授布莱克维尔德。他在 1922 年纽约举行的美国矿冶工程师学会上发表论文，题为《中国和西伯利亚的石油资源》。核心观点是：“中国绝不会生产大量石油。”这种全面否定的观点，固然受科学技术发展水平和勘探程度的局限，但毫无疑问它是极其片面的，起了非常消极的作用。受这种观点的影响，当时一些国家曾估计中国的石油地质储量仅为 1.91 亿吨，中国被列为石油远景最小的国家之一。

二、布局不合理，远水解不了近渴

对于中美陕北石油勘探的结果，中国地质家先后作出反应。1919 年，丁文江首先指出：“美孚石油公司在陕北的工作已经表明是一种失败。”1921 年，丁文江、翁文灏联名发表《中国矿业纪要》，文中强调：“中国油矿昔曾大促世人注意。自民国三年美孚合办探矿以后，乃颇以失望闻。然产油区域究属甚广，调查探勘亦究未详尽。则石油固自不失为中国有希望之矿产。”他们在分析陕、甘、新、川等地的储油希望后说：“吾国尚坐拥此广大有希望之油田，详加探勘，诚

铁人诗话　和群众一起劳动，就能比较正确地对待群众，就能放下架子，谦虚谨慎。

今日之急务也。”1928年，李四光指出：“美孚的失败，并不能证明中国无油可办。”谢家荣进一步表示：“……未曾钻探之外尚多，倘能依据地质学原理，更作精密之调查，未必无获得佳油之希望，故一隅之失败，殊不能断定全局之命运耳。”

中国的地质家们坚信中国不是无油可办，而是勘探不周，石油仍是中国有希望的矿产。据此，他们结合中国的地质条件，展开研究探索，逐步认识到三个问题：一是陆相地层可以生油；二是中国各个时代的地层都生石油；三是有利的含油区域几乎遍及大半个中国。

在地质家探索研究石油地质的同时，实际的勘探工作也逐渐展开。1921年春，地质调查所技正谢家荣受代所长翁文灏的派遣，前往玉门石油河调查石油地质，写有《甘肃玉门油矿报告》，肯定玉门石油河附近具有开发价值。1928年11月，张人鉴受甘肃省政府派遣调查玉门石油河、干油泉、石油沟三处油苗区地质，写有报告，认为石油河、干油泉为一大储油构造。1923年至1933年，地质调查所派出王竹泉、潘钟祥、谢家荣、杨公兆、周宗浚等多次前往陕北进行石油地质调查，发现永坪构造。

1936年新疆地方当局与苏联合作钻探独山子石油，翌年第一口井出油，发现独山子油田。这些发现，展示了中国石油工业的良好前景。

这是旧中国在石油地质勘探上取得的成就，延长、玉门、独山子油田都集中在交通闭塞的西北地区，产量低，管理水平落后。对于工业相对集中、比较发达的东部地

延伸阅读

陆相生油理论：这一理论是由李四光、潘钟祥于1941年创立并发展的石油勘探领域的新理念，为在中国陆相盆地中找到大量石油提供了依据。20世纪40年代中期，中国地质工作者在玉门油田所开展的古生物研究工作又为证实“陆相地层”生油提供了新的佐证。从1955年开始，在新疆准噶尔盆地找到了克拉玛依油田，并陆续在酒泉、柴达木、塔里木、四川、鄂尔多斯等盆地找到了油气田，这一切充分展示了陆相地层的含油气远景。20世纪50年代末，中国石油勘探重点战略东移，松辽盆地发现了特大型油田大庆油田。

镜头人物

丁文江（1887—1936年）地质学家、社会活动家，中国地质事业奠基人。1916年组建农商部地质调查所，担任所长。1921年辞去地质调查所所长职务后，兼任名誉所长，担任北

会战诗抄

石油工人硬骨头，铁打的肩膀钢铸的手。披荆斩棘创大业，千斤重担挑起走。

区来说，真是远水解不了近渴。比较大的玉门油矿，到1949年实际探明可采储量1700多万吨，年产原油7万多吨，在将近11年的开发中，共生产原油50多万吨，占全国同期产量的90%以上，可以炼制汽、煤、柴、润等12种成品油，成为当时全国为数不多的大型现代企业，为中国石油工业的发展作了必要的技术、经验和人才准备。

在中国石油工业发展过程中，众多的知识分子发扬爱国、敬业、奋斗精神，在科学技术上不断取得新成就，有力地推动了发展的进程。作为玉门油田的“拓荒者”，孙越崎、严爽、孙健初、靳锡庚是早期献身石油工业的知识分子代表，他们把毕生精力献给了中国的石油工业。

1949年初夏，彭德怀副总司令指挥的中国人民解放军第一野战军，以雷霆万钧之势进军大西北，国民党西北军政长官公署和玉门油矿特别党部的一些反动分子，阴谋对油矿进行破坏。为了把油矿保护好，迎接解放，中国石油公司协理兼甘青分公司经理邹明，积极组织员工护矿，成立了以工程技术人员和老工人为骨干的护矿队，将一部分设备藏进山沟，将一部分油井进行伪装，在炼油厂周围筑起围墙，并将矿警队的武器发给护矿队，昼夜监视反动分子的行动。与此同时，邹明还飞赴兰州、广州、香港，一面为维持油矿正常生产和员工生活筹措资金，一面和在香港的原资源委员会主任委员、知名的民主人士孙越崎联系，向党中央转告玉门油矿情况，希望加速进军，防止反动分子破坏。9月下旬，前线部队密切关注油矿安危，不断通过电台向前线喊话，警告反动分子不得破坏油矿，否

票煤矿总经理；1922年主持召开中国地质学会第一次筹备会议；1923年当选中国地质学会第二届会长；1929年春兼任地质调查所新生代研究室名誉主任；1931年担任北京大学地质学教授。

翁文灏（1889—1971年）清末留学比利时，专攻地质学，获理学博士学位，于1912年回国，民国时期著名学者，中国早期最著名的地质学家，对中国地质学教育、矿产勘探、地震研究等多方面作出了杰出贡献。他是中国第一位地质学博士、中国第一本《地质学讲义》的编写者、第一位撰写中国矿产志的中国学者、中国第一张着色全国地质图的编制者、中国第一位考查地震灾害并出版地震专著的学者、第一份《中国矿业纪要》的创办者之一、第一位代表中国出席国际地质会议的地质学者、第一位系统而科学地研究中国山脉的中国学者、第一位对中国煤炭按其化学成分进行分类的学者、燕山运动及

会战诗抄

雪花飘飘风怒号，考验英雄在今朝。雪大风大劲更大，夏天标杆冬天拔！

与之有关的岩浆活动和金属矿床形成理论的首创者、开发中国第一个油田的组织领导者。

谢家荣：（1898—1966年）字季骅，上海人，地质学家、矿床学家、中国地质学会创始人之一。对中国煤岩学、矿相学、石油地质学、矿床学、经济地质学、区域地质学、地震学和陨石学等进行过开拓性研究，在燃料及各种金属、非金属矿产成矿规律及找矿方法上论述颇丰，发现或指导发现了淮南八公山煤田、安徽风台磷矿、福建漳浦铝土矿、南京栖霞山铅锌矿、白银厂铜矿等矿床。对华北、松辽、渤海、塔里木等石油蕴藏的预测得到证实。最早提出地质理论找矿，倡导综合勘查方法。

张人鉴：1897年生人，1917年赴美留学，1921年毕业于美国科罗拉多大学采矿系，获采矿工程师学位，1923年回国。1925—1930年 在西北工作，曾任过兰州兵工署矿师养成所所长、陕西省政府矿业参事、陕西省建设厅技正等职。

则定将严惩不贷。在解放军的强大攻势下，经过油矿员工的坚决斗争，一小撮反动分子破坏油矿的阴谋被彻底粉碎。

1949年9月25日，是玉门油田历史上最为难忘的一天，油矿获得解放，从此揭开新的发展篇章。这一天，中国人民解放军第一野战军第一兵团司令员王震将军在进军新疆的途中，专程绕道玉门油矿视察。下午，第一野战军的装甲部队从积雪茫茫的祁连山麓穿过戈壁大漠，急速来到玉门油矿。已经守候在此三四个小时的石油职工，挥舞彩旗，热烈欢迎解放军。9月28日中午，中国人民解放军三军九师政治部主任康世恩一行从张掖急速行军抵达玉门。当天晚上，玉门油矿（此时还称作中国石油公司甘青分公司）召开员工大会。三军军长黄新亭宣布玉门油矿解放，由康世恩任军事总代表。正在张掖的王震将军，知道三军九师政治部主任康世恩曾在清华大学学过地质，便向

▲ 1949年9月25日，中国人民解放军接管玉门油矿

会战诗抄

雄文四卷放光芒，照得咱们心里亮。手舞钻杆劈大地，喝令地球献宝藏！

彭德怀推荐，得到批准。

根据中国人民解放军布告和党中央关于接管城市和工矿企业的政策，康世恩宣布接收油矿、恢复生产的政策和原则，包括：按照不打乱原企业机构的原则，维持原职、原薪、原制度；原油矿管理人员和技术人员给予妥善安置，安定职工，搞好生产。这些政策，受到了全体职工的拥护。整个矿区人心安定，秩序井然，油矿生产正常进行。玉门油矿的和平解放，使这个旧中国费尽九牛二虎之力建起的油田，完整无损地回到了人民的手中。

三、产量低，阻碍了发展的步伐

党和政府对新中国石油工业的恢复、发展格外重视和关心。1949 年 10 月 19 日，新中国成立刚刚 19 天，中央就决定建立燃料工业部。翌年初春，中央召开第一次全国石油工业工作会议，研究和制定石油工业在三年国民经济恢复时期的方针和任务，并成立了石油管理总局和西北石油管理局。

朝鲜战争爆发后，中央对石油工业的发展更加关切。毛泽东、周恩来等中央领导人先后参观了在北京举办的第一次石油工业展览。朱德总司令还特地召见康世恩，对他说："现代战争打的就是钢铁和石油。有了这两样东西，打起仗来就有了物资保障。没有石油，飞机、坦克、大炮不如一根打狗棍。我要求产一吨钢铁，就产一吨石油，一点不能少。康世恩同志，你要完成石油供应的任务，这是

王竹泉：（1891—1975 年）地质学家，被誉为"中国煤田事业的奠基人"，曾任北京大学地质系教授、煤炭部总工程师、北京煤炭科学院地质研究所所长。从事地质工作 60 年，研究领域广泛，特别在研究中国煤田地质形成与分布规律、地层叠覆原理方面有突出的成就。他首先提出煤的接触变质规律，首次提出以重矿物为标志鉴定火成岩区的观点，在煤田地质理论上作出了积极贡献。在他的带领下，发现陕北油田，在昌平发现新矿物并命名"西湖石"，对除西藏、新疆以外的全国各省的煤田进行系统调查研究，为大规模勘查奠定了基础。代表作有《山西煤矿志》和《河北磁县煤层的煤岩研究》等。

潘钟祥：（1906—1983 年）石油地质学家、地质教育家，被誉为中国找油事业的先驱。20 世纪 30 年代在陕北延川确定当时产量最高的油井井位；在四川巴县确定了第一口高产气井井位。20 世纪四五十

会战诗抄

学 05 铁人精神，学 02 骏马勇冲，找差距赶过王马，06 队兴枝更红。

年代发表的《中国陕北和四川的白垩系石油的非海相成因问题》《中国西北部的陆相生油问题》具有突破性见解，20世纪70年代他倡导的基岩油藏等新观点，在中国石油普查勘探中发挥了重要的指导作用。他在教学科研工作中，领导编定了中国第一本《世界油气田地质学》教材，培养了几代优秀人才。由他首次提出的“陆相生油”新观点，突破了海相生油理论，对我国石油工业的发展起了重要作用。

杨公兆：教授，民国初期政坛名人杨度之子，曾任清华大学秘书长。

周宗浚：测绘专家。1933年毕业于北京大学地质系。曾任中央地质调查所技正、中国石油公司甘青分公司测绘室主任。新中国成立后，历任燃料工业部石油总局西安地质调查处、玉门石油局银川勘探处副处长，长庆石油勘探局西安办事处副主任、测绘总工程师、高级工程师。1933年参与编绘1∶300万中国

给你的命令。”

党中央、国务院为了进一步加强对石油工业的领导，1955年7月30日，经全国人大一届二次会议决定成立石油工业部。石油工业部成立后不久，部党组决定组成以康世恩为团长的中国石油代表团访问苏联，全面考察了解苏联石油工业情况，学习苏联石油勘探和油田开发的经验。中国石油代表团于1955年9月10日到达苏联莫斯科，一下飞机就立即开始工作。三个月后康世恩把自己从1949年到1955年这6年从事石油勘探的经验教训和在苏联考察的深切体会，有机地结合起来，在莫斯科写了一封题为《在中国如何寻找石油》的长信寄给石油工业部党组，引起了震动。康世恩在信中，首先强调了石油发展的战略方针，只有集中全力，解决了天然石油的问题，才有出路。他认为摆在面前的先决问题是：“什么时候能找到油田，找到什么样的油田，能找到多少？”康世恩坦言：“怎样解决这个

▲ 1955年9月，康世恩率中国石油代表团在苏联考察（后排右四为康世恩）

铁人诗话 离开了毛泽东思想，离开了群众，个人再有本事也起不了什么作用，还要犯错误。不能特殊，不能高人一头。

问题，以往是感到渺茫的。经过这几年的勘探工作，多少积累了一点经验。这次在苏联参观，对我们启发很大。”康世恩总结了自己学习苏联和西方其他石油大国寻找石油的基本经验，指出：当前在中国没有找到大油田，根本的问题是勘探的战略和指导思想不对头。他首次提出：要把勘探的重点，从山前的小盆地移向大盆地，采取解剖整个区域和打基准井的方法，利用多种勘探手段，进行全面系统的区域勘探。这些新的观念和方法，启迪了人们的思想，打开了勘探领域的视野。后来的实践证明，这封信中的重要观点是我国石油勘探思想认识上的重大飞跃。

经过 7 年左右的探索，新中国年轻的石油工作者开始把眼光转向我国更多辽阔的盆地，终于在 1956 年 9 月发现了克拉玛依油田，在新疆准噶尔盆地响起了第一声春雷。这是我国石油勘探史上第一次整体解剖一个大型盆地，摆脱了过去“溜边转，找鸡蛋(地下含油构造)，见了油苗就打钻”的老办法。从此，我国开始了找油找气的新领域。到 1956 年 9 月，布置在这个大型盆地里的 23 口井喷出了工业油流，探明含油面积 130 万平方千米，可采储量在 1 亿吨以上。10 月 1 日，在国庆典礼中，克拉玛依油田的巨大模型在游行队伍中通过天安门，接受毛主席以及其他党和领导人的检阅。此后那首脍炙人口的《克拉玛依之歌》传遍全国，成为中国石油工业的第一曲壮歌。克拉玛依油田的发现，打破了中国石油勘探长期沉闷的局面，是新中国石油勘探史上的第一个大突破。它用事实证明陆相贫油论是不符合实际的，中国有着广阔的含油气远景。

1954 年 3 月，石油管理总局在西安召开的第五次全国石油勘探会议上，决定稳步开展柴达木盆地的地质勘

地形挂图和分省地图集(申报馆出版)，并发表了华南九省经纬度测量报告和黄河中游 1:4 万地形图。1947 年在我国首次发现柴达木盆地油砂山含油构造并绘制成图，对酒泉盆地、陕甘宁油区的控制测量、地形、航空测量等作出了重要贡献。

赵亚曾：(1899—1929 年)古生物学家、地层学家、区域地质学家。所著《中国长身贝科化石》等在系统分类和研究上属国际先进。他与李四光的峡东地质工作奠定了中国南方地层系统之基础。对中国北方石炭纪煤系地层的厘定为中石炭本溪统和上石炭太原统具有国际影响。他与黄汲清合著的《秦岭山与四川地质之研究》是区域地质学之重要经典。

谭锡畴：(1892—1952 年)地质学家、区域地质学家、矿业学家、地质教育家。在我国许多省区从事过最早的区域地质矿产调查，尤其是山东白垩纪地层古生物调查(最早发现我国的恐龙化石)、四川西康地质矿产调查具有开创性意义。主编我国最早的 3 幅 1:100 万地质图中的北京—济南幅、

南京—开封幅。对资兴煤矿、易门铁矿等的开发经营有重大贡献。先后在北京大学、北洋大学、西南联合大学、云南大学等校任教，培养了大批人才。

李春昱：（1904—1988年）区域地质、构造地质学家。1928年毕业于北京大学。1937年获德国柏林大学博士学位。为中国科学院地学部学部委员（院士）。曾任中国地质科学院地质研究所研究员。

黄汲清：（1904—1995年）构造地质学、地层古生物学和石油地质学家。1928年毕业于北京大学地质系，1935年获瑞士浓霞台大学理学博士学位，1948年当选为中央研究院院士，1955年被选聘为中国科学院学部委员（院士），1988年当选苏联科学院外籍院士。他系统划分了中国主要构造单元和大地构造旋回，进一步开拓了中国地质图制图事业，创建多旋回构造运动说，进而将多旋回说与板块构造相结合，建立了板块多旋回开合手风琴式运动模式，开拓了大地构造研究新途径。他提出了陆相生油论，具体部署、指导中国石油天然气地质普查勘探。

▲ 以新中国第一个大油田——克拉玛依油田的发现为标志，油气勘探初获突破

探，并随即成立柴达木盆地石油地质勘探大队。1956年4月28日，冷湖构造带上喷出大量原油，标志着冷湖油田诞生，到年底建成日产1500吨的生产能力。当年近4个月的时间，冷湖油田生产原油20万吨，这对当时尚在起步阶段的中国石油工业，具有重大历史意义。

四川的天然气开发具有悠久的历史，为世界石油和天然气工业发展谱写了光辉灿烂的一页。但是在1949年以前，一直没有发现有工业价值的油田。1954年全国石油勘探会议提出，四川盆地应以勘探石油为主要目的，在勘探石油中，必须重视天然气储量。从1956年起，先后在川中蓬莱等地进行钻探，取得重要成果，先后发现多处高产气流。1957年3月27日，毛泽东在四川考察期间，专门视察了隆昌气矿炭黑车间，并亲笔题词“四川大有希望”。1958年3月中旬，连续3次从四川传来振奋人心的好消息，有3个构造带面积上百平方千米相继喷出高产油流。消息传来，全国为之振奋。石油工业部党组决定开展川中石油会战。然而出人意料的是，地质学上奇怪的现象在四川出现了。会战开始后，需要关井测井底压力。谁知关井测压不到一天，再开井却不出油了，一点油也没有。对此，大家瞠目结舌，不知所措。不仅原来构造带上高产井不出油，就是在周围新打的井也不出油。1959 年 3 月，石油工业部在四川南充召开地质勘探和基本建设会议，全面总结了川中会战的工作。石油工业部党组宣布，原来川中会战的预想和目标没有实现，四川的大油田没有拿到手，短时期内也难以拿到手，决定结束川中会战。历时 10 个月的川中会战，虽然以遭受挫折而告结束，但它是从实践到认识，从无知到有知的过程。在石油工业南征北战 10 年即将迎来大突破的前夜，它留下了不可磨灭的印记和宝贵的经验教训。康世恩在总结中认识到：搞清楚地下情况要一切经过实验。要有实践精神，坚持一而再、再而三的实践，才能得出正确的结论。余秋里更为形象地总结道："一口井喷油，不等于发现了一个油田；一口井高产，不等于一个区块都高产。感谢你们四川，川中是'教师爷'，教训了我们，使我们学乖了。"川中会战的经验教训，使石油工业的决策者们真正体会到了实事求是才是发展石油工业的灵魂。

据记载，新中国成立以前，全国仅有 8 台旧钻机，原油年产量仅 12 万吨。新中国成立之后，先后扩建了玉门油矿，发现和建设了新疆克拉玛依油田、青海冷湖等油田。但是，我国依赖"洋油"的状况并没有根本改变。石油资源短缺或情况不明，物质基础薄弱，技术力量落后，

常隆庆：（1904—1979 年）九三学社社员、中国古生物学会理事、中国地质学会常务理事。1930 年毕业于北京大学地质系，先后担任北碚私立中国西部科学院地质研究所主任；四川省地质调查所所长；西南地质调查所副所长；重庆地质学校教导主任；成都地质学院教授；中国古生物学会理事；中国地质学会编辑、常务理事等职务。主要从事地质矿产调查研究工作和教学工作；先后发表二十余篇重要科学论文和专著，内容广泛，涉及地层、古生物、矿产、地质构造、土壤、地震、中国地质等方面。

孙越崎：（1893—1995 年）原名毓麒，浙江绍兴平水铜坑（今平水镇同康村）人。著名的爱国主义者、实业家和社会活动家，是中国共产党的诤友，中国现代能源工业的创办人和奠基人之一，被尊称为"工矿泰斗"。孙越崎一生抱着科技兴国的理念，艰苦奋斗，为中国煤炭、石油事业的开发建

会战诗抄

一颗红心两只手，自力更生样样有。向外伸手没出息，自己动手长志气。

设和人民革命解放事业作出了卓越的贡献。他领导开发了中国大陆第一个油矿——延长油矿。领导创建了中国第一座较具规模的石油城——玉门油矿，为祖国石油工业的飞速发展奠定了基础。

严爽：（1895—1962年）石油工程专家。1927年毕业于北京大学矿冶系。曾任延长油矿勘探室主任、矿长。1936年至1938年在美国科罗拉多大学进修。回国后，先后任玉门油矿矿长、中国石油公司协理。新中国成立后，历任燃料工业部石油总局副局长、石油工业部勘探司副司长，是我国玉门油矿主要创建者之一。

孙健初：（1897—1952年）石油地质学家。早年从事区域地质矿产调查，发表《绥远及察哈尔西南部地质志》等著作，是第一个跨越祁连山的中国地质学家，探明并开发了玉门油矿，建成中国第一个石油工业基地，是中国石油地质的奠基人。培养了中

已发现开采的几个小油田又偏居西北一隅，在大西北的戈壁荒漠之中，对东南部经济建设来说，真是远水解不了近渴。想把中国人民扼杀在摇篮里的西方谋士们，都把中国贫油作为一张王牌，气势汹汹地断言：对红色中国来说，石油自给自足障碍极其严重。苏联决定从中国撤走专家，大量非熟练的工人并不能代替专家，小茶壶式的炼油装置生产的产品极为低劣，且成本高。结论只能是：红色中国并没有足够的燃料进行一次哪怕是防御性的现代战争……连几个星期也不行。这些想“遏制”新中国的敌对势力，进一步把这些虎视眈眈的言论变成行动。这就使得刚刚翻身的工人、农民，来不及在自己的工厂、自己的土地上工作和耕耘，就得走向炮火纷飞的前线，去保家卫国，血洒他乡！举国上下对石油的渴望、希求和期待是千言万语也难以表达的。

结　语

“我经常看中国近代的一些史料，一看到落后挨打的悲惨场景就痛彻肺腑！”2013年12月27日，习近平总书记在一次重要会议中强调，言辞恳切。

我国具有灿烂的古代文明，蕴藏着丰富的石油天然气资源，人们至少在2000多年以前就发现了石油和天然气的可燃性，并逐步用于照明、燃料、润滑、制墨、医药以及军事等方面，并在地质、钻井、开采、集输和加工等技术方面作出了重大贡献。但是到了近代，外有列强的侵

铁人诗话　我恨不能一拳头砸出一口油井来，赶快拿下大油田，把石油落后的帽子甩到太平洋里去，给我们党争光，给中国人民争气。

略掠夺，内有政治腐败、军阀混战、民不聊生。在这种背景下，我国的油田开发事业处于非常落后的状态，但石油工作者仍然不懈地艰苦奋斗，为以后的发展打下了虽然微弱，却十分有价值的基础。

国第一批石油地质人才，对中国石油事业的筹划亦有巨大贡献。

靳锡庚：（1900—1998年）石油钻井工程专家。首次绘制出老君庙和石油沟的地质地形图和地质构造图，是玉门油田的主要发现人和创建人之一。负责用旋转钻机第一次钻成了我国高压自喷油井，支援了抗日战争用油。

思考题

1. 为什么说大庆油田是在困难的时间、困难的地点、困难的条件下开发建设的？
2. 中国的石油工业为什么会在近现代落后于世界？
3. 新中国成立后为发展石油工业采取了哪些举措？
4. 新中国为什么能走出一条独立自主的石油工业发展道路？

第三章

大庆精神、铁人精神的形成

60 年前，党中央作出石油勘探战略东移的重大决策，广大石油、地质工作者历尽艰辛发现大庆油田，翻开了中国石油开发史上具有历史转折意义的一页。

——习近平

第一节　大庆精神的形成

一、中国共产党的坚强领导

2009 年 9 月 22 日，习近平同志在大庆油田发现 50 周年庆祝大会的讲话中指出，大庆油田从诞生时起就坚持党的领导，听从党的召唤，就与祖国同呼吸、共命运，始终高唱“我为祖国献石油”的主旋律，充分体现了社会主义制度能够集中力量办大事的优越性。

大庆石油会战中形成的一个优良传统，就是坚持党对企业的领导，加强思想政治工作。大庆油田勘探、开发、建设以来，始终坚持这个优良传统，这是社会主义企业最本质的要求。1963 年 12 月 24 日，余秋里、康世恩在总结大庆石油会战工作时，提出“社会主义现代化企业必须革命化”。

“我们认为，大庆这个油田，是总路线的产物、毛泽东思想的产物。大庆会战的胜利，主要不是取决于几个技术问题的解决。这不是灵魂。灵魂是总路线，是毛泽东思想。”石油工业部党组一开始就对大会战中坚持党的领导、加强思想政治工作提出了明确要求，始终把握社会主义企业的政治方向，这对于今天仍然具有重要的指导意义。

1960 年 3 月 17 日，余秋里在石油工业部电话会议的讲话中指出：“会战的灵魂就是政治思想工作，加强党的领导。”康世恩指出：“千难万难，依靠群众就不难；千条万条，党的领导是第一条。”

大庆石油会战坚持中国共产党的优良传统，把“支部建在连上”，落实到基层，始终把提升党支部的战斗堡垒作用作为党对社会主义企业领导的重要组织形式。余秋里形象地说：“宁可少组建两个钻井队，也要配齐基层的指导员。”余秋里1961年1月在石油工业部党组会议上说：“政治挂帅，石油工业部挂在哪里呢？挂帅要挂在‘油’上！离开了当前的生产任务来谈政治思想工作，是没有半点力量的！”“衡量一个企业的工作好坏、政治工作的强弱，最重要的是看生产搞得怎么样。”

余秋里在大庆石油会战中，始终强调树立“一切工作为了生产的观点”。他说：“全体会战职工的共同任务，就是探明大油田，开发建设好大油田，为国家多生产石油。”

1961年12月20日，大庆石油会战政治部在松辽石油会战政治工作总结中，对加强党对企业的领导进行了完整的表述。总结中指出：“为了高速度、高水平拿下松辽大油田，在各项工作中坚持党的领导是根本的一条原则。所谓坚持党的领导，就是坚持政治挂帅，坚持毛泽东思想挂帅，坚持党的方针政策挂帅。从会战的开始，我们就根据部党组的指示，强调一切工作以毛泽东思想为指针，用毛泽东思想来指导我们的一切工作。要求人人学习毛泽东著作，一方面广大职工以《实践论》和《矛盾论》为主要武器，斗志昂扬，意气风发，不怕困难，不计报酬，不管职务高低，不分你我，艰苦奋斗；另一方面，会战中的领导干部都力求认真及时传达部党组、省委以及上级党委的政策、方针、指示，让群众掌握。而更重要的是各级领导干部与广大职工，通过会战实践，养成‘人人谈政治，事事谈政治，处处谈政治，时时谈政治’的风尚。”

《大庆油田关于加强基层党支部建设的情况》

该总结还从四个方面概述了坚持党的领导的经验：一是坚持党的领导必须正确处理好政治与技术的关系；二是坚持党的领导必须正确处理中心工作与部门工作的关系；三是坚持党的领导必须认真解决党委领导下的首长分工负责制；四是坚持党的领导必须加强党支部工作的领导。

铁人诗话　我们收回来的不是废料，是劳动人民的本色，是大庆会战的传统，是艰苦奋斗的作风。七亿人民的钢铁，我们一两也不能丢，一定要把它用在刀刃上。

1966 年 9 月 28 日，大庆石油会战政治部又系统地总结了《大庆油田关于加强基层党支部建设的情况》，提出了加强党支部建设的经验和做法。一是选拔年轻优秀的干部，加强基层领导班子思想革命化。二是狠抓党的民主生活会，加强民主集中制。三是狠抓发展新党员工作，增强基层党组织的战斗力。四是狠抓对党员的教育，党员的模范作用得到进一步发挥。总结中突出了基层党组织建设，这些经验和做法对现在的基层党组织建设仍然具有积极的指导意义。石油工业部党组、余秋里同志在理论和实践上对党的领导和思想政治工作具有远见卓识，在会战具体实际中创造性地发挥了中国共产党的优良传统和基本原则。

1. 党中央批准大庆石油会战

余秋里接任石油工业部部长后，抓的第一件事就是坚决贯彻邓小平的指示，组织制订石油工业第二个五年计划，实施石油勘探战略东移。石油工业部于 1958 年 4 月成立松辽石油勘探大队，同年 5 月又将勘探大队升格为松辽石油勘探处，6 月又将勘探处扩大为松辽石油勘探局。在短短 3 个月的时间里，松辽盆地勘探机构连升 3 级，在中国石油工业的发展历程中实属罕见。通过一年大规模地勘探，取得了丰硕的成果。

这一年，地质部发现了大同镇等 17 个圈闭，并在吉林前郭旗南 17 井发现油砂，接着又在杨大城子南 14 井等 30 多口浅井见到了油砂、油气显示。石油工业部钻成了 2 口基准井，即松基 1 井、松基 2 井，建立了盆地地层层序。1958 年 6 月 25 日，新华社发出了《松辽平原有石油》的消息，报道说：“松辽平原不久将成为我国重要的油区之一。”

延伸阅读

圈闭：地下一种能阻止油气继续运移并能使油气在其中聚集的场所，是形成油气藏的基础。

油砂：指富含天然沥青的沉积砂，也称为“沥青砂”。油砂实质上是一种沥青、沙、富矿黏土和水的混合物。

基准井：在油气区域勘探初期，为了解某一地质资料极少的沉积盆地的区域地质特征和石油地质特征，查明地层时代与层序、生油性与含油性、构造与岩相，取得必要的地质与地球物理参数而钻的井，是以取得地质资料为主要目的的特殊探井。基准井一般应部署于盆地的主体部位，使用大型钻机，尽可能钻达基岩，以便取得盆地完整的地层剖面。

延伸阅读

岩芯：是用特殊钻机从地下取出供测试用的，大致呈圆柱形的地下物质试块。

提捞：是利用装有单向阀门的捞筒下入井中（液体冲开底部阀门进入捞筒，上提时阀门关闭）将井内液体提捞出井外的方法。

松辽石油勘探钻井队曾于1958年7月至11月在安达县任民镇东南14公里处钻了第一口基准井——松基1井，一无所获。同年8月，又在盆地东南部的隆起区，即前郭尔罗斯蒙古族自治县登娄库构造打了松基2井，仅见到少量的油气显示，后期经过试油，没见到工业油流。前两口基准井出师不利，第三口基准井的井位选择就成了一个十分突出的重要问题。

1958年9月，石油工业部和地质部的有关技术人员张文昭、杨继良、钟其权、韩景行、朱大绶等一起联合召开会议，研究了地质部的资料，经过协商，取得一致意见，同意将松基3井的井位定在大同镇高台子隆起处。这个意见呈报到石油工业部后，经过研究，康世恩拍板定案："现在松基3井的井位与松基1井、松基2井形成等边三角形，处在不同构造上，又是'坳中之隆'，地理位置十分理想，要尽快准备好开钻。"

松基3井的钻井任务由松辽石油勘探局32118钻井队承担。这是黑龙江和大庆油田成立最早的石油钻井队，队长包世忠、指导员沈广友。当钻至1461米时，已经多次发现油气显示，取出的岩芯也见到了油气显示，油砂呈棕黄色，含油饱满，气味浓烈，说明井下有较好的油层。同时因为井斜过大，继续钻进有困难，经过康世恩批准，立即停钻投入试油。

松基3井提前完钻的决策，与苏联专家的意见分歧较大。余秋里坚决支持康世恩的果断决策，并让他在现场组织力量实施。后来的实践充分证明，这个决策对至少提前

铁人诗话

艰苦奋斗是非同小可的问题。一个革命者的一生，就是战斗的一生，就是克服困难的一生，我们要艰苦奋斗一辈子。

▶ 承担大庆油田发现井——松基 3 井钻探任务的 32118 钻井队队长包世忠（左）、指导员沈广友（右）在该井钻井现场

▲ 1959 年 9 月 26 日，松基 3 井喷出工业油流

一年多发现大庆油田起着决定性的作用。经过7天7夜的提捞，1959年9月26日下午4时，原油大量喷出，日产量13.02吨。在场的专家、工人，还有当地蜂拥而至的老乡们，看着从井口喷出的棕褐色油柱，情不自禁地欢呼跳跃。

證書

为表彰在自然科学方面取得突出成果，作出重要贡献者，特颁发此证书，以资鼓励。

项目名称：大庆油田发现过程中的地球科学工作
主要作者：李四光、黄汲清、谢家荣、韩景行、朱大绶、吕 华、王懋基、朱 夏、关士聪等（地质矿产部），张文昭、杨继良、钟其权、翁文波、余伯良、邱中建、田在艺、胡朝元、赵声振、李德生等（石油工业部），张文佑、侯德封、顾功叙、顾知微（中国科学院）
奖励等级：一等
奖励号码：00005

中华人民共和国
国家科学技术委员会主任 方毅
一九八二年七月

▲ 1982年7月，大庆油田发现过程中的地球科学工作被授予国家自然科学一等奖

1977年，在全国科学大会上，松基3井的发现被列为国家特等奖。1982年7月，国家科委表彰在大庆油田发现过程中作出突出贡献的23位地质、地球物理科学工作者。在松基3井的旁边，大庆人筑起了一座具有象征意义的纪念碑，上面镌刻着这23位地质学家的名字，他们是李四光、黄汲清、谢家荣、韩景行、朱大绶、吕华、王懋基、朱夏、关世聪、张文昭、杨继良、钟其权、翁文波、余伯良、邱中建、田在艺、胡朝元、赵声振、李德生、张文佑、侯德封、顾功叙、顾知微。

松基3井喷油的第二天，松辽石油勘探局黑龙江石油勘探大队党委书记关跃家受局长李荆和委派，带着油样到哈尔滨向黑龙江省委报捷。当时，黑龙江省委正在召开党委会议。省委第一书记欧阳钦、省长李范五等人听了汇

镜头人物

包世忠：1940年10月参加八路军，在冀东12团2营任战士、班长、副指导员至抗战胜利；1945年11月在中国人民解放军第四野战军七纵队历任连长、侦察参谋、副营长、营长；1947年5月参加四平解放战斗，攻克堡垒、突破城防，立大功一次，获勇士勋章；1948年10月参加解放锦州战斗，1950年8月参加抗美援朝；1956年8月任中国人民解放军134师620团后勤部处长，被授予少校军衔；1958年7月从部队转业至松辽石油勘探局，任黑龙江勘探大队32118钻井队队长。

沈广友：1958年7月从部队转业到松辽石油勘探局，任黑龙江勘探大队32118钻井队指导员。

大庆油田23位发现者简介

报，看了油样，都非常高兴。欧阳钦说：“在我们黑龙江省内找出石油，这是一件大好事。石油对于国家的工业和农业机械化，都有极其重要的意义。我们黑龙江一定要全力以赴，支援石油勘探。”1959 年 11 月 7 日，省委和省政府领导 20 多人，在欧阳钦书记的带领下，带着物资到松基 3 井慰问，看了井口喷油。

在返回大同镇的途中，欧阳钦提议：松基 3 井在新中国成立 10 周年大庆前夕出油，是向党和祖国献上的一份大礼。这口井位于肇州县大同镇地区，为避免将来建成油田后，与山西省的大同煤矿重名，建议把大同镇改为大庆区。石油工业部和地质部的相关人员也认为，欧阳钦倡议的“大庆”这一名字很有意义。从此，就把这里发现的长垣叫大庆长垣，把这里发现的系列油田统称为大庆油田，把在这里进行的松辽会战改称为大庆会战。

松基 3 井喷油的喜讯当天就传到了北京，石油工业

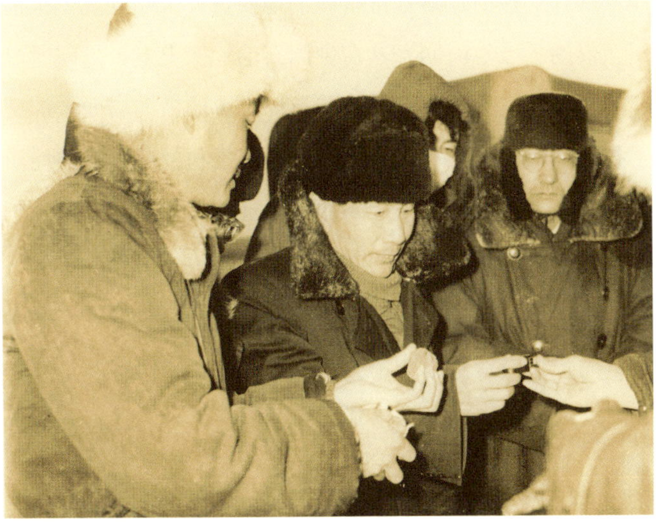

▲ 新中国成立 10 周年的国庆节前夕，“松基 3 井”喜喷油流，黑龙江省委第一书记欧阳钦同志（中）提议把新发现的大油田命名为“大庆油田”。

镜头人物

李荆和:（1912 — 2001 年）1954 年 10 月，任国家燃料工业部劳动工资司副司长、石油工业部劳动工资司副司长、司长。1958 年 11 月，任松辽石油勘探局党委书记兼局长。1960 年，任松辽石油会战党工委副书记、政治部主任。

欧阳钦:（1900 — 1978 年）从新中国成立初期到 20 世纪 60 年代，长期担任黑龙江省委第一书记和东北局第二书记。

李范五:（1912 — 1986 年）1958 年 1 月至 1966 年 9 月任黑龙江省委常务委员、省委书记（至 1960 年 10 月）。1958 年 3 月至 1966 年 9 月兼任黑龙江省人民委员会党组书记、黑龙江省长（1958 年 9 月起）。

部的领导和工作人员也都欢欣鼓舞，但在振奋之余，又保持了冷静的头脑。因为历史经验告诉找油的人，一口井出油，不等于拿下一个油田。余秋里尖锐地指出：“究竟这个油田是大油田还是小油田？是活油田还是死油田？是好油田还是坏油田？还要继续进行更加扎实、深入、细致的工作。”

按照石油工业部党组的意见，对松基3井的出油，石油工业部只发了内部通报，没有急于向外宣传，没有登报和广播，而是要求松辽石油勘探局进一步加强对长垣的扩大勘探，作出新的部署。到1959年中期，已经勾画出松基3井高台子构造的南面，还有一个面积200多平方千米的、更有前景的葡萄花构造。松辽石油勘探局在葡萄花构造上部署了3条剖面，共打9口探井，都出工业油流。这显示了从葡萄花到高台子一带的200多平方千米地区，是一个能够稳定生产的较大规模的活油田、好油田。

从开始在松辽盆地进行石油地质普查，到发现大庆油田，仅用了5年时间，这在中国石油勘探史上，是前所未有的创举。它不仅扭转了我国石油工业的被动局面，加速了我国石油工业发展的进程，而且丰富和发展了石油地质理论，有力地破除了中国陆相地层贫油的观点，改变了国际社会对中国石油资源的评价。

大庆油田的发现证明，一个盆地有没有石油，不取决于是海相地层还是陆相地层，而取决于盆地内有没有有利于石油生成、运移、聚集和保存的条件。只要具备这些条件，陆相地层中同样能够形成大油藏。另外，大庆油田的

延伸阅读

大庆长垣：1958年2月，石油工业部和地质部共同发出“三年攻下松辽”的战斗号召。地质部从四川、青海、陕甘宁调集队伍，加强松辽找油工作，终于在吉林省扶余县的一个钻井中，首次遇见厚达70厘米和50厘米的油砂岩层。同年秋天，发现了大同镇“长垣”构造，出油后改为大庆长垣。大庆之所以能产油多，主要是因为大庆的长垣存在，每个构造都是极好的储油场所。

构造：地质构造的简称，是地壳或岩石圈各个组成部分的形态及其相互结合的方式和面貌特征的总称。由于地壳中存在很大的应力，组成地壳的上部岩层在地应力的长期作用下就会发生变形，形成构造变动的形迹，如在野外经常见到的岩层褶皱和断层等。构造变动在岩层和岩体遗留下来的各种构造形迹称为构造。

铁人诗话

头顶明月肩披霜，英雄日夜守井旁。为油苦战夜不眠，喜看原油赛长江。

发现在石油勘探的指导思想和方法上，也为陆相盆地石油勘探积累了经验。如从全局出发选好主攻方向和突破口；坚持综合勘探，运用多种信息，防止片面性；从实际出发，灵活地运用各种勘探方法等。

为了总结石油工业发展过程中正、反两方面的经验，全面分析当时面临的形势，统一认识，确定进入20世纪60年代的工作部署，石油工业部于1959年11月在北京召开了全国石油局厂领导干部会议，余秋里作了重要讲话。他指出：在国家把较大的物力、财力优先投入主要方面的情况下，要把石油生产搞上去，就要在石油工业内部集中力量保证重点；工作如果没有重点，就没有全局性的关键所在；只要在重要方面取得了决定性的成就，即使在其他方面发生了一定的困难，就全局来讲，仍然是取得了决定性的胜利。这次会议是石油工业史上一次非常重要的会议，它明确了发展石油工业的指导思想，为组织大庆石油会战进行了思想准备，对于石油工业以后的发展具有深远的影响。

1960年2月1日，石油工业部党组召开扩大会议，研究分析松辽盆地的石油勘探情况，讨论制定大庆油田的会战部署。会上，石油工业部专家工作组的李德生、童宪章、翁文波首先汇报了大庆长垣的地质情况和勘探形势，并对下一步的工作部署提出了初步意见。到1960年1月底，在大庆长垣南部的葡萄花、太平屯地区，已经钻完了6口探井。经过一个月左右的试油试采，产油量情况良好。用5毫米油嘴试油，每口井自喷日产10~24吨。另

镜头人物

童宪章：（1918-1996年）中国科学院院士，石油工程学家，北京石油勘探开发科学研究院高级工程师。主持编制我国第一个油田开发方案，初次采用注水开发技术获得成功。先后参加大庆、胜利、克拉玛依、河南等油田会战的开发工作，多年潜心于水驱油田开发生产规律与特征的研究，创立的水驱油田动态分析理论与方法——“童氏水驱曲线法”被广泛应用。

翁文波：（1912—1994年）我国著名地球物理学家、石油地质学家、知名预测论专家，中国科学院院士，是中国石油地球物理勘探、测井和石油地球化学技术的创始人。在20世纪50年代末和60年代初，参加指导了大庆油田地球物理勘探和有关地震预报等方面的工作。

会战诗抄

取得成绩不骄傲，比出差距不泄气，打了胜仗找问题，遇到困难鼓干劲。

延伸阅读

可采储量：可采储量等于原始地质储量与采收率的乘积，即在现有经济技术条件下，能从储油层中采出的油量。它首先取决于地质储量。储量是指在地层原始条件下的油气量，而可采储量是指在现代工艺技术条件下，能从地下储层中采出的那一部分油气量。

孔隙度：岩样中所有孔隙空间体积之和与该岩样体积的比值，称为该岩石的总孔隙度，以百分数表示。

渗透率：指在一定压差下，岩石允许流体通过的能力。

外，还有7口探井钻遇油层，根据取芯、电测和钻进过程中的油、气显示，证明油层情况也很好。这13口井控制的油田面积达200平方千米，初步估算可采储量在1亿吨以上，相当于克拉玛依油田的规模。

会议从已经取得的地质资料中分析，大庆地区的地下条件很好，主要有六点：

一是油层多、油层厚，已经发现的油层有6组，其中1组、2组的平均有效厚度约11米，其他几组的情况还没有完全摸清。

二是产量比较高，用4~5毫米的小油嘴试采，每口井的日产量都在10吨以上，单井产量也比克拉玛依油田高，而且油层压力大、含气少，井口的压力不高，属于高压力、低饱和油田。

三是储油条件比较好，油层的有效孔隙度平均为22%，渗透率平均为300千分达西，连通性比较好，油层物理性质属于中上等。

四是地层分布稳定，在南北27公里、东西8公里的布井面积内，地层基本都能对比得上，岩相变化不大。

五是油层埋藏不深，浅的在1000米左右，深的不过1500米，钻探开发都比较方便。

六是地层松软，用普通的刮刀钻头就可以打到目的层，而且可以用清水开钻、自造泥浆，钻井过程中不卡、不塌、不漏。

这些都说明，在已经控制的大庆长垣南部200平方千米的面积内，石油储量是可靠的，油田的地质条件是有利的。同时，根据已取得的大量地震资料表明，大庆长垣是一个面积2000多平方千米的二级构造，地层倾角不超过1度，地下起伏平缓。很有可能整个油藏受二级构造控制，也就是说，整个大庆长垣可能都有油。大庆长垣又只是松辽盆地中央坳陷带的一部分，在大庆长垣之外，还可能找到一个特大油田。

总之，松辽盆地石油勘探形势很好。但是油田有些情况还没有完全搞清，比如，是不是二级构造带连片含油，当时还仅仅是推测，难以作出定论；油层岩性的变化到底怎样，对产油能力的影响有多大，依据现有的资料还不能说清。从原油性质看，也有不利的因素：含蜡量高，达到 20%~30%；凝固点高，在 28 摄氏度时就凝结；黏度高，一般为 10~20 厘泊；松辽地区又是高寒地带，给开发带来一定的困难。但是毕竟已经掌握一定的可靠资源，有了进一步开展勘探的牢固阵地和必要条件，再加上油田处于富饶的东北平原，工业基础雄厚，交通发达，在发展速度上可以比其他地区来得快，完全可以集中力量在松辽油田大干一场。

在这次部党组扩大会上，也考虑到了组织这样一场牵动全国石油战线的会战是否会对当前生产和各单位的工作造成影响。经过分析，大家认为，只要各单位思想统一，工作能跟上去，从长远的、发展的观点看，只会有利，不会有害。当时，余秋里在会上说："我们搞石油勘探，既要勇于解放思想，又要敢于有根据地断定问题。有充分根据而不敢作判断，就无路可走，就会一辈子落后。现在国家迫切需要石油，大庆资源又比较可靠，地质情况也搞得比较清楚，改变石油工业的落后面貌在此一举。只有下死决心，背水一战，倾家荡产，全力以赴，才能快速拿下这个大油田。""大庆石油会战，只能上，不能下，只准前进，不准后退，不管有天大的困难，也要硬着头皮顶住。争取以最快的速度、最高的水平，把这个大油田勘探、开发建设好，把石油工业落后的帽子甩到太平洋里去。"

1960 年 2 月 6 日，余秋里给当时主管工业的李富春和薄一波两位副总理写了一封信，汇报了松辽石油勘探情况和组织大庆石油会战的设想。当时国家正处在困难时期，全国各行业都在下马，石油却要大上。对这一大的举动，两位副总理不能决定，建议石油工业部向中央书记处汇报。

余秋里又去找邓小平，汇报了情况和设想。邓小平当即表示同意，并且要

会战诗抄

大会战，为夺油，勇往直前无止休。宁肯多流千滴汗，绝不少出一滴油。

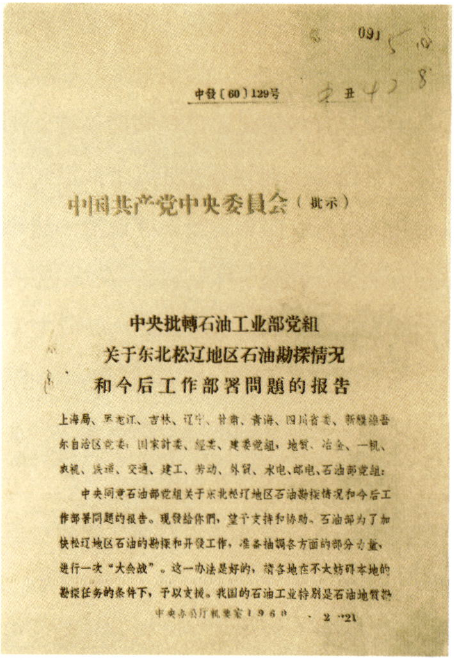
中发〔60〕129号

中国共产党中央委員会（批示）

中央批轉石油工业部党組
关于东北松辽地区石油勘探情况
和今后工作部署問題的报告

上海局、黑龙江、吉林、辽宁、甘肃、青海、四川省委、新疆维吾尔自治区党委；国家計委、經委、建委党組，地質、冶金、一机、农机、铁道、交通、建工、劳动、外貿、水电、邮电、石油部党組：

中央同意石油部党組关于东北松辽地区石油勘探情况和今后工作部署問題的报告。現發給你們，望予支持和协助。石油部为了加快松辽地区石油的勘探和开發工作，准备抽调各方面的部分力量，进行一次“大会战”。这一办法是好的，請各地在不太妨碍本地的勘探任务的条件下，予以支援。我国的石油工业特别是石油地質勘

中央办公厅机要室 1960 . 2 .21

▲ 1960 年 2 月 20 日，中央批转石油工业部党组《关于东北松辽地区石油勘探情况和今后工作部署问题的报告》

石油工业部党组正式给党中央写一份报告。石油工业部党组于 1960 年 2 月 12 日写了《关于东北松辽地区石油勘探情况和今后工作部署问题的报告》。报告中说：“这个地区的石油勘探工作进展迅速，收效特大……我们和地质部一起，在黑龙江省委的大力支持下，进行了大量的、系统的地质调查。1959 年 9 月 26 日，我们打的第一口探井出了油。此后，我们就迅速地抽调一批较大的力量，加强了勘探的科学研究工作，打了 22 口探井，并取得了大量的地质和试油、试采资料。从开始较大规模的钻探，到这块 200 平方千米的大油田，仅仅用了 4 个多月的时间，这是一个很大的胜利。像这样大的油田，全世界也只有 20 多个，它又处在工业发达、交通便利的东北地区，这对加速我国石油工业的发展，是具有极其重要的意义的。”

“根据这个地区的情况，我们认为应该下一个狠心，用最大的干劲，用最高的速度，迅速探明更大的油田面积和更多的新油田。为此，我们的部署是：第一，甩开钻探，在现已探明的 200 多平方千米储油面积的四周，向外扩展。在 2000 平方千米的构造范围内部署钻探，以求迅速探明油田的面积和储量究竟有多大。第二，在已经探明的储量面积内，选择一两块地区，打出一批生产试验井，进行油田开采试验，拟在今年生产原油 20 万吨以上，到年底达到年产原油 100 万吨的生产能力，为明年大规模地开发准备条件。第三，在大庆构造带以外的附近地区，还发现有许多好的构造，储油的可能性很大。准备用一部分勘探力量，有选择地进行钻探，以期找出新的油田。为了实现上述任务，我们打算集中石油系统一切可以集中的力量，用打歼灭战办法，来一个声势浩大的大会战。从

玉门、新疆、青海、四川等石油管理局和其他的有关石油厂、矿、院、校抽调几十个优秀的钻井队和必要的采油、地质及其他工种队伍，加上2000多名科技人员，参加这个大会战。抽调的人员都要精兵强将，在现场大搞比武竞赛，掀起一场大规模的群众运动，一鼓作气地拿下这个地区。”

中共中央迅速作出批示，并于1960年2月20日以中央文件形式，向有关地区和部门转发。党中央在批转文件中指出：“中央同意石油工业部党组《关于东北松辽地区石油勘探情况和今后工作部署问题的报告》，现发给你们，望予支持和协助。石油工业部为了加快松辽地区石油勘探和开发工作，准备抽调各方面的部分力量，进行一次大会战，这一办法是好的，请各地在不太妨碍本地勘探任务的条件下，予以支援。我国的石油工业特别是石油地质勘探工作，在两年中有了较快的发展，但目前仍然是一个薄弱的方面。积极地、加快地进行松辽地区的石油勘探和开发工作，对于迅速改变我国石油工业的落后状况，有着重大的作用。”就这样，一场惊天地、泣鬼神的大会战即将拉开序幕。

2. 动员全国支援大庆石油会战

大庆是党的大庆，是全国人民的大庆，是人民解放军的大庆，是石油工业战线的大庆，大庆石油会战从一开始就得到全国各地、各行业的大力支援。

在中央批示下发的第二天，1960年2月21日，石油工业部党组在哈尔滨召开了大庆石油会战第一次筹备会议。参加会议的有全国石油系统37个局、厂、院、校的主要领导。康世恩传达了党中央的批示和石油工业部党组给中央的报告，宣布石油工业部党组“关于全国石油系统37个局、厂、院、校由主要领导带队，组织精兵强将，自带设备、工资参加大会战”的决定。余秋里宣布：松辽石油会战在石油工业部党组的直接领导下，成立会战领导小组，康世恩兼任组长，唐克、吴星峰任副组长，领导成员由部机关参加会战的

《关于东北松辽地区石油勘探情况和今后工作部署问题的报告》

会战诗抄

发扬会战好传统，艰苦奋斗永不忘。继续革命跨大步，为社会主义献力量！

司局长和各油田领导组成。3 月 25 日，在哈尔滨召开第二次筹备会议。余秋里宣布：为加强党对会战的领导，成立松辽石油会战地区临时工作委员会，余秋里兼任书记，吴星峰任副书记。决定部机关党委组成会战期间党的临时办事机构。各司局干部和原松辽局机关组成行政及生产职能部门，对外仍称松辽石油勘探局，并于 4 月 8 日前到前线安达县办公。

会战开始前，为解决人力不足这一问题，周文龙副部长给罗瑞卿总参谋长、张爱萍副总参谋长写了一封信，汇报了松辽地区石油勘探情况和准备组织会战的打算，提出了分给 3 万名转业退伍官兵的请求。接着，余秋里又把这一想法向周恩来总理作了汇报。周总理表示同意，并让他向在广州开会的毛泽东主席汇报。毛主席听了汇报后，对会战寄予很大的希望，这就更加坚定了石油工业部领导坚决打好大庆石油会战的信心。1960 年 2 月 22 日，中共中央作出“从当年退伍兵中动员 3 万人交给石油工业部参加开发大庆地区新油田的工作”的决定，其中沈阳军区动员

▲ 1960 年 2 月，转业解放军官兵陆续到达大庆

镜头人物

唐克：（1918—2013 年）我国石油工业的杰出领导者，原石油工业部部长、党组书记。1958 年 10 月至 1965 年 2 月任石油工业部地质勘探司司长。

吴星峰：（1922—1994 年）归国华侨，出生于新加坡，抗日战争前回国。1938 年 12 月加入中国共产党。1958 年 8 月至 1963 年 4 月，任石油工业部机关党委副书记。

周文龙：（1909—2003 年）1930 年 7 月参加中国工农红军，1932 年春加入中国共产党。新中国成立后，长期担任华北军区后勤部部长兼政治委员，1957 年 9 月任石油工业部副部长。

15000人，南京军区动员10000人，济南军区动员5000人。以后，中央又决定给大庆分配3000名转业军官。中央军委和各大军区按照中央的批示，把各部队中的党员、团员、班组长以及经过抗美援朝锻炼的骨干动员到大庆来。到1960年4月底，来到大庆的复员战士和转业军官已达2万余人，给大庆石油会战增添了有生力量。这批在部队经过严格训练，有的是经过战争考验的官兵，保持了党和军队的“三大作风”和光荣传统，在大庆石油会战中发挥了主力军作用。中国人民解放军沈阳部队先后派出9470部队和9044部队，到大庆支援石油会战，修建了“八一输水管线”等工程，为开发建设大庆油田立下了汗马功劳。

大庆油田地处的黑龙江省，省委省政府给大庆勘探开发以最大的支援和帮助。

1960年2月，中央批准大庆石油会战以后，黑龙江省委作出“全力以赴，全力支援，统筹兼顾，全面安排”的决定，并在省委领导下成立了“支援石油领导小组”。早在1959年10月21日，松基3井刚刚出油不久，黑龙江省委省政府就发出了关于修筑肇州至石油矿区公路的指示。1960年初，省委又发出了关于为大庆地区建立机修厂抽调干部、工人和机床的通知，组织大批干部、技术人员和工人到油田参加会战。1960年，中央批准3万名退伍兵参加石油大会战，省委从各地抽调干部，分赴各部队接收退伍军人。由于会战刚开始，大庆一时无力安置3万人，便把11000名退伍军人安排暂住大庆附近的齐齐哈尔、泰来、双城、肇东、巴彦等9个市县。1960年4月15日，黑龙江省委转发了省委财贸领导小组关于财贸工作支援石油工业建设的方案，成立了省财贸部门驻安达办事处，在安达建立综合性二级批发站，把油区的财贸网点，主要是商业、服务网点建立、健全起来，并派了1000多名职工到油区服务。

1960年和1961年，黑龙江省委两次批转关于解决石油地区过冬问题的报告。为战胜石油会战中第一个严冬，省委于1960年7月全力安排调拨给大庆的过冬商品有煤炭28万吨、木材5.6万立方米、棉大衣3.6万件、皮大衣3万件、皮帽8.4万顶、棉皮鞋2万双、大头鞋3万双、棉工服6.7万套、棉手套30万副，保证了大庆职工安全过冬。在油田开发建设初期，黑龙江省委省政府多次派慰问团和文艺团体，深入油田井场工地，慰问广大石油工人，开展演出等服务

▲ 电力部调拨给大庆的列车式电站

活动。

大庆石油会战也得到了国务院各部门的大力支援。1960 年 3 月 9 日和 3 月 11 日，国家经委两次召开会议，讨论解决“大力支援东北松辽油田的勘探开发工作”，并作出会议纪要。纪要指出：“关于支援松辽油田‘大会战’的工作，在中央书记处领导下，做具体督促、检查工作的是计委、经委和建委。凡是应当解决的问题，三个委一定要积极帮助解决。”为迅速调集一批钢材、设备及其他基建物资支援松辽油田勘探，国家计委、经委、建委于 3 月 13 日和 3 月 17 日连续发出电报，要求有关单位迅速组织货源，各地迅速就近加工，迅速运到现场。冶金、机械、林业、电力、铁道等部门，都全力以赴支持。据统计，当年到达的钢材有 73130 吨、木材 50023 立方米、水泥 72713 吨、机电设备 50268 吨、各种车辆 400 台套、地方建筑材料 64245 吨。全国 18 个省、市、自治区的 400 多个

会战诗抄

纵有挫折千百次，哪怕困难把路拦，勇往直前不回首，保住钻井钢铁线。

厂家，为大庆会战生产加工需要的设备和原材料。为了解决会战急需的大量用电，水电部指令黑龙江省电管局抢建电网，还专门派来34号列车流动电站，解决临时用电困难。邮电部要求黑龙江省管理局组成邮电工程队，抢建哈尔滨到大庆的通信线路。铁道部决定修建萨尔图到大赉150公里铁路线，为原油运输创造条件，并立即着手扩建萨尔图、让胡路两个火车站的工程。为支援大庆会战，铁道部表示，从3月开始，石油工业部要多少车皮就给多少车皮，而且列入正式计划。

▲ 林业部支援大庆石油会战

20世纪60年代初期，全国有200多个厂矿企业、科学研究和设计部门、高等院校从发展新技术、试制新产品、改造技术设备、传授技术经验、培养技术人才出发，对大庆石油会战进行协作支援，对油田生产建设和发展油田科学技术起到了积极的推动作用。在1960年国家遇到严重困难，很多工业部门压缩投资、物资，很多工程下马的情况下，党中央批准石油工业部上马搞会战，在指示方向、方针的同时，实实在在地解决了资金、物资和劳动力的实际困难。余秋里在回忆录中说："正如革命战争时期，在困难的条件下，有了党中央、毛泽东主席的领导，我们就能打胜仗一样，这次会战，有毛主席、党中央、中央军委撑腰，也一定能打上去。"

在加强大庆长垣的勘探中，石油工业部领导和技术人员一直在思考着长垣的油气富集区在哪里？1959年底，余秋里带领专家到大庆视察，召开了技术座谈会，研究油田富集区的问题。报告显示从高台子到葡萄花向南的沉积地层和油层都有变薄的现象，这是否预示着向北油层可能更厚？这时，地质部已作出北部长垣的构造图。专家查看了地图交换意见后，也认为油田富集区在长垣的北部，并

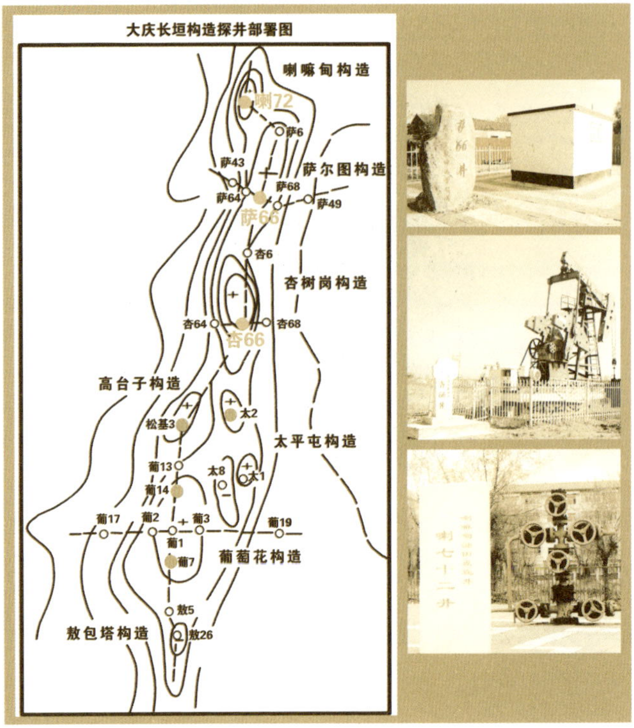

◀ 1960 年 3 月，萨 66 井、杏 66 井、喇 72 井相继喷油，证明大庆长垣南北长 150 公里具有工业油流，北部地区的地质条件优于南部地区，史称“三点定乾坤”

建议再次调整勘探部署，甩开钻探，在南北长 150 公里的大范围内部署 3 口井。

第一口探井是位于萨尔图构造中央部位的萨 66 井。这口井于 1960 年 3 月 11 日完钻喷油，初期日产原油 148 吨，以后稳定日产 50 吨左右。会战领导小组根据这种新情况，同时考虑到萨尔图地区有哈尔滨至满洲里的铁路线通过，交通方便，有利于油田的勘探、开发和建设，于是当机立断，决定把石油会战的重点由大庆长垣南部转移到北部的萨尔图地区。接着，位于杏树岗构造上的杏 66 井和位于喇嘛甸构造上的喇 72 井相继完钻喷出高产油流。当时，人们把萨 66、杏 66 和喇 72 三口探井喷油誉为“三点定乾坤”。

1960 年 3 月 17 日，会战队伍开始由大同镇一带挥师北上，以萨尔图地区为重点开展了石油会战。在余秋里亲自指挥下，已在南部结集的会战主力队伍，浩

铁人诗话　庄稼喜雨花朝阳，会战全靠共产党。中华民族站起来，世界冠军要咱当！

▲ 会战队伍挥师北上，开发大油田

浩荡荡向北转移。他对康世恩说：“我打过一二十年仗，对组织队伍转移还有点经验可以用。我来组织队伍北上萨尔图。”转移路上，汽车、马车、人拉肩挑，冒着风沙和一场过早到来的春雨，迅速向北前进。“迎面刮风沙，暴雨响哗哗，北上闹会战，艰苦算个啥？！”这首当年留下来的快板诗，真实地反映了当年石油职工挥师北上的豪迈情怀。在半个多月时间里，4 万多参战职工、50 多部钻机、5 万多吨钢材及设备迅速在萨尔图地区滨州铁路线两侧广阔的草原上结集。今天回过头来看，当时如果没有党中央批准大会战，没有党中央、国务院政治上的关心和财力、物力、人力上的支持，大庆石油会战是搞不成的。

3. 作出学“两论”指导勘探开发实践的决定

1960 年 2 月 1 日，石油工业部党组召开扩大会议，决定大庆石油会战由石油工业部党组直接领导，党组成员中的余秋里和康世恩、孙敬文到一线指挥会战，由李人俊、周文龙副部长等人在二线主持日常工作，并做好大庆石油会战的后勤支援，石油工业部机关抽调一半人员到大庆参加会战。参加会战的队伍由石油系统各企事业单位抽调组成，各单位带队的主要领导干部由石油工业部点名指定。

大庆会战这样大规模的油田勘探和建设，在中国石油工业历史上还是第一次，没有现成的经验可循。面临的不仅是吃、住、物资、器材供应等物质上的困难，还有由此而来的思想认识上的问题。部分干部对组织石油会战心有疑虑，存在着各种各样的认识。有人认为全国都在压缩，光你石油一家上行吗？有人担心靠石油工业部有限的人力、物力，能不能把这场会战打下来？上到会战现场之后，面对着艰苦的环境、困难的条件和种种非常规的措施、办法，又有一部分人感到这里的一切是糟糕的，不像个搞工业的样子，埋怨会战不正规，是“农村作风”“游击习气”。

队伍中也有少数人怕艰苦、怕受累，挑工种、讲待遇。有的干部到萨尔图一下车，不管队伍，不问设备，不关心工作任务，先打听食堂在哪里。还有极个别的职工开了小差、当了逃兵。余秋里和康世恩还发现，一些会战职工在思想和作风上，还保留着“大跃进”时期留下的“大轰大嗡”“一粗、二松、三不狠”、抢速度忽视质量等老毛病。如果这种思想作风不解决，大会战将是一场浪费物资、浪费资源的大混战，好油田也可能弄成差油田。余秋里深有感触地说：“没到现场，已估计到有各种困难和矛盾；到了现场，才知道困难和矛盾比预料的多得多。”

然而，最主要的问题是对一个上千平方千米的特大油田缺乏勘探开发的实践经验。国外经验虽可借鉴，但不能拿来照抄照搬。在当时的国内外环境下，已不可能得到物资和技术上的国际援助，只能立足于自己的力量基点，独立自主地勘探、开发和建设这个大油田。重重的矛盾和困难，摆在了会战队伍的面前。

镜头人物

孙敬文：（1916—1998年）1932年加入中国共产主义青年团，1935年加入中国共产党。新中国成立后，孙敬文先后担任建筑工程部城市建设局局长、国家城市建设总局副局长，察哈尔省副主席，城市建设部副部长，1958年10月任石油工业部副部长。

李人俊：（1914—1999年）1939年参加新四军，次年加入中国共产党。新中国成立后，历任山东省人民政府委员兼工矿部部长，华东财政经济委员会秘书长，华东军政委员会华东财经委员会秘书长，燃料工业部、石油工业部副部长等职务。

会战诗抄

大庆会战成绩大，全靠“两论”来起家。不断革命催战马，前进依靠“两分法”。

面对困难和矛盾，余秋里想到了1959年12月周恩来总理在东北经济协作会议期间的指示："这次会战是一场大仗、硬仗，将会遇到种种风浪、重重困难。大会战的指导思想就是要用毛泽东思想指导一切，要用辩证唯物主义的观点、方法分析和解决会战中可能遇到的各种问题。"在这种情况下，余秋里和会战领导小组成员学习《实践论》《矛盾论》，认真总结以往在玉门、新疆、青海和四川油田勘探和开发中的经验教训。他认识到，"两论"中所提到的立场、观点、方法，不仅是当前组织开展石油会战的实际需要，也是石油职工队伍、干部队伍长远建设的根本原则。

1960年4月9日，石油工业部党组在安达县铁路俱乐部召开了首次油田开发技术座谈会。会议由余秋里部长和康世恩副部长轮流主持。会上，余秋里根据会议准备和油田开发技术存在的一些问题，组织大家学习了《实践论》《矛盾论》，要求大家运用"两论"的立场、观点和方法，总结以往油田勘探和开发建设中的经验教训，解决石油会战中的各种问题。大家边学，边讨论，得出了"石油工作者的岗位在地下""石油工作者的斗争对象是地层"的结论，并制定了油田开发的调查纲要，也就是后来石油会战职工人人皆知的油田勘探开发必须取全、取准的20项资料、72项数据的纪律法规。在此之后，余秋里、康世恩在部党组会上，一致强调，学习"两论"不能仅仅停留在一般性的号召上，要由党的组织正式作出决定，对党员、团员和干部、群众提出明确的要求。经过部党组共同讨论，于4月10日以部机关党委的名义，拟定了《关于学习毛泽东同志所著〈实践论〉和〈矛盾论〉的决定》(以下称为《决定》)，4月13日全文刊载在《战报》创刊号上。

延伸阅读

20项资料、72项数据：①录井资料：砂样录井、钻时录井、泥浆录井、气测录井；②测井资料：标准电测、横向测井、放射性测井、微电极测井、井径测井、井温测井、井斜测井、井内流动测井；③岩芯资料：钻井取芯、井壁取芯；④储油层岩性：薄层鉴定、黏度分析、碳酸盐含量、岩芯含盐量；⑤地层对比资料：油层总厚度、油层有效厚度、最好油层厚度、最大单层厚度；⑥含油饱和度：原始含油饱和度、残余油饱和度；⑦孔隙度：总孔隙度、有效孔隙度；⑧渗透率：空气渗透率、有效渗透率；⑨油层温度：油层温度、地温梯度；⑩地层压力：原始地层压力、静止压力；⑪饱和压力：饱和压力；⑫流动压力：流动压力；⑬井口压力：油管压力、套管压力；⑭气油比：气油比；⑮原油性质：地层条件下的原油黏度、原始气油比、体积系数、压缩系数、原油密度，地面条件下的原油密度、原油黏度、凝固点、含蜡量、蜡熔点、含水率、含砂量、馏分；⑯天然气性质：

《决定》指出：“我们正面临着会战——大规模的生产实践。在会战中，把别人的经验都学到手，但又不迷信别人的经验，不迷信书本，我们要勇于实践，发扬敢想、敢说、敢干的风格，闯出自己经验。同时，我们在实践中要不迷失方向，就要掌握马列主义的理论武器，把实践上升到理论，包括正确认识油田规律，使我们的实践具有更大的自觉性。为此，部机关党委决定立即组织全体共产党员、共青团员和干部学习毛泽东同志的《实践论》《矛盾论》，并号召非党职工都来学习这两个文件，用这两个文件的立场、观点、方法来组织我们大会战的全部工作。”“学习根据理论结合实际的原则，采取边学、边论、边做的方法，每周学习时间不少于 6 小时，以求在 5 月 10 日前学习完。各级党委要订出学习计划，并列入向上级党委汇报内容。”“掌握武器，勇于实践，认识油田规律，这是我们学习的目的。我们号召参加大会战的职工，立即掀起一个学习毛泽东著作的高潮，为开展技术革命、

战報
第1号
后方动态
部机关党委关于学习毛澤东同志
所著“實践論”和“矛盾論”的决定
部机关黨委開始在此辦公
四月八日召开了总指揮部机关党員大会
三个探区普遍发动群众 大搞战前准备

▲ 1960 年 4 月 13 日《战报》刊发部机关党委关于学习毛泽东同志所著《实践论》和《矛盾论》的决定

密度、黏度、组分分析；⑰地层水性质：矿化度、成分、密度、机械杂质、含铁量；⑱产量：产油量、产气量、产水量、注水井吸水量；⑲含油面积和油水边界：含油面积、油水边界；⑳黏土夹层：黏土性质、夹层厚度、夹层分布范围、此外还有有机碳、有机氮、还原系数、沥青含量、沥青性质。

《战报》：大庆石油会战中党的领导机关主办的第一份报纸，1960 年 4 月 13 日创刊。先后由中共石油工业部机关委员会、石油工业部松辽会战工作委员会、大庆石油会战工作委员会直接领导。1960 年 10 月 12 日，石油工业部机关党委作出《关于全党动员办好〈战报〉的指示》，正式成立了《战报》编辑委员会，并提出“全党办报”的方针，要求“各级党委必须把办好〈战报〉作为自己的工作内容之一”。此后，车间、井队、科室设有通讯员，逐步形成了编辑通讯网络。《战报》自创刊后，始

会战诗抄

地冰九尺雪成山，石油工人无冬天。为了拿下大油田，粉身碎骨也要干！

生产革命，作好思想革命。”

会战工委关于学习“两论”的决定在《战报》上刊登之后，战区各级党组织、广大党员、团员和干部、群众立即掀起了学习“两论”的热潮。不到两天，当地新华书店的“两论”全部售完。有些二级单位为了把“两论”送到职工手里，专程派人到省城哈尔滨和安达县等地新华书店去买。当这些地区书店的“两论”也出售完时，会战工委看到广大职工对学习“两论”这样迫切，就派专人坐飞机到北京，一下子就买了5万册“两论”单行本，保证了4万职工人手一册。

为了把全战区学习“两论”的热潮引向深入，清除人们头脑中旧的条条框框，提高广大职工认识问题、分析问题、掌握技术、了解油田生产规律的能力，提高对广大干部的领导水平和管理才能，余秋里在各种会议上反复强调：“两论”是大会战的灵魂，毛泽东思想是我们全部工作的指针。在1960年4月26日领导小组召开的会议上，余秋里特别指出：“这两篇文件在本星期内一定要粗读一

终坚持正确的政治方向，宣传党的各项方针、政策，开展形势任务教育，反映干部群众的意见要求，表彰先进典型，传播先进经验，批评落后现象，对于动员和组织广大群众克服困难完成各项任务、提高思想觉悟、培育大庆精神、加强队伍建设起到了重要的作用。广大职工和家属爱戴它，亲切地赞扬它是“不见面的指导员”。1968年5月31日，《战报》改为《大庆战报》，后来又改名为《大庆报》，1982年5月1日更名为《大庆日报》。

▲ 会战职工学习《实践论》和《矛盾论》

遍。结合实际讨论一下，要指定一些人作报告，讲一讲。一定要很好地读、反复地读。”

通过学习“两论”，在科学技术遇到难题时，人们遵照毛泽东主席的教导，知难而进，破除迷信，解放思想，勇于实践，大胆创造，敢于和国际先进水平比高低。大庆会战中许多科学成果就是运用“两论”的立场、观点和方法搞出来的。为了尽快探明油田地下情况，落实油田的资源储量是第一位的任务。根据“抓住主要矛盾，同时又不放过非主要矛盾”的观点，把主要精力、主要的队伍放在油田勘探上，很快打出了93口探井，取得了各项资料，圈定了油田面积，概算了地质储量，基本搞清了油田地下情况。与此同时，打出了200多口生产井，进行了开发试验，为第二年的油田开发打下了基础。后来，在进一步发展勘探成果的同时，又集中力量进行了油田开发生产试验，做了大量的油田地质科学研究工作。

在大庆油田生产试验中，会战工委根据“两论”的立场、观点和方法，坚持实践第一，立足于系统，进行周密的调查研究，始终重视取全、取准第一手资料。会战初期，通过对1万米岩芯、2万多条曲线、4万多个压力数据进行几十万次的分析、上百万次的化验、上千万次的地层对比，把油田的地下情况搞得比较清楚，使油田生产建设有了科学依据。

在油田开发上，“两论”指导着科技人员和广大职工，坚持“一切经过试验”的原则，通过实践检验对油田的认识是否正确，从而制订了合乎油田实际的开发方案。会战中，全油田每天都要采集上亿个数据，对油田地下的检测定点每年达26万井次，所有的开发方案、技术手段，都是经过现场验证以后才在面上推广实施。学习“两论”的立场、观点、方法是油田勘探开发、建设和生产中克服困难、解决矛盾的有力武器。在大庆油田开发建设中最重要的一条，就是在会战一开始，由“两论”正确地指导着大会战的决策者们沿着正确的方向开发油田、建设油田。

铁人诗话　月上五千米，钻透祁连山，是先人没有做过的事情。在困难和危险面前，我们不冲叫谁冲。

在“两论”的指导下，大会战高速度、高水平地拿下了大油田，甩掉了贫油落后的帽子。同时，还培养、锻炼出一批思想觉悟高、技术本领过硬、不怕吃苦、能打硬仗的铁人式的队伍。通过深入持久地学习“两论”，使参加会战的干部、群众都普遍地受到了马列主义、毛泽东思想的教育，不同程度地掌握了辩证法的原理，思想上得到了很大的解放。大庆石油会战的实践证明，“两论”是大会战的灵魂，在“两论”的立场、观点、方法指导下，大庆人在勘探油田、开发油田、建设油田上走出了一条自己的发展石油工业的道路。

镜头人物

刘放：（1912—2007 年）1934 年 5 月参加革命。同年 11 月加入中国共产党。1956 年任石油工业部部长助理、副部长。

4. 建立科学高效的会战领导机制

大庆石油会战是石油工业部党组直接组织指挥的，会战队伍来自全国 37 个石油企事业单位，大量设备器材从全国石油单位调集，勘探、开发规模宏大，任务重大而紧迫，情况复杂，条件艰苦，需要有集中统一、坚强有力的领导、科学的组织。同时，由于这次会战是关系改变石油工业落后状况、具有决定意义的重大战役，石油工业部党组为了适应会战的需要，部党组、石油工业部的领导作了一线、二线的分工。余秋里和孙敬文、康世恩同志亲临前线，直接指挥会战，这是石油工业部领导工作的一线；李人俊、周文龙、刘放同志主持石油工业部日常工作，做好大庆会战的后方支援工作，这是石油工业部领导工作的二线。对于大庆石油会战和整个石油工业重大问题，通过召开部党组全体会议或扩大会议，集体讨论决定。

会战期间，余秋里先是兼任部机关党委（会战初期代行会战党的工作机构的职能）书记，后兼任会战工委书记。1960 年会战准备阶段和会战展开后，余秋里在会战前线同孙敬文、康世恩一起，根据中央指示和党组决定，组织部署会战各项工作，以后每年都到大庆工作一段时间。孙敬文同志直接负责会战中基本建设设计和施工的组织领导工作，包括油田生产建设和盖“干打垒”工作。康世恩先后兼任会战领导小组组长和会战指挥部总指挥，直接负责会战的组织指挥工作，从1960—1963年，他除了每年回北京开几次会外，常年工作在会战前线。

在北京主持石油工业部日常工作的同志，既负责处理石油工业生产建设中的各项问题，又以很大的精力做好大庆会战的后方保障工作。他们每年都要到会战前线开会、考察、了解情况。会战开始后，邮电部门很快帮助建立、开通了北京的石油工业部机关到大庆的长途电话专线，部机关和会战前线保持着经常的、密切的联系。会战初期，他们每天都有电话往来，而且大多在晚上通话，有时一谈就是半宿。以后，每周定期召开一次北京—大庆电话会议。在北京的同志随时把党中央、国务院领导指示的精神，以及其他石油厂矿的情况，通报给在前线的同志。前线的同志随时把会战的重大进展及最新情况，通报给北京。部党组每星期或每10天向党中央、国务院简报一次会战情况。为了更多地、直接地掌握第一手情况，会战期间，部党组每年都在大庆开一两次会议。

后方的同志十分关心和支持前线的工作。周文龙同志1960年4月20日在部机关司局领导会议上提出：部机关要做好支援前线的工作，“做到前方、后方一条心，前方有什么不能解决的问题，后方都要负责解决”。事实也正是如此，在会战期间，后方与前方的关系非常密切，后方的工作积极主动，效率很高。李人俊、周文龙、刘放不仅在筹措会战资金、调拨物资、组织队伍、培养输送大中专毕业生以及原油外运炼制等方面，做了大量的计划、协调、组织工作，而且对于会战过程中出现的缺少资金、物资、人力等各项问题，只要前线提出来，无一不及时研究解决，可以说是雷厉风行、事不过夜。

1961年，由于国家经济困难，石油工业投资比1960年减少了一半，1962年、1963年减得更多，1964年起有所增加，但直到1965年也没有达到1960年

会战诗抄

原油喷喷香，身脏心不脏。为了开发大油田，刀山火海也要上。

的投资水平。在资金很紧张的情况下，如何用好有限的资金，是很有学问的。在这方面，李人俊和财务司司长王凤来费了很多脑子、想了很多好的点子。根据他们的建议，经党组讨论决定，采取了三项重要措施。

一是把基建投资、大修理基金、基本折旧这三大块资金捆在一起，按照生产建设实际需要，统一安排使用。这样做，在石油工业内部，优先保证了大庆石油会战的需要，仅 1960 年就从全国石油厂矿调售 1.4 亿元，用于大庆石油会战。其中一些做法，并不符合当时的财政制度，按规定，各项资金只能专款专用，即所谓“打酱油的钱不能打醋”。但是，如果完全按这个规定办，大庆会战好多事就办不成了。在当时的条件下，本着有利于生产发展的原则，采取了变通的办法，得到了国务院主管部门的谅解和支持。

二是缩短油井折旧周期，提高折旧率。油井生产周期的一个显著特点是，自喷生产时间特别是天然能量自喷时间很短，在此期间产量高、成本低，而转入机械采油或二次采油后，产量相应逐年降低，原油成本越来越高。原来规定的油井折旧期限为 20 年。根据大庆油田实际，在会战期间，把油井折旧期限缩短，在生产高峰期把折旧费提完。这样做，有利于维持简单再生产，并扩大再生产。有关人员将这一措施向国务院主管部门作了详细汇报并说明理由后，得到了支持。由于采取这项措施，每年可多提几千万元折旧费，对支持大会战起了很大作用。后来，在此基础上，经过国家批准，逐步形成了提取油田维护费的办法，直到目前，仍在执行。

三是实行缩短战线、集中力量、保证重点的方针，大幅度压缩了西北地区的勘探工作量和基本建设工作量，集中财力、物力保大庆石油会战。在大庆地区，也缩减了勘探工作和一般基建工作，重点保萨尔图生产试验区打井和产能建设。1961—1963 年，虽然投资由 1960 年的 2.78 亿元减少到 1.89 亿元，而原油产量却连年增长。同期，虽然西北地区原油产量有所下降，全国原油生产量仍然保持了逐年上升的势头。从 1963 年起，又提高了炼油厂建设投资的比重，实现了原油生产和原油加工同步增长、协调发展。

在解决急需物资方面，后方也做了大量工作。1960 年 6 月 7 日晚，在北京—大庆电话会议上，康世恩谈到松辽地区雨季提前到来，给生产、生活上带来许多困难，由于雨具缺乏，特别是胶鞋很少，许多人都打赤脚，提出请商业部门多拨些雨衣、雨鞋，并供应一些防蚊面罩、蚊帐。周文龙、孙敬文当即表示：雨衣、雨鞋的事，明天就办。会后，他们派供应局的同志到商业部联系，商业部非常支持，很快落实了货源。在6月14日晚的北京—大庆电话例会上，孙敬文通知前线：已向大庆发运雨鞋7万双、雨衣2万套件，还有部分蚊帐。周文龙在会上通报说："为大庆过冬作准备，已在北京订了2万件棉、皮大衣，正在签合同，并准备到解放军总后勤部联系解决一批皮大衣。"当唐克汇报前线建设工程量大，闸门、法兰供不应求时，孙敬文说："大庆需要多少，什么型号、规格，提出单子部里立即安排。"在8月的几次北京—大庆电话会议上，李人俊同康世恩讨论了油井和原油集输保温问题，确定要赶制一批简易小锅炉。会后，李人俊很快作了安排。可以说，没有后方的有效支援，前方就不可能运转得那么顺利。

在会战领导成员中，也实行一线、二线分工，统一领导，各负其责。在会战工委、会战指挥部主要领导当中，有一批原来担任司局领导工作的干部，负责组织会战各路工作，这就是会战领导工作的一线。原新疆石油管理局局长张文彬，在会战初期担任第三探区——萨尔图、喇嘛甸探区的书记兼指挥，不久调任会战指挥部副指挥、工委副书记，负责勘探、钻井工作；原玉门石油管理局局长焦力人，担任会战指挥部副指挥，负责采油、油田开发和科学研究工作；原松辽石油勘探局党委书记兼局长李荆和，担

镜头人物

张文彬：（1919—2013年）历任石油工程第一师政治委员，西北石油管理局副局长，西安石油钻探局局长，新疆石油公司总经理，新疆石油管理局局长，松辽会战领导小组副组长，大庆石油会战指挥部副指挥，胜利油田会战指挥部副指挥、指挥等职务。1965年3月起，任石油工业部副部长。

焦力人：（1920—2007年）玉门油田解放后，担任玉门油矿军事副总代表、党总支副书记，1958年3月任玉门矿务局局长、党委副书记。1960年2月，带领玉门石油职工参加松辽石油会战，并担任会战指挥部工委委员、副指挥。曾任石油工业部党组副书记、副部长、顾问。

陈李中：（1922—1993年）新中国成立后，历任从化县委书记、东江军分区独立第七团政治委员、河源县委书记兼公安局长、粤东地区党委办公室主任、粤东地区党委副秘书长兼潮

会战诗抄

钻井工人听党话，困难再大志不移。指标再硬要巧干，千方百计定实现。

任工委副书记兼副指挥，负责政治工作和行政生活工作；原石油第一工程局局长陈李中，担任会战指挥部副指挥，负责基本建设、油田生活区工作。他们都是会战各个方面的第一线指挥员。

余秋里、孙敬文、康世恩以及原石油工业部地质勘探司司长唐克、原部机关党委副书记吴星峰则处于二线，也有一定的分工。唐克担任副书记、副指挥，协助康世恩的工作；吴星峰担任副书记、副指挥，协助余秋里抓党的工作和政治工作。余秋里和康世恩不直接指挥生产建设，不处理日常行政事务，主要抓方针政策、计划部署，抓调查研究、总结经验，抓统一协调、帮助一线。

有关会战的方针部署、技术政策、计划安排等重大问题，经部党组或工委讨论、决定后，分别由一线的领导同志带领机关有关部门全权组织实施。一线的领导在其分工负责的工作中，又处于二线领导地位。在他们领导下，机关有关部门的领导同志负责具体组织工作。随着会战的发展，在大庆油田逐步投入开发以后，余秋里和其他几名部领导相应减少了在大庆的工作，处在一线的几位领导很快担任起会战主要领导工作，同时提拔了一批原二级单位的领导干部到会战工委、指挥部领导岗位，他们中间也实行了一线、二线的分工。

会战初期，有一条不成文的规定，不管如何分工，不管一线领导还是二线领导，从部领导到司局级干部，除了开会、外出以外，每天都要下基层、跑现场，同干部、技术人员、工人当面交谈，进行调查研究，了解实际情况，检查指导工作。在现场能解决的问题，当面拍板解决；重大问题，带回驻地研究解决。晚上都要回驻地碰头，分析情况，研究问题。有时晚上参加基层活动回来很晚，也得

安县委书记。1954年陈李中调入燃料工业部（石油工业部前身）。1955年任燃料工业部东北石油建筑安装工程公司经理。1959年任石油工业部第一工程局局长。

碰头，往往要工作到半夜。这样使很多问题都能得以及时解决。

除了每月一次的“五级三结合”会或技术座谈会外，时间长的大型会议开得不多，文件发得很少。主要是一竿子插到底，实行面对面领导，靠到现场解决问题，靠领导碰头会解决问题，定了就办，一抓到底。各单位领导干部都是靠前指挥，深入基层，深入群众，调查研究，在现场解决问题。虽然会战各项工作千头万绪、变化很快，但是都能及时掌握第一手情况，不但了解当天的生产情况，而且了解当天发生的重大事件和其他重要情况，针对存在问题及时研究对策，掌握了生产建设和各项工作的主动权。

由于实行了一线、二线分工的制度，主要领导不被日常工作缠身，得以集中精力进行方针、政策领导，抓大事，管全局，同时保证一线有坚强、严密的组织领导，从组织上加强了集体领导，避免了过去那种按部门、按业务分工，容易产生“荷叶包钉子，各个想出头”的缺点，保证了各项工作在统一计划下，结合实际，紧张而有秩序地进行。

在会战中，各级领导干部的学习问题一直受到重视。会战领导不但组织大家学习理论、学习方针政策，还要求各级干部在实践中学习生产技术，成为组织和领导生产的内行。余秋里多次指出，企业领导干部如果不懂业务，就不可能领导好生产，正如指挥员不懂战争就不会指挥打仗一样。要在实践中学习生产技术知识，抓住重点和关键，

延伸阅读

五级三结合：由小队、中队、大队、指挥部、会战指挥部五级，干部、技术人员、工人三结合的一种会议制度。1960 年 4 月 9 日至 4 月 11 日，大庆油田首次召开了技术座谈会，参会人员由部、局、指挥部、大队、基层五级，干部、技术人员、工人三结合组成。由此，“五级三结合”成为大庆油田企业民主管理的一种形式。

铁人诗话　我们大庆一定不要吃老本，要立新功。

“不耻下问”，就一定能学会。

余秋里曾结合自己的学习体会提出：搞天然油的人，要懂得油田地质、工程技术的一些基本知识，要抓住核心，对油层的孔隙度、渗透率、压力和油层结构，必须记得很牢，对油田开发后变化的动态，必须随时掌握。这样，搞油田勘探开发，就会心中有数，不会瞎指挥，不会出现大的失误。大庆会战中，各级干部既苦干、实干，又刻苦学习，政治思想、技术业务和组织领导水平都有了显著提高，从而造就了一大批有才干的企业领导干部，这是搞好生产建设的一个重要组织保证。

二、人民解放军优良传统作风的继承发扬

1. 解放军优良传统在会战队伍中的转化

大庆精神源于人民解放军优良作风在石油领域的升华。所谓作风，就是相对稳定的一贯特点和风格。对于一支队伍——无论是建设队伍还是军事队伍，从一定意义上来说，过硬的作风就是战斗力，就是制胜的法宝。中国人民解放军之所以能够越战越强、所向披靡、天下无敌，与其过硬的作风是分不开的。解放军的优良作风突出体现在纪律严明的军风、英勇顽强的斗志、军民如一的情义、压倒一切的气概上。

石油战线著名的石油师，就是新中国成立初期由中国人民解放军第 19 军 57 师整建制转业到玉门油矿从事石油工业建设的。他们中的许多人后来都参加了大庆石油会战。至于石油会战初期从沈阳军区、济南军区、南京军区转业的 3 万多名解放军官兵，更是脱下军装换工服，从军事队伍迅即转变为石油队伍。大批解放军官兵的到来，自然而然地把部队的好思想、好传统、好作风带到了石油会战的队伍中，强烈地影响着石油会战方方面面的工作，影响着会战队伍的思想作风建设，并为大庆精神在会战中的逐步形成提供了丰富的资源和营养。

大批解放军官兵脱下戎装穿工装，离开军事干石油，这是一个很大的转变——从练兵、打仗、杀敌转变为从头学起搞石油。然而，军事的目标在陆地、

空中和海洋，看得见、听得到、可视性强，既需要精确打击，也需要刺刀见红；石油开发的目标在地下，岩层和构造看不见、听不到、隐蔽性强，既需要科学手段，更需要精细施工。两者虽然差异很大，但都需要过硬的严谨作风。由于石油大会战中工作内容、特点、条件和环境的变化，解放军的好传统、好作风也必然有一个从部队化、军事化向民用化、生产化适应和转变的过程，从而形成独具大庆油田特色的优良作风。

从解放军纪律严明的军风到大庆“三老四严”的严细作风的转化。我军从1927年三湾改编提出“三大纪律”，到1947年10月10日中共中央对“三大纪律、八项注意”内容作出统一规定，历时20年，使解放军纪律严明、步伐整齐，成为威武之师、胜利之师。但是，采石油非同打仗。石油埋藏在地下千米甚至数千米像磨刀石般致密的岩石中，如何准确地找到它，并将其源源不断地“拿”到地面，靠的是先进的科学技术和精湛的工艺手段。石油勘探开发系统工程中的每项工程、每个步骤、每个环节、每样工作、每份资料、每个数据都需要绝对的精细和精准，来不得半点马虎和差池。这种“锱铢必较”的工作要求，和解放军执行“三大纪律、八项注意”的要求，在精神上是一致的。这就需要把解放军纪律严明的军风转变成石油工作中“三老四严”的严谨作风，是解放军的军风在石油领域的升华。

从解放军英勇顽强的斗志，到大庆人知难而进、攻坚啃硬风格的转化。解放军是英勇善战的卓越队伍，从井冈山斗争到抗日战争，从解放战争到抗美援朝，从抗洪抢险到抗震救灾，特别是震惊中外的两万五千里长征，人民解放军战胜了各种艰难险阻，打败了国内外一切反动派。解放军的英勇顽强，让敌人闻风丧胆、不寒而栗。然而，大庆石油会战面对的不是凶残的敌人，也不是武装到牙齿的侵略者，石油会战面对的是极端恶劣的自然环境、极端困苦的生活条件、极端艰巨的工作任务。在重重困难和道道难关面前，需要的是会战队伍的非凡斗志。解放军转业官兵是当时会战队伍中的主体和中坚力量，解放军英勇顽强的斗志自

铁人诗话 条件这家伙也是一分为二的。条件差，看上去是不利的。但这不是绝对的，是可以转化的。条件差，可以使人们动脑筋、想办法。

然成为会战队伍战胜困难、冲破难关的强大精神力量。在大批解放军转业官兵的带动和影响下，整个会战队伍满怀激情、迎难而上、知难而进，以愚公移山之志、以雷霆万钧之力攻坚克难、开拓进取，迎来了石油大会战的节节胜利，从而形成了大庆人知难而进、攻坚啃硬、特别能战斗的顽强风格。这种风格，一直在大庆这支英雄队伍中传承着、激荡着，谱写着辉煌的篇章。其实，大庆人这种宝贵风格，就是解放军英勇顽强斗志在大庆石油会战中的升华。

2. 解放军思想政治工作经验在会战中的运用

1964 年，周恩来总理在总结大庆基本经验时，称赞大庆是学习解放军、具体运用解放军政治工作经验的典范。大庆石油会战中的职工思想政治工作，植根于人民解放军的政治工作，是我们党领导人民军队在长期武装斗争中形成的政治工作优良传统在石油工业建设中的坚持和发扬。

大庆石油会战情况的报告中指出：“这几年我们学习人民解放军的思想政治工作，用到企业里来，行得通，效果十分好。”之所以“行得通”，一是因为石油企业基本是个“没有厂房”的企业，石油队伍长年奋战在野外，四海为家，具有“野战”性质，同解放军一样，都需要严密的组织、严格的纪律，自觉从严、令行禁止的作风，艰苦奋斗、不怕牺牲的精神。当然，军事训练和打仗同石油勘探开发各有自己的客观规律，在思想政治工作方面却有着更多的、根本的共同点。二是因为石油职工队伍中，有一大批骨干是复转军人，领导干部、政工队伍中更是这样，同解放军有“血缘”关系。三是因为大庆石油会战面临的严峻形势的需要，不学习解放军、加强思想政治工作，就不能在“比较困难的时候、比较困难的地区、比较困难的条件”下，打赢石油会战这场战争。

大庆石油会战学习解放军思想政治工作的优良传统，坚持政治工作从搞好生产出发、从大多数群众出发、从积极方面出发、为生产服务的方针，把生动活泼的政治工作贯穿于生产的全过程，发挥了巨大的威力。具体做法是：在日常生产和生活中，“一把钥匙开一把锁”，在相互理解的基础上，做好“一人一事”的思想政治工作，这是思想政治工作中最大量、最经常、最普遍、最生动、最具体的工作，是思想政治工作的基本功。会战时期，职工中的思想问题大量存在，十分

▲ 做好“一人一事”的思想政治工作

复杂，光靠集中教育来解决还不够，必须在生产、工作中随时随地解决。一方面注意最容易引起职工思想波动的时机，主要是：国内外形势发生重大变化时；党和国家颁布重要方针、政策时；生产任务重、劳动和生活条件差、工作遇到困难时；个人受到表扬、奖励或批评、处分，对工资、工种、奖金有意见或工作变动时；个人生活或家庭出现问题时；内部团结、干群关系发生问题时等。另一方面主要依靠党的骨干，通过班组座谈和个别谈心去解决。它的好处是同一个班组里的人相互了解，最能对症下药；工作做得及时，可以在生产紧张的情况下，随时随地做工作；能把大道理同小道理结合，把话说到群众的心坎上；能实事求是，副作用少；发挥骨干的模范带头作用，产生良好的影响。

3. “支部建在连上”在会战中的运用

毛泽东主席在《井冈山的斗争》一文中说：“红军所以艰难奋战而不溃散，‘支部建在连上’是一个重要原因。”大庆油田坚持以人民解放军为榜样，遵照毛泽东主席关于“人民解放军建立了自己的强有力的革命的政治工作，这是我们战胜敌人的重大因素”的教导，从会战一开始，就按照“支部建在连上”的原则，在基层队建立党支部，自下而上确立指导员、教导员、政治部（处）等一系列政治工作人员、机构和制度，加强企业的政治思想工作，逐步做到“队队

铁人诗话

我入党就是为了给祖国、给人民贡献更大的力量，当一个忠实的人民勤务员。

有支部，班班有党员”。当时，人员紧张，余秋里下定决心说，“宁愿少建几个钻井队，也要把党支部书记配齐”，并明确党支部最根本的任务是发挥党员的先锋模范作用，团结教育广大职工，坚决完成生产建设任务。随后，油田各级组织把加强党支部建设作为基层建设的核心来抓，使大量思想问题能在基层及时解决，充分发挥了党支部的战斗堡垒作用。

▲ 学习人民解放军“支部建在连上”的经验，做到队队有支部、班班有党员，全面加强基层党组织建设

发挥党支部的战斗堡垒作用，必须要有一个坚强的支部委员会，这个委员会必须实行集体领导和分工负责相结合的制度。要实行党支部集体领导，反对个人领导，单位一切重大问题要经过党支部集体讨论，只有集体好，才能做好工作，出好干部。在日常工作中，必须实行分工负责制度。队长主要负责行政工作，支书（政治指导员）主要负责政治工作，支部要保证发挥他们的作用。干部有了问题就要摆在桌面上来谈，充分开展批评与自我批评，谁对就服从谁。由支部大会选出的支部委员会，应由阶级觉悟高、革命干劲大、模范作用好、懂得生产、密切联系群众的党员组成。一个基层队要有一个好的领导干部班子，其中重要的是要配备好三个干部：一是要有一个阶级观点明确，工作干劲大，善于团结同志、联系群众和熟悉生产的政治指导员或党支部书记；二是要有一个政治思想好，干劲十足，又是劳动模范和生产能手的队长；三是要有一个大中专院校毕业，又经过生产劳动锻炼的，既能说又能做的技术员。有这样一个领导干部班子，就可以更好地开展一个基层单位的工作。

基层党支部还注意健全党的组织生活制度，充分发扬民主作风，定期召集支部大会、支委会、党的小组会，进行党课教育。定期接受党员汇报，党员要起模范作用，要做党的工作，还要经常做非党员的工作。基层党支部还要善于发挥团支部、工会以及其他群众组织如伙食委员会、家属委员会的作用，团结十几个骨干分子，通过党内外组织，发挥党支部的战斗堡垒作用，始终在学习人民解放军，加强政治思想工作，抓基层、打基础上下功夫。

油田上的钻井队、采油队、施工队、生产车间，像人民解放军的连队一样，是基本的作战单位。会战以来，大庆油田党委始终注重加强基层建设，出现了一大批过得硬的基层队。采油四部六区三队有一段时间比较后进，所管的油水井没有一口一类井，指挥部党委派工作组帮助其党支部搞了 5 个月的基本路线教育，提高了党支部抓大事的自觉性，提高了全队职工的觉悟，后进的同志也有了转变。例如，原来有个 19 岁的女采油工，被分配到不合自己心意的工作岗位上就不干了。工作组同志和她一起到她家，请她父亲讲家史，让她听别的同志忆苦，使她受到很大教育，有了转变。后来，她管理的井组成为全指挥部的先进井组，她本人也光荣地加入了中国共产党。而采油四部六区三队后来出现了两口“红旗井”，八口井的管理水平达到一类，天天超额完成生产任务。

政治工作要结合经济工作一道去做，做到生产过程中去，做到职工宿舍中去，做到职工家属中去，做深做细。要坚持搞好路线教育、形势教育和革命传统教育，要大张旗鼓地开展评思想、比贡献、选模范、树标兵的群众活动，表彰先进人物，使大家学有榜样，鼓舞人们前进。同时，耐心细致地做好后进赶上先进的转化工作。要学习解放军“支部建在连上”的经验，加强企业基层党支部的建设，充分发挥党支部的战斗堡垒作用和广大党员的先锋模范作用。也要搞好车间班组的建设，企业的基层搞好了，各项工作才能更好地落实下去。要热情培养支部书记和班组长，使他们在政治上、思想上、生产上都能发挥很好的带头作用，受到群众的拥护。

会战诗抄

勘探工人意志坚，哪怕冰封三九寒。踏遍征途千里雪，定让原油汇成川。

4. 解放军“集中优势兵力打歼灭战”的模式在会战中的运用

“集中优势兵力，各个歼灭敌人。”——这是毛泽东主席在领导军队和人民进行长期的武装斗争中总结出来的一条极为重要的经验。会战的生动事实证明：搞经济建设，同样需要学习和运用毛主席这种光辉的战略战术思想。会战之初，为了高速度、高水平地拿下这个大油田，石油工业部根据中央的指示，分析了石油工业的客观条件之后，断然地缩短了全国石油勘探战线，调集了全国石油工业系统的大批精兵强将和大批物资器材，采取了“集中优势兵力打歼灭战”的办法，不失时机地集中力量，形成主要战场的局部优势，进而不断地扩大战果。在会战地区的布局也是如此，因而在短短的几个月内就夺取了辉煌战果，实现了空前的高速度、高水平发展。随着会战的不断发展，会战领导认识到越是运用集中优势兵力打歼灭战的思想，就越有成效。遵照毛主席关于“ 集中优势兵力，各个歼灭敌人”的教导办事，本着“多快好省”的原则，实行高度集中统一，依靠广大职工的革命干劲，千方百计战胜困难，力争在工程质量、数量与配套设施建设方面取得全面胜利。

第一，选择正确的突击方向，把有限的力量集中使用在最主要的方面。根据国家计划要求，油田建设要以最快的速度、优良的质量、较省的投资，发挥最大效果。会战一开始，在综合规划、工程布局和设计上，就考虑到要让油田一边勘探，一边试生产，同时还要完成国家当年生产计划的实际情况，在吸收过去一些油田建设的经验教训的前提下，大庆油田明确先搞生产建设、后搞生活建设的原则。在生产建设中，又先上对整个生产有决定意义的工程，后上对局部有影响的其他工程；先上当前生产急需的工程，后上为今后生产作准备的工程。同时，只要工程一上，就要从起点盯到终点，从主体到辅助工程系统配套，项目齐全，不留尾巴，一气呵成，以便能够完工一个，就投产一个。这样，才不至于打事倍功半、旷日持久的消耗战，尽快地发挥投资的效果。

不仅在总的部署上要抓住决定性的方面，在每个具体工程项目的安排上，也选择正确的突击方向。会战时期每年的建设计划，都分为两至三个战役来进行，每个战役都安排三五个必完成的、带有决定性的成套项目，以重点带动全面，保

▲ 1960 年 6 月 1 日，大庆油田首车原油外运

证任务全面完成。会战开始后，在确定几口探井连续喷油之后，基建职工就迅速集中主要力量，保证钻井、试采、采油工作的顺利开展，一上手就集中了几千人，猛攻供水、供电、道路以及油田集输系统的一批临时试验工程，使会战刚开始一个月，首车原油就外运出去，打响了会战的第一枪。7—8 月，又将施工重点放在建设生产试验区上，突击一个多月，保证了原油试生产的需要。9 月底，鉴于严冬临近，为了巩固战果、缩短战线，动员全体职工集中主力，开展声势浩大的冬季收尾突击扫荡战，实现了油进库、机器进场、人进房、牛马进圈，经受了第一个严冬的考验，在草原上站稳了脚跟。3 年来，大庆油田不但全面超额完成了国家生产和基建计划，而且只用 2 年零 4 个半月，就向国家交回全部投资费用，并为今后油田的生产创造了比较好的条件。在整个“战略”部署、“战役”安排以至每个单项工程上，一直是重点突出，把力量用到刀刃上。实践证明，只有这样，才能够用比较少的人力、物力、财力，取得比较大的经济效果。

第二，不打无准备的仗，要有高度的集中统一和充分的群众路线。要做好

会战诗抄

情愿脱去几层皮，甘心掉下几斤肉，让千米油层张开口，为时代列车加油再加油！高举红旗跟党走，永做革命硬骨头！

这一工作，最重要的是处理好前线和后方的关系。后方是前线的先行，又是为前线服务的。各施工单位在党委的统一领导下，生产前线专门负责施工现场的组织工作；后方负责规划、设计、战役计划安排，组织后勤供应等工作。领导干部中也分前线、后方：前线的人侧重于抓组织施工；后方的人纵观全局，出主意，找问题，想办法，走上步、看下步，总结经验，制定下一步工作方针，为下一步工作作好充分准备。这样，既可做到各方面工作紧密配合，步步主动，不断提高效果，又避免了由于施工中赶任务、准备不足、仓促上阵、停停打打，变歼灭战为消耗战。

油田建设一开始，就把设计、施工、生产、供应、运输、机修等单位捆在一起，彻底打破甲方、乙方的框框，在会战工委统一领导下，由会战指挥部生产办公室实行从上而下的高度集中管理，做到统一计划、统一行动、统一调度、统一指挥。各有关部门的工作，都必须围绕当前施工项目，各有分工，各有专责，保证项目如期保质、一次投产成功。在此基础上，由上一级领导机关指派重点工程工地主任，统负全责，实行“五集中、五到现场”的做法。

“五集中”是把来自各方面的领导干部集中起来，组成核心领导班子，现场施工队伍也要统一组织，集中管理；材料设备、运输车辆、施工机具三者都要集中起来，实行现场统一管理，以便能用有限的人力、物力，形成足够的优势，保证歼灭战的顺利进行。“五到现场”是领导干部和生产调度人员到现场，设计人员到现场，器材供应人员到现场，政治工作人员到现

▲ 政治工作部门的干部坚持深入现场了解情况，发现典型，总结经验，做好现场的宣传鼓动工作

场，生活服务人员到现场。在施工现场加强政治思想工作，贯彻充分的群众路线，干部与工人同吃、同住、同劳动、同商量，做到领导人员、技术人员、工人“三结合”。

在处理日常施工事务中，又强调了要搞好设计、施工、使用和辅助部门等单位的密切协作，使互相扯皮、互相推诿、踢皮球的坏习气得到了有效的克服。由于各部门对工作任务都有统一的认识，又各有明确专责，所以在高度集中指挥的前提下，就能充分发挥基层单位的积极性和主动精神。例如，施工的大队和中队均能经常主动请设计和生产单位代表一起开会，征求他们对施工工作的意见。而设计和施工单位每年都定期针对已经投产两三年的工程，到生产单位回访，征求意见，检查运转情况，作出技术鉴定，吸取经验，找出教训，改进自己的工作。这样，从设计到施工，都能较好地做到既遵循设计要求，又合理照顾生产上的操作便利。在投产时，施工单位还专门组织配合投产小队，配上相应的工种和技术人员，带上必要的器材，到各个完工而未验交的工程上去配合投产。生产单位只要提出合理意见，经过现场“三结合”会，就一边研究，一边定返修方案，并立即动手解决。施工人员在配合投产试运转时，不是只作简单的讲解，而是和生产人员跟班操作，向生产工人反复交代工艺流程、设备性能和操作方法，直到生产工人全部熟悉生产操作之后，施工人员才撤走。不少设计人员，硬是从动土开工一直蹲到竣工投产才离开。

第三，严格保证工程质量，这是关系到油田长期稳定安全生产的关键，力争好中求快，是打歼灭战的根本要求。质量不好，不仅会造成施工上的返工浪费，拖延工期，挫伤职工的积极性，而且会给生产带来无穷后患，使生产处于被动局面。就油田建设来说，大量的管道深埋地下，要经受长期生产和各种天然腐蚀的考验，有的又经常处于高压运转状态下，因此要求有更好的工程质量。

质量问题，实际上是思想作风问题。保证质量的根本关键，首先在于领导上要有一个质量第一和敢于严格要求的思想。会战以来，会战领导一直重视质量

会战诗抄

遇到困难学“毛选”，没有经验靠实践，没有“专家”靠大家，自力更生建油田。

问题，把对待质量问题，提高到阶级觉悟和党性上来认识，提高到对待社会主义建设事业的态度上来认识。其次会战时期一直反复强调“思想领先、严字当头”，以“三老四严”的作风来教育广大干部，培养队伍的作风。因为会战领导认识到有什么样的干部就会带出什么样的队伍，所以对各级干部的要求特别严格，这也是培养一支过得硬的队伍的关键问题。

保证工程质量，还必须认真建立以岗位责任制为核心的一套严格而可行的施工管理制度。

一是岗位操作负责制。就是按人分工，分段负责，固定岗位，对号入座，谁施工谁负全责。如焊件打代号；砌墙划上瓦工姓名；混凝土工程挂代号；在自己的建筑物上“刻碑铭”等。

二是工序交接评分检查制。下道工序对上道工序进行检查，好坏评分，不合格者，坚持返修，没有返修好，拒绝施工，并要求工人做到“五不焊”（坡口间隙角度不合格不焊；管口有油污、锈斑不焊；有错口不焊；焊条不合格不焊；焊条内有油水不焊）、“五不涂”（除锈不净不涂；管表面有霜雪不涂；沥青不化验不涂；沥青温度不够不涂；底漆不干不涂）、“五不对”（管钝边不合格不对；管径不合格不对；对口不直不对；管内有杂物不对；管口有污油不对）、“五不交”（任务不完不交；质量不好不交；没有自检不交；有遗留问题不交；记录不清不交）。实行这个制度后，充分发挥了群众性的监督检查作用。工序与工序之间、班组与班组之间互相监督、严格要求，有效地保证了质量。

三是领导巡回检查制度。工地主任每天检查两次；指挥部五天系统全面检查一次；会战指挥部十天检查一次；月终群众大检查一次。这样定期检查与日常检查，专业检查与群众自检、互检结合起来，交互进行，形成了一个周密的检查网。在实际工作中，广大职工、干部也真正做到了天天如此、旬旬如此、月月如此，风雨无阻，三年如一日。

四是“三结合”检查验收。材料使用、设备预检、隐蔽工程、重要工序、试漏试压、试运竣工验收等施工环节都必须经过设计、使用、施工“三结合”会，根据国家规范和设计标准，认真进行检验、签证，保证工程收尾验收时，达到“三不验收”（质量不合格不验收、资料不全不验收、工程有尾巴不验收）和“三满意”（设计单位满意、施工单位满意、生产单位满意）。

五是加强原材料、半成品、预制件等的试验、鉴定工作，实行有效的技术监督。此外，要提高工程质量，除了要不断提高职工的政治觉悟、加强制度建设，还要加强技术练兵工作。会战队伍是新队伍，新工人多，技术水平偏低，会战前没有打过什么大仗、硬仗，所以要结合每个时期的工程特点，广泛组织工人进行基本功训练，广泛培养多面手，大搞“四过硬”（在操作设备及设备运转上过得硬、在工程质量上过得硬、在复杂情况下过得硬、在排除事故上过得硬）。使工人技能提高、熟悉操作，对保证工程质量作用很大。

第四，必须发扬坚决顽强、积极主动、排除万难的精神，才能把歼灭战打得更好。打歼灭战的过程，就是不断克服困难的过程，即使准备工作做得再好，也不可能万事俱备，在施工当中，还会不断出现新的困难和问题。会战开始，器材设备供应困难，也没有相应数量的施工机具，汽车少，公路也没有。根据当时的情况，石油工业部党组提出了“有条件要上，没有条件创造条件也要上”的口号和“高速度、高水平拿下大油田”的要求。在石油工业部党组亲临前线的指挥下，各级党委大张旗鼓地在职工中反复进行深入的形势任务教育，宣传拿下这个油田对摘掉石油工业落后帽子的重大意义，使大家感到参加会战无上光荣、责任重大，提高了觉悟，增强了战胜困难的斗志。工人表决心说：“为了会战，宁愿上刀山，几夜不睡觉、几天不吃饭都行。”党的号召马上变成了千万职工的自觉行动。没有汽车用人抬，没有吊车用人扛，没有房子就动手盖“干打垒”，没有蔬菜喝盐水。当时施工没有水，大家就排着队用脸盆端。洗脸盆在那个时候，成了最吃香的万能工具，洗脸用它，打饭用它，盛油用它，报捷打锣鼓也用它。广大职工的主观能动性得到了充分发挥以后，谁也不甘落后，千方百计地都争着干，都想为本单位争取革命荣誉。3 年来，就凭着这股不怕困难、敢于斗争、敢于胜利、坚韧不屈的顽强战斗作风，大庆油田克服连续冬季施工、雨季施工、野外施工、分散作业的种种困难，年年完成国家建设计划，大部分工程当年施工、

会战诗抄

北风大，我不怕，走上钻台扶刹把。钻穿大地三千尺，石油滚滚遍天下。

当年投产。

5. 解放军“抓典型、树标杆”的经验在会战中的运用

大庆石油会战一开始，余秋里就发现和树立了铁人王进喜这个典型，用典型推动大庆石油会战，极大地调动了广大职工的积极性和创造性，战胜了艰难困苦，解决了会战中的各种矛盾，推进了大庆石油会战进程。这也是大庆石油会战中的重大事件，王进喜的影响力超出了大庆油田的范围，穿越时空，影响了几代石油人，成为中华民族的英雄。

原石油工业部副部长、大庆油田党委书记陈烈民在谈树立王进喜这个典型时说：“那样艰苦的大会战，需要有一个带头人。面对种种困难，领导上有了指导思想，但必须要有人体现，有人贯彻，有人带头干。这个人就是旗帜，就是方向。革命战争年代，打仗要有人带头冲锋陷阵。搞社会主义建设，石油工业要甩掉落后帽子，开展大庆石油会战，也需要有人冲锋陷阵，王进喜同志就是大庆石油会战冲锋陷阵的带头人，他带领大家把会战打了上去。所以他成为大庆石油会战的第一个英雄。他为石油大会战立了大功！”

原石油工业部副总工程师、大庆石油管理局局长李虞庚也深有体会地谈了自己的想法。李虞庚在玉门油矿时就非常熟悉王进喜同志。李虞庚1962年被任命为大庆石油会战采油总工程师，当时他只有33岁。他说：“我感觉石油工业部领导在大庆石油会战中，做出了两件对于大庆石油会战有着决定意义的事情。第一件是学习‘两论’，这个是解决政治方向的问题，社会主义企业必须坚持正确的

镜头人物

陈烈民：（1926—2013年）原石油工业部党组副书记、副部长，曾任松辽会战党委组织部部长，大庆会战政治部主任、工委常委，大庆革委会副主任、党委第一副书记。从1977年11月起，先后任石油化学工业部党组成员、副部长，石油工业部党组副书记、副部长，曾兼大庆党委书记、革委会主任、大庆市委书记、大庆石油管理局党委书记，黑龙江省人大常委会副主任等职务。

政治方向，用先进的、科学的理论指导企业的发展，要让人们提高思想方法和工作方法，学会辩证思维、战略思维，要勇于实践、敢于实践，在大会战中用辩证唯物论认识和解决会战中的矛盾问题。第二件是树立了铁人王进喜这个典型，这是一个艰苦奋斗的典型、艰苦创业的典型。这个典型体现了当时部党组、余部长、康部长的意志，他告诉我们如何对待困难、如何战胜困难，这个典型超出了大庆石油会战的范围，在整个石油战线、在全国产生了深刻的影响，树立了一座精神丰碑，全国人民都记住了铁人王进喜。在铁人王进喜的身上体现了党艰苦奋斗的优良传统同艰苦创业的会战传统相结合。这是一个实实在在的典型。”

1960 年 3 月中旬，余秋里、康世恩来到萨尔图会战现场，看到小小的萨尔图火车站几千米范围内的场面极其混乱，各种设备堆放在那里。康世恩说：“现场比我们想象的还混乱。”这时三探区的指挥宋振明说：“玉门的王进喜钻井队来了，他们用了 4 天时间，不等不靠，卸下了钻机，运到了井位。当地的赵大娘说：‘你们的王队长，真是个铁人。’”余秋里听了说：“王进喜的行动体现了部党组的意志，大会战最需要的就是这种不怕艰难困苦、顽强奋斗的革命精神。”

李玉生是当年 1205 钻井队的工作组成员，后来任大庆油田党委副书记、喇嘛甸油田会战的政委、华北石油管理局党委副书记。他说：“1960 年 3 月初，我随宋振明书记来到大庆油田参加会战。焦力人局长通知我王进喜队 3 月 25 日到萨尔图，让我接一下。25 日，我刚接到王进喜队，王进喜就问‘我们的钻机到了没有？我们的井位在哪里？这里的钻井纪录是多少？’这就是王进喜下车的三句话。我告诉他们，‘你们的钻机还没有到，你们的井位在马家窑的萨 55 井，你们今天先住下’。我带上王进喜队的 20 多人步行到了马家窑，到马家窑后找到队干部说明了来意，队干部带着我们挨家挨户地把他们安排住下。最后我、王进喜和指导员孙永臣被安排到了赵大娘家。赵大娘家比较宽敞一点，她把西面的炕腾出来让我们住，赵大娘的家人住在东炕。赵大娘看到我们没有带行李，就拿了一床被子让我们盖，我让给王进喜盖，王进喜说他有老羊皮袄，指导员说他有军大

铁人诗话

艰苦就是光荣，艰苦就是幸福。

衣，最后还是让我盖了。”

当时，整个萨尔图车站到处都是设备，十几千米的铁道线上的车皮里也都装着设备等待卸车。由于当时卸车的装备非常匮乏，调度指挥不灵，人们都为卸车的事情发愁。4 月 2 日这一天，1205 钻井队的钻井设备到了。李玉生回忆说，王进喜看到钻机到了非常高兴，叫上司钻周正荣，说“ 我们去卸钻机去”。过去卸这么大的钻机都要有吊车、大平板车，可是这是石油大会战，设备不配套怎么办？王进喜同志说：“我们今天盼，明天盼，盼我们的钻机早日到来，今天我们的钻机到了，现在卸车的设备不配套，缺少吊车、平板车。我看还是那句话——有也上，无也上！我们想办法把钻机卸下来，运到井上去。”说完，他把钻机化整为零，小的扛着走，大件用撬杠撬、用绳子拉，用了几天的时间，把钻机运到了井位，这就是“ 人拉肩扛”，是一件很不容易的事情。王进喜在井上连续干了四天三夜，没有回家吃饭，没有回家睡觉。赵大娘问李玉生：“你们的王队长不回来吃饭，不回来睡觉，去干啥了？”李玉生说：“王队长去新井上打井去了。”赵大娘说：“他那么大岁数了，干这些活不容易呀，他可真像个铁人啊！”过了几天，石油工业部政治部主任吴星锋、三探区的指挥宋振明到王进喜队检查工作，李玉生同志把这件事情作了汇报。当汇报到王进喜为了打井几天几夜不下火线，干起活来不等、不靠、不要，主动克服困难，不怕苦、不怕累，赵大娘称赞王进喜像铁人一样时，吴主任说：“赵大娘管我们的王进喜同志叫‘铁人’，这个称号好。我们大庆石油会战就需要这样的不怕苦、不怕累、不怕困难的革命精神。你们三探区要相互学习，我回去以后给余秋里、康世恩汇报一下，然后在全战区学习。”

1960 年 4 月 11 日，在油田技术座谈会上，余秋里说：“铁人王进喜就是我们大会战的第一个英雄。”在会议上余秋里带头高呼：“向铁人王进喜学习，向铁人王进喜致敬。”王进喜说的“有也上，无也上”和大会战的最高领导者、决策者余秋里的思想不谋而合，所以听了关于王进喜的事迹汇报后，余秋里大加赞赏。后来，石油工业部副部长孙敬文感觉这种说法还需要完善。他经过认真推敲，把王进喜说的“有也上，无也上”完善为“有条件要上，没有条件创造条件也要上”，得到了石油工业部党组的赞同。

▲ 1960 年 7 月 1 日，在总结第一战役、宣布第二战役任务的万人大会上，会战工委表彰了王进喜、马德仁、段兴枝、薛国邦、朱洪昌“五大标兵”，后来被誉为“五面红旗”

1960 年 4 月 29 日，在萨尔图召开的石油会战万人誓师大会上，突出宣传铁人王进喜。会上，王进喜发出了“宁肯少活二十年，拼命也要拿下大油田”的豪迈誓言。1960 年 7 月 1 日，在庆祝“七一”万人大会上，树立了王进喜、马德仁、段兴枝、薛国邦、朱洪昌（简称“王、马、段、薛、朱”）“五面红旗”。“学铁人，做铁人”活动的开展，推动石油会战职工艰苦奋斗，迎难而上。1960 年 7 月 28 日，石油工业部机关党委作出决定，在全油田开展学习“王、马、段、薛、朱”的活动。从学习铁人王进喜，到学习“王、马、段、薛、朱”，从五大标兵很快发展到百名标兵，整个油田出现了“一旗高举万旗红”的局面。有人形容当时那种波澜壮阔的情景时说：“一面红旗红一点，五面红旗红一片，百面红旗迎风飘，红遍松辽大油田。”

三、广大科技工作者的智慧和创造

大庆油田的发展史，就是一部科技创新史。大庆油田闯出的中国石油企业发展道路，就是依靠科技创新的发展之路。依靠广大科技工作者的智慧和创造，大庆油田从会战时期，油田开发技术水平就与美国、苏联比肩。会战刚开始，面对 1200 多平方千米的长垣的地下情况不清楚的困难，会战领导按照“两论”思想，要求“掌握武器，认识油田规律”“全党办地质，人人学地质”。1960 年 3

会战诗抄

学习“两论”心里亮，困难一脚踢个光。甩掉石油落后帽，千斤重担敢承当。

月，石油会战领导小组作出“大搞调查研究，了解国外油田开发技术和理论研究工作情况”的决定，瞄准油田开发的世界先进水平，从大庆油田实际出发，大胆实践、勇于创新，闯出自己的路子。把曾到过苏联、罗马尼亚、美国油田学习考察过的专家集中起来，用一个月的时间进行分析对比，又组织一批专家总结国内玉门油田、克拉玛依油田注水开发的经验教训。

1. 石油工作者的岗位在地下，斗争的对象是油层

要高速度、高水平地拿下大庆油田，首先要搞清油田的地下情况，余秋里、康世恩提出：“石油工作者的岗位在地下，斗争的对象是油层。”这个话通俗易懂，很快就被广大职工接受，并且付诸实践。1960 年 4 月 9 日到 4 月 11 日，石油工业部党组在安达县召开第一次大庆油田技术座谈会。会场墙上挂着一张长约 2 米、宽约 1 米，反映大庆长垣南部葡萄花地区勘探成果的地质图。这张图清晰地反映出从松基 3 井喷油后，部署在葡萄花地区的 20 多口探井已相继完钻，有的还试采了几个月。制作这张图是为了回答余秋里提出的“这个油田是大油田还是小油田？是好油田还是差油田？是活油田还是死油田？”等一连串的问题。图上布满了红圈圈、黄圈圈和蓝圈圈。红色的表示出油的井，黄色的表示既出油还出水的井，蓝色的表示只出水的井。 听完地质师们的汇报，余秋里久久地伫立在这张图前，问了很多问题，包括为什么有的油井出油又出水，为什么有的油井不出油、光出水，有的油井为什么光出油、不出水，在地层深处这些不同颜色标明的油井有什么内在的联系、有什么内在的规律等。熟悉石油地质的康世恩觉得地质师们的回答“一塌糊涂”，是“一碗豆腐，豆腐一碗”。听着听着，余秋里发火了：“队伍都开到前线了，敌人的情况还没有搞清楚，那仗怎么打？”据后来地质师们解释：当时，一是没有高精度的地质构造图，无法得知多断块构造特征，二是对油水分布状况比较复杂的特点认识不够。归根结底，是缺乏充分的资料和数据，难以说清楚。

由于第一手资料取得不全、不准，技术人员和探区领导都解释不清楚油、气、水之间的内在关系。对此，余秋里、康世恩提出了严厉的批评，要求重视地下，狠抓第一手资料，必须把地下油层搞得清清楚楚。

在这次会议上，余秋里、康世恩亲自列出需要获取第一手资料的清单。余秋里用唯一的那只手，习惯地扳起指头说："你得弄清楚录井资料吧，得弄清楚测井资料、岩石资料、储油层岩性资料、储油层厚度资料、孔隙率资料、渗透率资料、油层温度资料、油层压力资料、井口压力资料、产量资料、储量资料和生油层资料，这已经是十几种了，13 种了嘛！"康世恩同志作了补充，他说："还有饱和压力资料、流动压力资料、油气比资料、原油性质资料、天然气资料、底层水性资料等。"经过大家讨论，以余秋里提出的意见为主，由李德生、童宪章等人归纳，康世恩定稿的 20 项资料、72 项数据的油田开发调查提纲正式形成了。20 项资料、72 项数据被石油界视为"石油开发法则"。

中科院院士李德生说："这使大庆石油会战树立了地质工作的科学态度。一切科学分析都要建立在大量数据资料、大量事实的基础上，要做一个自觉的乐观主义者，不做盲目的乐观主义者，从而掀起了一个取全、取准各项地质资料的群众性活动。"他还说："过去我们在工作中，仅仅依靠很少数地质人员收集资料，获取资料与生产有矛盾，工作中的困难很多。""有了这个会战技术规程以后，加强了党对地质工作的领导，掀起了以'四全、四准'为目标的群众性搞地质的活动。""四全"是录井资料全、测井资料全、取芯资料全、分析化验资料全。"四准"是测量压力要准、油气水计量要准、各种仪表要准、各种资料要准。这个石油开发法则的确定和实施，不仅成为大庆油田勘探开发的基本要求，还成为以后石油工业勘探工作中的一项基本法则。在大庆会战中，广大职工按照这一法则开展勘探工作，全面认识地下情况。20 项资料、72 项数据的形成，标志着油气田的勘探开发进入了一个科学的新阶段，取全、取准第一手资料是勘探开发的基石。这也是大庆石油会战尊重科学、实事求是的求实精神的良好开端，为大庆油田的科学勘探开发奠定了坚实的基础。

会战诗抄

立志要当火车头，立志要当老黄牛。火车闯关行千里，黄牛为民不计酬。

2. 实践第一，一切经过试验

“一切经过试验”是会战工委在学习“两论”决定中阐述的一个重要观点。大庆油田发现了，但是怎样开发好、管理好？余秋里、康世恩以他们的战略思维和敏锐的智慧，提出了“一切经过试验”的思想方法和科学方法，把“两论”的观点和方法运用到大庆油田的开发上来。这里把毛泽东主席《实践论》中的“实践的观点是辩证唯物论的认识论之第一个的和基本的观点”，同大庆石油会战的实际紧密结合起来，创新运用变成“ 一切开发技术经过试验”。1960 年 5 月，萨尔图打的 10 多口探井相继出油，圈定含油面积 480 平方千米，会战领导小组部署开辟设立试验区 30 平方千米。9 月扩大到北一区和南一区，使试验面积达到 60 平方千米。在这个试验区进行了早期注水，以补充能量，并采用了横切割的行列注水方式进行内部注水。

为什么要进行这样的试验呢？一是借鉴国内外同类型油田的经验教训。专家们调查了美国东德克萨斯油田、苏联的罗马什金油田和杜依玛兹等一系列油田，也调查总结了我国的玉门油田、克拉玛依油田的资料。这些油田的经验说明，如果不保持压力开采，只靠消耗油层的天然能量，油田一投入开发很快就会出现油层压力下降、产量迅速递减、油井停喷的现象。而采用注水方法保持压力，就能稳产，正如康世恩所说的“压力是油田的灵魂”。二是认真分析研究了大庆油田的地质特点。大庆油田的油饱和压力高、油层弹性能量很低，而且边水不活跃，不能起到补充能量的作用，依靠溶气作驱动能量，也会使油田采收率大幅度下降。鉴于以上的分析，会战领导小组决定在试验区开展大庆油田开发方式的试验。60 年的实践证明，这个油田开发原则是完全正确的。

1960 年 4 月，大庆石油会战领导小组召开油田技术座谈会议，决定在试验区开展 10 项科学技术试验，同时开展 14 项技术攻关。1960 年 7 月，会战领导小组决定成立地层对比研究大队，由李德生担任队长。康世恩要求，石油工作者岗位在地下，斗争对象是油层，要准备做百万次分析、百万次对比，要一粒沙子一粒沙子地对比，一块石头一块石头地对比，要下苦功夫，做笨事情，这样才能对千米油层了如指掌。研究人员白天到井上收集资料，晚上伏案或趴在床铺上进

镜头人物

钟其权：（1933—1982年12月6日）1958年4月，任松辽石油勘探局基准井综合研究队队长，1964年任大庆油田开发研究院油田地质研究室副主任，1976年任大庆石油管理局地质处副主任、地质师，1977年晋升为大庆石油管理局副总地质师。

韩大匡：油田开发工程专家，中国工程院院士，中国石油勘探开发研究院教授级高级工程师、博士研究生导师。曾任中国石油勘探开发研究院副院长、总工程师、石油工业部科技委员会油田开发组长等。1953年9月至1970年5月，担任北京石油学院开发系副主任兼开发研究室主任讲师。

唐曾熊：曾任大庆油田总地质师、中国石油天然气集团公司油田开发专家组组长。1964年，他担任大庆石油会战指挥部地下参谋部主任，组织编制了大庆油田年产3000万吨开发规划，做出了喇嘛甸油田有气顶及其油水界面深度的准确预测。

王志武：（1932—2004年）原大庆石油管理局局长、大庆市市长。

行分析对比，绘制图表。他们用上百口井的资料、上百万个数据，对油层进行分析，经过2000万次对比，弄清楚了大庆油田分4大系统、48个小层的非均质面貌。这套独特的分小层研究方法，是一个发明创造。运用这套方法可以把油层大小、厚薄、好坏按不同的小层情况搞得一清二楚。后来，他们把研究成果做成模型，就像把千米以下的油层搬到了地面，在群众大办“地宫”、游“地宫”时发挥了很大作用。钟其权与韩大匡、唐曾熊、王志武等人一起，苦心钻研，提出了一套“油砂体”的新概念。按照这一概念，可以认清油层的真面目，把油层分析引向了新的阶段。

1960年8月2日，三探区创办的生产试验区油田“地宫”正式开放，8月12日的《战报》头版用“实践出真理，革命创科学”的醒目标题报道了盛况。“地宫”内陈列着的每一幅图和每一件实物，都引起观众的莫大兴趣。长2米、宽1.8米的生产试验区立体模型，不但反映了地面上井架林立、油井星罗棋布的轰轰烈烈景象，而且使观众清清楚楚地看到了地下油层的情况。

办“地宫”、游“地宫”的群众运动由此掀起了高潮，各指挥部、各基层队雨后春笋般涌现出来了许多大“地宫”、小“地宫”，起到了培训学校、研究所、参谋部三大作用，使技术干部和职工群众的沟通，从说不清、听不懂的云山雾罩中解脱出来，出现了“推开‘地宫’一扇门，展现油藏一片春”的喜人景象。“地宫”的成功使数万人快速脱离了“油盲”，印证了革命导师恩格斯说过的一句箴言——社会一旦有技术的需要，则这种需要就会比十所大学更能把科学推向前进。

“一切经过试验”是对毛泽东主席“实践第一”观点

▲ 开展“办地宫、游地宫”活动

1978 年 8 月任大庆油田总地质师。

刘文章：曾任大庆油田采油工艺研究所第一任所长，1965 年 9 月，大庆会战工委作出了开展向刘文章学习的决定，他被誉为“抓思想、促技术的总工程师”。

的具体化、典型化、通俗化，把它变成了大庆油田科学技术发展的法则。大庆油田开发 60 多年来，坚持了这个成功的做法，在不同的油田开发阶段都推行“试验区”“示范区”，开展油田开发的先导试验，取得经验，发展和完善技术，支撑和推动了油田的科学开发。归纳起来是在教训中吸取财富，在学习中借鉴经验，在比较中深化认识，在实践中探索总结。

3. 依靠科技创新攻克技术难关

大庆石油会战开始，就遇到了两个科技难题：一个是如何实行早期分层注水；另一个是在高寒地区，大庆油田的原油如何集输。这是关系到大庆石油会战能不能“高速度、高水平”被拿下的问题。大庆油田的早期注水试验，首先从 7 排 11 井转入注水开始，1960 年 10 月 28 日这口井试注成功，证明石油工业部党组制定的内切割注水方针符合油田实际。接着，其他注水井也相继投入生产，使油

会战诗抄　当年延安住窑洞，革命先辈苦为荣。今日会战垒土房，艰苦奋斗永不忘。

延伸阅读

油砂体：是指地下深处含油的砂体，由很多不规则的砂体组成。在岩性油藏中，油砂体是地下油层的最小含油单元，也是控制油、水运动的最基本单位。因此，在油田地质工作和油田开发工作中，必须首先查清砂体及油砂体的形态分布状况，主要有延伸长度、方向、形状、厚度、面积等，以及储油物性，主要有渗透率、孔隙度、含油饱和度等。

内切割注水：人工注水的一种方法，人为地把水注入油层中或底水中，以保持或提高油层的压力。对于面积大、储量丰富、油层性质稳定的油田，一般采用内切割注水方式。

封隔器：一种具有弹性的、用于封隔各种尺寸管柱与井眼之间、管柱之间的环形空间，并隔绝产层，以控制产（注）液、保护套管的井下工具。

田能够保持在原始压力水平上采油。

由于大庆油田是多油层，实行笼统注水半年时间后，出现水窜情况。针对这一问题，会战领导小组立即召开技术座谈会研究对策。康世恩指出：“我们要高水平、高效益开发好油田，就不能见事迟、行动缓，更不能在困难面前无所作为任其自然发展，放弃主观能动性。我们既要注水，又要治水；既兴水利，又避水害。要创出一种想注哪层就注哪层，想注多少就注多少的注水新工艺技术来。”最后确定了三大技术措施，即选择性注水、选择性堵水、选择性压裂，简称“三选”。

实现选择性注水的关键是创出一套得心应手的封隔器。1962年2月，康世恩同采油工艺研究所第一任所长刘文章谈话。他说：“我想了几天，能不能按照上小下大的井筒特点，搞一个像北京大街上糖葫芦串那样的封隔器，每一个封隔器做成皮球一样，连接在油管上形成一串。从油管中注水，橡皮球就长大，贴在套管上，起分割作用。这样不同的层位就可以注入不同的水量，使各个油层都可以出力。咱们姑且叫它‘糖葫芦封隔器’吧。”康部长的一席话使他们跳出了老框框，明确了设计思路。刘文章带领科研人员经过1108次试验，终于在1962年底，将封隔器的耐压度提高到150个大气压，又经过无数次改进，将封隔器练成8级，耐压度可达250个大气压，完全满足了不同层注水的要求。这种封隔器俗称“糖葫芦”封隔器，获得了国家科学技术发明奖一等奖。

“糖葫芦”封隔器的诞生，为油田分层注水提供了进攻性的武器。1964年11月21日，用43天对101口注水井、444个小层开展了“101、444”分层配水会战；1965年6月15日到7月21日，进行了115口注水井、426个

▲ 1966 年 6 月开始，全油田开展群众性“六分四清”管理活动

小层分层配水会战，“糖葫芦”封隔器发挥了关键的技术支撑作用。同时，“糖葫芦”封隔器的诞生，还为后来采油新工艺、新技术的发展奠定了坚实的基础。从 1961 年的“三选”，1964 年的“四定、三稳、迟见水”，发展到 1966 年 3 月 22 日宋振明代表大庆会战工委在石油工业部厂矿长会议上总结概括的“六分四清”。“六分”是分层注水、分层采油、分层改造、分层测试、分层研究、分层管理。“四清”是分层压力清、分层产量清、分层注水量清、分层出水情况清。由此，探索形成了“早期注水、内部注水、分层注水”的大庆油田开发方式。理论和开采工艺的形成，使大庆油田走出了一条具有中国特色的油田开发道路。

大庆原油蜡含量高、黏度高，温度只要低于 28 摄氏度，原油就不流动了。而大庆又处于高寒地带，年平均气温要比原油凝固点低 20 多摄氏度。即使在温度最高的 7 月，平均气温也比原油的凝固点低 5 摄氏度左右。李德生给康世恩讲

铁人诗话

不敢钻进老虎窝里去，就逮不出虎娃子，不敢同冠军较量，就永远争不到冠军。

▲ 科技人员研制“糖葫芦”封隔器

过一件趣事。1960 年 1 月 7 日，葡萄花构造的第一口探井——葡 7 井试油时，由于气温达到零下 40 多摄氏度，液体的原油高高喷向空中时，很快凝成颗粒状的固体，掉下来的是一粒粒花生米大小的“咖啡豆”。原油喷了一夜，井场上铺满了这种“咖啡豆”，踩上去不碎也不滑。这件趣事，真实形象地反映了大庆原油的特点。1960 年，会战展开以后，会战指挥部就成立了原油集输攻关队和油气集输流程设计组。攻关队由北京石油学院副教授张英任队长，讲师任瑛任副队长；设计组组长是宁玉川，副组长是冯家潮。同时，还有采油战线的干部、工人、技术人员相结合，进行攻关工作。

就在这个时候，康世恩听说有位协助克拉玛依油田建设的苏联专家维舍夫要取道东北回国，这位专家主持过苏联许多油田和克拉玛依油田的集输流程建设。康世恩指示，请他路过安达时作短时间停留，向他请教一些原油集输方面的问题。在同维舍夫座谈时，设计组的同志们提问：“在寒冷地区采出‘三高’原油，采用什么样的集输流程最好？”“在地下水位较高的盐碱地带，管线流程采用哪种保温方式为好？”“如果原油黏度很高，原油计量采取哪种好？”维舍夫表示这种情况的油田他还没有见过。如果有这样的油田，只能采取“巴洛宁”集输流程。在一整天的座谈讨论中，技术人员一再追问是否还有其他办法，维舍夫歉意地笑一笑摊开双手说：“要说办法，只有一个，就是把这个油田搬到热带去。”康世恩听完座谈会情况的汇报，明确表示：“咱们丢掉幻想，甩掉洋拐棍，发动群众，自力更生，走自己的路，创造适合大庆特点的集输流程。”

设计组遇到的第一个难题就是原油保温。负责研究这个课题的张英带领十几名技术人员，克服重重困难，夜以继日地工作。在采油攻关队的配合下，他们对 233 口油井的井口原油温度进行测试，取了 8 万多个数据，进行反复测试。任瑛同志首先提出了一个新的设计思想，将原油直接加热改为间接加热。张英支持他的想法，组织大家摆矛盾、谈设想、提建议、议方案。攻关队研究、设计了几种炉型。张文彬、焦力人帮助他们解决试验中的设备问题。

余秋里和康世恩听取张英等人的汇报，认为他们的思路很好，可以做到井场“一把火”。这种炉型获得了成功，被命名为“水套加热炉”。水套加热炉把井场上的“三把火”变成了“一把火”，而且集油管线不与火源直接接触，保证了油井安全生产。经过试用，会战指挥部决定在萨尔图流程中使用，以后推广到整个油田。经过两年多在几百口油井和集输管线使用，证明水套加热炉是一种经济适用、安全可靠的油井和原油集输管线的加热保温设备。

另一个难题就是集油流程。1960 年 5 月，康世恩主持召开“五级三结合”会议，26 岁的冯家潮代表设计组进行专题汇报，主要讲集输流程的原理和技术方案，提出了“挂灯笼”式的解决方案，就是将复杂的问题简单化：临井排铺设一条集油管线，一口一口串联起来，每口井生产的原油经过计量后，沿集输管道输进转油站或油库。这种新的流程是根据油田长期稳产的开发方针部署的井网、油井生产情况、原油“三高”性质以及有可选材料和设备情况设计的。可以不建锅炉房供热，不用伴热管线，利

镜头人物

张英：（1914—1997 年）石油储运工程专家，我国油气集输工程学科奠基人。曾主持研制水套加热炉油气集输工艺流程，解决了大庆等油田高含蜡、高凝固点原油低温集输的难题。

任瑛：（1928—2018 年）历任北京石油学院讲师、副教授，华东石油学院副教授。1961 年参与研制的水套加热炉井场加热保温装置被广泛应用。1965 年参与研究萨尔图油气集输流程。

宁玉川：1960 年 4 月参加大庆石油会战，先后任大庆油田设计院一室主任工程师、院副总工程师职务。1966 年 6 月参加胜利油田会战，先后任胜利油田设计院副总工程师、总工程师。长期从事油田地面建设规划设计、油气集输等工作。

冯家潮：归侨，曾任大庆油田建设设计研究院总设计师。多年来一直从事石油设计工作。先后在玉门油田、四川石

会战诗抄

天当房屋地当床，棉衣当被草当墙，五两三餐保会战，为国夺油心欢畅。

油设计院和大庆油田工作。1960年由四川石油设计院调至大庆油田设计院，在会战初期主持设计了大庆油田第一个油气集输流程项目，获国家科委一等发明奖，为高速度、高水平拿下大庆油田作出突出贡献。作为主要参加者之一研究的“大庆油田长期高产稳产注水开发技术”曾获国家科技进步特等奖。

延伸阅读

“巴洛宁”集输流程：又称蒸汽伴随双管流程，是苏联的一种原油集输流程，用蒸汽管线伴随油管保温，双管并行。优点是对黏度高、产量低的油井，地质条件复杂的油田适应性比较好，对间歇式生产的井也能适应，生产可靠、启动方便。缺点是因需要安装大量锅炉，铺设大量管线，一次投资和经营费用较高。

水套加热炉：以水为热载体给原油间接加热的一种炉具。它由水套、沸腾管、循环油管、火嘴和安全附件等组成。主要用于采油井场、输油干线上，用来给原油加热，以降低黏度、增加流动性。

用每口油井的水套式加热炉单井供热所剩余的热能输油。这是一个极其大胆、破天荒的设计。康世恩一拍桌子，说：“基本上定了，就按着这个流程干。咱们就叫它‘萨尔图流程’吧。”后来，经过万点调查、万里测温，得到了土壤传热系数和空气传热系数，成功解决了原油加热和集输最佳温度问题。“萨尔图流程”比当时比较先进的苏联“巴洛宁”集输流程节约钢材33%、节约投资13.5%，获得国家科技发明一等奖。

▲“萨尔图油气集输流程”发明证书

四、职工群众高度的主人翁责任感和使命感

办好社会主义企业，必须全心全意依靠工人阶级，确立工人阶级的主人翁地位。大庆油田从会战开始，在生产建设和各项工作中，就一直把工人阶级作为企业的主体，并在实践中逐步探索和积累了职工参与企业管理的一系列做法，如“五级三结合”（小队、中队、大队、指挥部、会战指挥部“五级”，干部、技术人员、工人“三结合”）会议、职工代表大会、“三大民主”制度，生产技

术的“五项职权”“五不施工”，经济方面的“四项权利”以及“民主评议干部”等。执行这些制度，使职工在企业中享有充分的民主权利，调动了广大职工为国家多作贡献的主动性和积极性。

1. 高度觉悟的主人翁情怀

当时，整个会战队伍奋不顾身，英勇顽强，艰苦奋斗。他们喊出了“三要”“十不”的豪言壮语。“三要”：一要甩掉石油工业落后的帽子；二要高速度、高水平拿下大油田；三要在会战中夺世界冠军，争取集体荣誉。“十不”：第一，不讲条件，就是说有条件要上，没有条件创造条件也要上；第二，不讲时间，特别是工作紧张时，大家都不分昼夜地干；第三，不讲报酬，为革命而不是为个人物质报酬去劳动；第四，不分工作，有活儿大家一起干；第五，不讲职务高低，不管是局长、队长都一齐来；第六，不分你我，互相支援；第七，不分南北东西，不分玉门来的、四川来的、新疆来的，为了会战，大家一齐上；第八，不管有无命令，只要是该干的活就抢着干；第九，不分部门，大家同心协力干；第十，不分男女老少，能干就干，什么需要就干什么，就像打仗一样，到了时候，卫生队、担架队、伙夫都要上。正是由于革命精神的大发扬，会战队伍的精神面貌起了大变化，形成高涨的革命风气。这就是热爱毛主席、热爱党、热爱国家、热爱社会主义、热爱石油事业成风；艰苦奋斗、不怕困难、奋不顾身、抢挑重担成风；珍惜国家财产、勤俭节约成风；团结互助、阶级友爱成风；争当“五好”、不甘落后成风；人人坚守岗位、埋头苦干、严肃认真成风。

第一，热爱毛主席、热爱党、热爱国家、热爱社会主义、热爱石油事业成风。广大工人经常说：我们要读毛主席的书，听毛主席的话，按毛主席的指示办事，做毛主席的好工人。六级起重工黄孝仁说：“我听到石油基本自给了，心里有说不出的高兴。今后，我们要搞得更多、更好，不但要够我们国家自己用，还要支援兄弟国家；不但要把自己献给石油工业，还要把自己的孩子也献给石油工

铁人诗话　我们要干的事情多得很，现在只是万里长征走出了第一步，要永远保持谦虚、谨慎的态度，虚心向群众学习。

业。”混凝土工人袁锡忠说：“这是一件大好事，这是对帝国主义和修正主义的有力回击。我们有毛主席的领导，有革命精神，天大的困难都克服了，换来了石油基本自给。今后，我们要搞更多的石油。”

第二，艰苦奋斗、不怕困难、奋不顾身、抢挑重担成风。每年冬天，大庆要派一个汽车队到深山里去搞些木材，这个任务是很艰巨的。因为只能利用冬天大雪封山的时候去搞，每年分配这个任务时，大家总是抢。例如，上一年是运输二大队二中队进山的，今年要二中队休整，让三中队去。二中队不答应，说他们去年完成了任务，为啥今年不让他们去，非要去不行。三中队听到了就说：“领导已经批准了我们三中队去，你二中队为啥抢我们的任务？”两个队就争先恐后地抢了起来。三中队全队 107 名工人都写了决心书，三番五次请战，非要把任务抢到手不行。奋不顾身、舍己为公的例子也很多。例如，1962 年 10 月打的一口井，发生了井喷，油、气喷到几十米高，40 来米高的井架已经倾斜，眼看就要倒下来了。在这最危险的时刻，井架安装工人姜发金、彭志德、李顺田、赵福兴、陈伯生 5 名同志，抱着牺牲的决心，硬是冒着冲天的油、气，爬上井架，把钢丝绳拴在井架上，用拖拉机把井架拉直，抢救了钻机和油井。又如，1960 年冬天，一座 5000 吨混凝土油池里面着了火，如果爆炸，那就是个不得了的大炸弹。油库维修队长奚华亭同志一下子蹿到油池顶上，把皮大衣脱下来，堵在通气孔上，自己坐在上面，把火扑灭了。

第三，珍惜国家财产、勤俭节约成风。1963 年，大庆油田贯彻中央关于增产节约和“五反”运动的指示，开展了反浪费、找差距活动，进一步激发了职工的主人翁责任感，爱护国家财产、勤俭办企业的好人好事越来越多。大庆有一个家属缝补厂，有 200 多人，厂房是个牛棚，也没有什么设备，可是干了大量的工作，缝补了 3 万多套棉工服，既节省了国家的资金，又及时解决了问题。泥瓦工人牛广俊在一天夜里被大雨惊醒，想起有一袋水泥放在工地上没有保护好，硬是半夜里冒雨跑了 2 公里，把水泥抱回来。钻井工人葛明京一天下班回来，在路上看到一个油井闸门漏水。他觉得冬天漏水，很可能闸门全被冻坏。怎么办呢？他就把自己的棉衣脱下来，包在闸门上，自己只穿一件单衣，跑了很远才到队部，报告了情况，带上修理工人到井上，直到把闸门修好，才拿回他的棉衣。

第四，团结互助、阶级友爱成风。简单来说，就是干部爱护工人、工人尊重干部，形成了一个亲密无间的革命大家庭。采油三矿四队队长辛玉和在队上补充了新工人、房子不够住、床铺也不够用时，跟指导员一起，把床铺让出来给工人，自己睡地铺。就这样住了一个多月，把工人感动得不得了。钻井指挥部党委副书记王英炯在1963年的雨季，带着几十个机关干部，帮助家属修补了80多间房子。家属感动地说："在旧社会，从来是工人伺候当官的，现在是干部帮我们修房子，心里实在过意不去。"家属有这种心情，工人的干劲也就越来越大。工人之间，也是相互帮助、团结友爱的。女电焊工张桂荣在生产上是能手，在生活上一直关心别人。3年多来，她利用休息时间，给本队职工拆洗缝补了780多件衣服，大家亲切地叫她"张大姐"。

第五，争当"五好"、不甘落后成风。人人想上进，人人都要好，打井要"五好"，采油要"五好"，基建要"五好"，连养猪、看牛的都要搞个"五好"。有一次，余秋里到一个农场去看，职工说："部长，你看我们牛养得好不好？"余秋里一看，牛养得壮壮的。职工说他的牛也争"五好"。余秋里问他养牛的"五好"标准是什么？这个职工一下子讲了很多条。广大职工不论搞什么东西，都是不甘落后、力求上进，这股气概就了不得。尽管有时上面做的计划不周、有很多想不到的东西，可以一搞"五好"，你提两三条，他就给你想十几条，总是好上加好。没有觉悟，没有不甘落后、力争上游的精神，这是办不

延伸阅读

"五好"运动："五好"，即政治思想好、生产完成好、集体作风好、技术训练好、生活管理好。大庆油田在1961年开展了"五好"单位和"五好"红旗手运动，1962年又进一步提出将"加强基层工作，开展'五好'红旗队运动，大力改进作风，全面管好生产"作为全年工作的方针。1960年评出了红旗单位150个，1961年评出"五好"单位219个，1962年评出"五好"单位212个。通过开展"五好"运动，基层队各方面工作的质量都有了普遍提高，基层工作更加稳固。

铁人诗话

毛主席让我们做人民大众的"孺子牛"。我小时候放过牛，知道牛的脾气，牛出力最大，享受最少，我要老老实实为党和人民当一辈子"老黄牛"。

到的。

第六，人人坚守岗位、埋头苦干、严肃认真成风。自从建立岗位责任制以来，从干部到工人，大家都有了一个习惯，就是人人坚守自己的岗位，埋头苦干，做事不马虎、不凑合，严肃认真。例如，李天照井组管的3口油井，安全生产1100多天，没有发生过一次大小事故；在3口油井上记录的21334个数据，经过47次反复检查，没有一个差错；3口油井上862个焊口、170个闸门，没有一处漏油、漏气；1851套螺丝，全部完整无缺；83件工具、仪表，件件完好，从未损坏过一支玻璃管、一支温度计。经过16次大检查，他们管的井一直保持着“五好油井”称号。他们执行岗位责任制，经过小队、矿场等3000多次明察暗访和16次大检查，真正做到了“四个一样”，会战工委觉得这种精神很了不起，就在全战区普遍推广，提倡养成这种风气。有一天，这个井组的采油工人胡玉双正在清蜡，暴风雨来了，他本来可以到值班房内躲避一下，但是，他硬是守在岗位上，在倾盆大雨下，一连干两个钟头，直到把蜡清完了才下来。又如，9排39井瓦斯管道被堵，修好后，火没有点好，从炉膛里喷了出来。旁边有两个工人正在清蜡，一个女采油工叫邢学兰，另一个男采油工叫刘培标。一团火扑到他们身上，衣服烧了起来。这两个工人不是先扑自己身上的火，而是先把刮蜡片从井里起出来，硬是坚持了1分钟的样子，才跑出去把身上的火扑灭。3249钻井队方永华班，从井下取岩芯时，6米岩芯有一米半没有取出来，岩芯收获率没有达到要求。班长一看任务没有完成，就落了泪。工人们说：“没有完成任务，就不离开岗位，非把岩芯全部拿上来不可。”他们第二次、第三次下钻，一口气干了26个小时。队长劝他们休息，他们也不休息，指导员送馒头、送饺子来，请他们吃，他们也不吃，说“岩芯取不上来，吃什么也不香”，一直坚持到把6米岩芯全部取出来。广大职工都不怕困难，以艰苦为荣，以贪图安逸为耻，说干就干，干就干好，干就干到底，事情做不好，就吃不下饭、睡不着觉，埋头做“笨”事、做“傻”事，始终保持着强烈的主人翁责任感和使命感。

2. 革命加拼命的冲天干劲

萨尔图是蒙古语，意为“月亮升起的地方”，有着梦幻般的诗意，但是这里的气候条件十分恶劣，要找到遮风避雨的住所，对于很多人来说，也不是容易的事情。康世恩回忆说：“当时，找到一个被遗弃的牛棚是一等旅馆；有一顶帐篷是二等旅馆；能找到一个地窝子是三等旅馆；要是能找到一间民房，那还得了哇！就是特殊化喽！”大庆石油会战开始后，45 台钻井分布在近 5000 平方千米的草原上，几万名职工遇到了雨季、严寒和粮食定量不够等困难。在这种情况下，稍有犹豫就可能坚持不住。余秋里代表党组表决心说：“我们的困难确实很多，这没有，那没有，这不够，那不够，有人讲这样子也叫会战？我说，这样子就叫会战！越困难越要干！只许上，不许下。不然，我们怎么叫革命队伍。”领导的决心激励着职工，不管困难多大，都能咬着牙顶住。正是靠着这股为国争光、为民族争气的士气，会战大军不仅在这无依无靠的大荒原上站稳了脚跟，而且仅用一年零三个月就探明了长垣的储量，又用两年的时间全面拿下了大庆油田。

1960 年，松嫩平原上的雨季来得特别早。大地刚刚开始解冻，雨季就来了。4 月 26 日的第一场春雨把刚化开表层的大地弄得泥泞不堪。随后连续几天，雨总是下个不停，会战队伍住的帐篷、木板房、马厩、牛棚、地窨子和其他简易住所，一天到晚屋外下大雨、屋里下小雨，屋外不下，屋里还滴滴答答的。职工住的板铺下积满了水，床下的脸盆像小船一样飘来飘去，青蛙在里面蹦进蹦出，余秋里、康世恩住的牛棚有一夜挪了 7 次床位避雨。职工的床、被子被漏湿了，拧也拧不干，睡不能睡，坐不能坐，浑身雨水、汗水。

雨季给生产带来很大的困难。这里没有河流穿过，积水难排。以往没有人烟，一直是嫩江、松花江的天然泄洪区，到处是积水洼塘，大的形成几十平方千米的水泡子。工地和井场上，一般都积水盈尺，深的齐膝、齐腰。这样，许多工地和井场都被泡在水塘中，钻井工人和作业工人都是站在没膝盖深的水中施工，还要保证安全和质量。由于勘探范围很大，纵横百里队伍遍布，原有的几条土路经过车碾人踩、大雨冲刷，成了烂泥塘，车辆寸步难行。一开始，汽车出去用拖拉机保驾，后来拖拉机也不时陷进深深的泥潭中，难以自拔。由于遭遇洪水，通

铁人诗话　石油工人斗志高，迎着困难往前跑。多快好省建油田，甩掉石油落后帽。

信中断，运输不能及时保证，很多井队因断材料、断粮而停工。

康世恩以会战总指挥的名义，向广大职工下达了决战雨季的命令：不管雨多么大，哪怕天上下刀子，会战也不能停。康世恩还责成会战领导小组成员张文彬解决运输问题。经过反复试验，终于搞成了“汽车防滑铁鞋”。载重汽车装上这种铁鞋，雨天可以深入荒原深处，不怕泥泞。尽管1960年5月松辽盆地的降雨量是有记录以来最大的一个月，降了107毫米（有记载的历史上，5月下雨最多的是1919年，下了83.2毫米），但是会战大军战胜了雨季，把会战坚定不移地打了上去。

在和暴风雨、洪水、泥泞搏斗的时候，有一块沉重的石头压在余秋里和康世恩的心头——未雨绸缪，他们开始考虑如何战胜比暴风雨、洪水更肆虐无情的严冬。这里地处北纬46度，夏短冬长，无霜期只有142天左右。进入10月份，受北极大陆气团控制，又处于蒙古高压区，气温开始骤降，至次年4月底为冰冻期，冻土厚达2米，最冷时可达零下40摄氏度。此时5万多会战职工都住在极其简陋的帐篷、木板房、牛棚马厩里，在严寒袭来的时刻，如果没有可靠的防御手段，人们是无论如何不能生活和工作的。几千台设备在草原上不停地运转，没有暖库是要冻坏的。这时，有人主张在入冬前，把队伍撤到哈尔滨、长春、沈阳等地，等来年春天再来。如果这样做，会战的有效时间只有6个月左右，就会变成拉锯战、消耗战。会战领导研究决定：这次会战只许上，不许下！只许前进，不许后退！会战职工喊出了“任凭零下四十度，石油工人无冬天”。

▲ 工人们冒着零下40多摄氏度的严寒，战斗在滴水成冰的钻台上

说会战是在困难的条件下开展的，是因为那时的各方面条件真的非常艰苦，连最基本的吃饭问题都已经无法

▲ 会战职工五两粮食保三餐

解决。刚开始会战的时候，职工吃的粮食基本上能按工种定量供应。随着会战的逐步推进，工作量越来越大，粮食供应却越来越少，最严重的时候是“五两保三餐”，就是一天只吃五两粮食。一天五两粮食，就是身体再好，又能支撑多长时间呢！要知道他们每天干的都是重体力活儿！他们抬的都是几百斤重的铁家伙啊！当时有的职工饿得难受，就跑到冰天雪地里捡秋收后的白菜帮子、甜菜叶子、冻土豆来吃。有的职工实在饿得不行了，就喝点盐水，喝口酱油汤。

由于长期缺乏营养，到1961年初，已有4000多人得了浮肿病，占会战职工人数的1/10。一天，余秋里去医院，看到病房里躺满了得浮肿病的职工，他握着一名职工的手，发现是软的，轻轻按了一下，塌下的地方半天都弹不起来。看到这些，余秋里半天都没有说话，心里重重地压上了一块石头。多么好的会战将士！他们不为名、不为利，不怕苦、不怕累，一心想把贫油落后的帽子早早地甩掉！多么好的会战队伍！就是在这样没有吃、没有住，青天一顶、荒原一片

铁人诗话

一个人没有血液，心脏就停止跳动。工业没有石油，天上飞的，地上跑的，海上行的，都要瘫痪。没有石油，国家有压力，我们要自觉地替国家承担这个压力，这是我们工人阶级的责任。

的极端条件下，没有停下脚步，硬是把会战打了上去！到1963年底，大庆油田已建成146平方千米、原油年生产能力600万吨的原油生产基地，累计生产原油1100多万吨，我国石油因此实现基本自给，一举甩掉了贫油落后的帽子。

3. 苦干加巧干的钻研劲头

在生产施工上巧干，就是利用技术革新提高效率。钻机整体搬迁，实现钻机自走就是一个生动的事例。这在会战的艰苦年代，是一个多么振奋人心的创造啊！那个时候缺少车辆，没有拖拉设备，钻机搬家靠的就是工人的体力。有了这一创造，就如同给钻机装上了两条腿，钻井工人们心里乐开了花。这个发明的带头人是时任1247钻井队队长段兴枝。他凭着对钻井事业的挚爱和长期积累的经验，提出并苦心研制这项发明。然而，要让一个高四五十米、重60多吨的庞然大物整体行走，又谈何容易。段兴枝把他的想法和指导员商量后，他们组织起由技术干部、工人、领导参加的"三结合"攻关小组，开动脑筋，人人献计献策，经过反复讨论，提出了利用绷绳坑、开动柴油机来牵引钻机前进的方案。方案确定后，段兴枝带着大家投入了紧张的试验。但是，第一次试验失败了。面对失败，他们没有泄气，而是认真分析失败的原因。经过紧锣密鼓的周密准备，第二次试验工作很快就绪。段兴枝和指导员亲自组织指挥，和大家一起干。试验开始后，段兴枝手拿小旗，口含哨子，一声声地指挥，一声声地调度，渐渐地，奇迹出现了：钻机在一片荒地上缓缓地移动了，实现了"钻机自走"。顿时，井场上沸腾了。兴奋之余，段兴枝又在想钻机移动了，这只是一个好开端，怎样才能让钻机走得更快呢？针对这个想法，他又组织召开"诸葛亮"会，展开讨论。大家认为钻机起步时指重表针才指到23格，这说明钻机负荷还不大，如果再适当加大钻机负荷，外加一个大滑轮，就可以减少绷绳返回距离，移动的速度也就随之加快了。当又一次用新办法移动钻机时，从老井位到新井位的2000米距离，他们用了3天时间就到达了，这使得他们成为油田第一个实现钻机整体快速搬迁的井队。这种搬迁与以前搬迁相比，不仅节约了大量的人力、物力，减轻了劳动强度，还为会战赢得了大量时间。

在生产组织上巧干，就是要有严密的组织、坚强的指挥、灵活的调度，能有秩序地打歼灭战。巧干的集中表现是作出合理、正确的施工部署。会战3年多来，每年、每季、每月的安排，都是充分发动群众、自上而下、自下而上、反复多次地进行周密调查研究和充分讨论，根据生产需要、设计条件、器材准备情况、具体施工地点、工程对象以及不同季节特点来进行的。在具体方法上，首先考虑了这里的严寒气候、雨季施工期长的实际情况，采用了躲雨季、抢冻前，狠抓夏秋大好施工季节，组织有限人力、物力猛攻硬上，每年在短短6个月的时间里，往往完成全年任务的70%~80%。其中，又抢先完成地下工程、基础工程，保证地面工程有较长的时间施工。对于低洼地区和重要工程，如果雨季不能作业，宁愿放下，等至上冻、地下水位降低，采用特殊施工办法进行突击。很快，战区的施工队伍都习惯了这个气候特点，他们在夏天抢早、晚，中午休息；在冬季抢中午，早、晚作好施工准备，保证一天任务在很短的几个小时内，一鼓作气，全部完成。

在生产调度上巧干，就是根据工程的大小、集中与分散程度，分别采用“大兵团”与“小分队”的作战方法。对于需集中施工的较大工程，即设立独立工地，组织大队人马上阵，编写施工组织设计、施工作业大表，充分作好施工平面布置，按工序组织平行流水和立体交叉作业，进行有节奏的施工。综合机修厂、汽车修理厂以及各个大中型泵站等较大工程，都按这个办法，大打歼灭战，使施工现场紧紧张张、扎扎实实、有条不紊，达到了速战速决的目的。对于分散的井口施工和零星收尾工程，即采取“小分队”的办法，包干到底，逐个歼灭。为了搞好这个工作，按施工项目实行“五定五保”，即定任务、定人员、定材料消耗、定质量、定负责人；保任务完成、保质量、保完成定额、保安全、保不超过材料消耗定额。这样使得基层任务明确、要求具体，充分调动了职工的积极性，提高工效，避免窝工、停工现象，并且上得快、打得稳，保证工程质量、施工均衡。

在提高生产效能上巧干，就是大搞工厂预制化、现场装配化和施工机械化。把大量的手工操作变为专业性机械化生产；使很多分散施工变为集中施工；改野

会战诗抄

原油香喷喷，衣脏心不脏。为了夺石油，刀山也敢上。

外施工为工厂施工。这样既便于管理，又能有效地提高工效，保证质量，节约人力和原材料。为了全面完成施工任务，还狠抓了日计划。把计划落实到每个人的身上，以每人、每天完成的任务来保证单位日计划的完成，又通过调度会来做到早查措施、午查行动、晚查效果，天天如此、月月如此、年年如此，坚持不懈，就可确保全面完成国家计划。

第二节 铁人精神的形成

1923 年 10 月，王进喜出生于甘肃省玉门县赤金村。他 6 岁开始给地主放牛，也曾拉着双目失明的父亲去要饭；1938 年，15 岁的他到玉门油矿当童工；1949 年玉门解放后，到钻井队工作，当钻井工、司钻；1956 年 4 月加入中国共产党，担任钻井队长；1960 年参加大庆石油会战，为大庆油田开发建设作出了重要贡献，在大庆石油会战初期被誉为“铁人”，是“五面红旗”之一。他先后当过钻井工、司钻、钻井队长、钻井指挥部钻井二大队大队长、钻井指挥部副指挥、大庆革委会副主任，曾当选为第三届全国人大代表、中共“九大”代表、中共中央委员。1970 年 11 月 15 日因病逝世，

▲ 铁人王进喜

终年 47 岁。

康世恩后来谈道："为什么在极其困难的条件下产生'铁人精神'？这是把我们党的优良传统和解放军的建军经验用到石油工业建设中，在特定的时间、地点、环境和国内外严峻形势下，在大会战的实践中形成和发展的，它是我们这代人所能创造的最宝贵的精神财富。"康世恩的这段论述说明了"铁人精神"形成的三个原因：第一个是中国共产党的优良传统和解放军的建军经验是"铁人精神"的源泉，是"铁人精神"形成的根和魂；第二个是在当时严峻的国内外形势下发展石油工业、改变中国石油落后面貌，需要独立自主、自力更生的艰苦奋斗精神，需要王进喜这样的典型；第三个是大庆石油会战是甩掉中国贫油落后帽子的关键一仗，只能上、不能下，只能进、不能退，挑战人类生存的极限，打好石油大会战。用余秋里、康世恩的话说："大庆石油会战，就是决定中国石油命运的一战，是背水一战！""铁人精神"是在这种环境下形成的，这是我们学习和理解"铁人精神"的一把钥匙。

一、铁人两次人生奋斗的转折与升华

王进喜为为中国石油工业奋斗了 20 年。在这 20 年中，王进喜有两次人生奋斗的转折和升华。第一次是 1958 年在玉门油田大战白杨河。当时，石油工业部要求由钻井行业的标杆队参加，王进喜领导的贝乌 5 队是一般先进队，没有资格参加。当时，王进喜主动找玉门油田的领导，坚决要求参加白杨河会战，而且提出了"月上千，年上万，祁连山上立标杆"的口号，实现了月钻井进尺 5009 米的最高纪录。贝乌 5 队被授予"钢铁钻井队"，王进喜被授予"钻井闯将"的称号，1959 年 9 月王进喜被推选为全国劳动模范，出席了全国工交群英会。第二次是在 1959 年 11 月 8 日，王进喜参加全国工交群英会时，听说在东北发现了大油田，便主动去找康世恩要求去东北参加石油大会战。回到玉门油田后，他又去

会战诗抄　学习铁人老队长，天南海北摆战场。鞠躬尽瘁为人民，誓让红旗天下扬！

找玉门石油管理局局长焦力人，要求去东北参加大会战，他的申请得到了批准。1960 年 3 月 25 日，王进喜带领钻井队来到萨尔图，4 月 2 日，钻机运到了，王进喜提出“有也上，无也上”，用了 4 天时间，“人拉肩扛”卸钻机，用了 5 天零 4 个小时打完了“铁人第一口井”。王进喜同志一生的两次转折、两次升华，是他一生中的光辉亮点，也是铁人精神形成的关键所在。关于铁人精神内涵的表述，也在不断丰富、完善、发展。

二、铁人精神内涵表述形成的四个阶段

1. 初步提出时期

在 1960 年 4 月 9 日至 4 月 11 日召开的油田开发技术座谈会上，余秋里提出学习铁人“不怕苦、不怕死，敢于战胜一切困难的英雄气概”；1960 年 4 月 29 日，在誓师大会上，铁人喊出：“宁肯少活二十年，拼命也要拿下大油田”的誓言；1960 年 7 月，石油工业部机关党委关于开展学习“王、马、段、薛、朱”运动的决定，提出“思想领先、勤学苦练、赤胆忠心、不怕困难”等精神。

1965 年 7 月，在石油工业部政工会上，王进喜应邀作了报告。他在发言中首次提出“要让我们国家省省有油田、管线连成网，全国每人、每年平均半吨油”的奋斗目标。1966 年，王进喜访问阿尔巴尼亚。当时阿尔巴尼亚的领导人问王进喜：“听说你叫‘铁人’，你是铁做的吗？”铁人答道：“我们中国工人都是铁做的！”

2. 基本概括时期

1966 年 1 月 3 日，《工人日报》以《工人阶级的光辉形象——王铁人》为题，第一次报道了铁人王进喜事迹，并对他的事迹进行了概括：为中国人民争气；天大困难都要上；争的是党的大旗；没有革命干劲就没有马列主义；工人身上有多少泥、铁人身上有多少泥；读毛主席的书，听毛主席的话等。报道中还提出了“铁人”精神的概念：不为钱、不为名、不怕苦、不怕死，一心一意为革命。

1966年2月16日，王进喜在全国工业交通工作会议上做报告，提出“要靠毛主席思想赶快拿下这个新油田”“对党负责，对国家负责，对子孙万代负责，对全世界劳动人民负责”“怕不怕艰苦奋斗，是革命不革命的问题”“困难是欺软怕硬，你的思想是硬的，它就变成豆腐，你要软，它就硬”“按毛主席的《实践论》去干，根据我们的条件，走我们自己的道路”“要与天斗、与地斗，还要与人的错误思想斗”“任何艰巨任务不可怕，任何艰苦环境也不可怕，忽视政治领导最可怕。政治是灵魂，绝对忽视不得”“思想斗争一点也不能放过，要斗争一辈子，斗到底”“成绩要记在党的账上，记在毛主席的账上，记在全国人民的账上，我只能有个小本子记差距”等思想观点。

1966年国庆节期间，铁人应邀到北京人民艺术剧院作报告，演员李光复在后台见到铁人，请他签名，铁人就在一本毛主席语录上写下了内涵丰富、充满哲理的“五讲”：讲进步不要忘了党，讲本领不要忘了群众，讲成绩不要忘了大多数，讲缺点不要忘了自己，讲现在不要割断历史。“五讲”体现了铁人精神的内涵。

1970年铁人逝世之后，《战报》明确提出铁人精神，概括为：敢于斗争、敢于胜利的精神；一不怕苦、二不怕死的精神；完全彻底为人民的精神；无产阶级的彻底革命精神。

1977年工业学大庆会议召开前夕，《人民日报》重新刊发了铁人王进喜1966年在全国工业交通工作会议和全国工业交通政治工作扩大会议上作的报告——《读毛主席的书，听毛主席的话，为无产阶级事业奋斗一辈子》，再次宣传铁人王进喜。工业学大庆会议期间，宋振明在作报告时指出：要像铁人那样，怀着“翻山越岭去见毛主席”的深厚无产阶级感情，刻苦学习马列著作和毛主席著作，心里想的、嘴上说的、手上干的，和毛主席教导的一个样，做学习的模范；像铁人那样，坚持不懈地同天斗、同地斗，做捍卫毛主席革命路线的英雄；像铁人那样，宁肯少活二十年，拼命也要拿下大油田，为革命有条件要上，没有条件创造

会战诗抄

百斤大锤握在手，浑身是胆精神抖。油田建设当好汉，牵着油龙鼻子走。

条件也要上，做一不怕苦、二不怕死的硬骨头；像铁人那样，干着社会主义，想着共产主义，做胸怀远大目标的先锋战士；像铁人那样，甘愿为党、为人民当一辈子老黄牛，干工作经得起子孙万代检查，做毛主席提倡的那种老实人；像铁人那样，对技术精益求精，努力做到又红又专，敢攀世界科学技术高峰；像铁人那样，不计名利，不计报酬，埋头苦干，为国分忧，有俯首甘为孺子牛的高贵品德；像铁人那样，当了干部还是个钻工，不能特殊，不能高人一头。

3. 基本确定时期

中发〔1981〕47号文件中指出，大庆石油职工之所以能够创造出那样的英雄业绩、为国家作出那样大的贡献，最重要的原因就在于他们继承和发扬了我国工人阶级的革命传统和优良品质，在于他们有强烈的爱国主义精神和民族自豪感，有不怕困难、勇挑重担的革命英雄主义气概，有高度的国家主人翁责任感。他们的这种革命精神，充分体现了我国工人阶级的本色。

1990年2月江泽民视察大庆油田时指出，铁人艰苦奋斗、自力更生、奋发图强的精神，各行各业都应该学习。1990年4月出版的《大庆油田企业文化词典》中，对铁人精神内涵作了概括："为国分忧，为民族争气"的爱国主义精神；为"早日把中国石油落后的帽子甩到太平洋里去""宁肯少活二十年，拼命也要拿下大油田"的忘我拼搏精神；为革命"有条件要上，没有条件创造条件也要上"的艰苦奋斗精神；"要为油田负责一辈子""干工作要经得起子孙万代检查"，对技术精益求精，为革命"练一身硬功夫、真本事"的科学求实精神；"甘愿为党和人民当一辈子老黄牛"，不计名利、不计报酬、埋头苦干的高尚情操；"当了干部，还是个钻工""绝不能高人一头"，时时处处严格要求自己，谦虚谨慎，戒骄戒躁，永做普通劳动者的可贵品格；热爱同志，关心同志，千方百计解决群众疾苦的深厚无产阶级感情；刻苦学习马列著作和毛泽东著作的高度自觉性。

余秋里树立了铁人王进喜这个典型，后来在他的回忆录中概括总结了"铁人精神"的内涵。他说："铁人王进喜是石油战线的光辉榜样，也是中国工人阶级的优秀代表。他为新中国石油工业奋斗了一生，作出了重要贡献。王铁人离开我们已经20多年了，我们深深地怀念他。他给我们留下的'铁人精神'是石油职工的宝贵财富。'铁人精神'概括地说，就是'为国分忧，为民争气'的爱国主义精神；'宁肯少活二十年，拼命也要拿下大油田'的忘我精神；'有条件要上，没有条件创造条件也要上'的艰苦奋斗精神；'干工作要为油田负责一辈子，经得起子孙万代检查'的认真负责精神；'不计名利，埋头苦干'的无私奉献精神；'当了干部还是钻工，永做普通劳动者，廉政奉公'的公仆精神；'同志间相互关心，互相帮助'的团结友爱精神等。"这七个精神是余秋里对"铁人精神"的概括和总结，既宏观又具体，既有高度又贴近实际，便于把握。

2003 年，在纪念铁人诞辰 80 周年大会上，铁人精神被概括为："为国分忧，为民族争气"的爱国主义精神；"宁肯少活二十年，拼命也要拿下大油田"的忘我拼搏精神；为革命"有条件要上，没有条件创造条件也要上"的艰苦创业精神；"要为油田负责一辈子""干工作要经得起子孙万代检查"的科学求实精神；"成绩完全属于党，我的小本上只能记差距""甘愿为党和人民当一辈子老黄牛"的无私奉献精神；淡泊名利，"当了干部还是个钻工"，永做普通劳动者的人民公仆精神；"学会一个字，就像搬掉一座山"，以顽强的毅力攻读马克思主义政治理论和科学文化知识的刻苦学习精神。

4. 相对固定时期

在铁人王进喜纪念馆新馆落成后对铁人精神的总结，纪念铁人王进喜诞辰 90 周年、95 周年的领导讲话和媒体报道对铁人精神的概述的基础上，铁人精神的内涵相对固定为现在的表述："为国分忧、为民族争气"的爱国主义精神；"宁肯少活二十年，拼命也要拿下大油田"的忘我拼搏精神；"有条件要上，没有条件创造条件也要上"的艰苦奋斗精神；"干工作要经得起子孙万代检查""为革命练一身硬功夫、真本事"的科学求实精神；"甘愿为党和人民当一辈子老黄牛"、埋头苦干的无私奉献精神。

王进喜在大庆油田开发建设历史上，乃至我国工业发展史上，都占有重要

会战诗抄

饮寒露，宿野营，要为石油战一生。风吹雨淋骨更硬，冰天雪地志更坚。

的地位。他留下的“铁人精神”永远是鼓舞我们前进的思想动力。1971 年 6 月 20 日《人民日报》在社论《工业学大庆》中说：“王进喜同志是毛主席表彰过的那种老实人，是发扬大庆油田‘三老’‘四严’等革命作风的榜样。”新中国成立 40 周年之际，王进喜与雷锋、焦裕禄、史来贺、钱学森一起，被誉为新中国成立以来在群众中享有崇高威望的共产党员优秀代表。新中国成立 60 周年之际，王进喜被评为百位“新中国成立以来感动中国人物”。新中国成立 70 周年之际，王进喜又被评为新中国“最美奋斗者”。如今，王铁人虽然离开了我们，但他业绩不朽、精神永存，他的光辉形象永远铭刻在人们的心中。

延伸阅读

“最美奋斗者”：中共中央办公厅、国务院办公厅在印发的《关于隆重庆祝中华人民共和国成立 70 周年广泛组织开展“我和我的祖国”群众性主题宣传教育活动的通知》中提出的表彰称号。为隆重庆祝中华人民共和国成立 70 周年，经党中央批准，中央宣传部等部门决定，在全国范围内广泛开展“最美奋斗者”学习宣传活动，热情讴歌中华人民共和国成立以来各地区、各行业、各领域涌现出来的先进人物，激励广大干部群众以“最美奋斗者”为榜样，自觉把自身的前途命运同国家和民族的前途命运紧密联系在一起，在实现个人理想价值的过程中，为实现中华民族伟大复兴的中国梦贡献力量。

结　语

习近平总书记说过：“艰苦奋斗是大庆精神、铁人精神最鲜明的特质，也是大庆的传家宝。大庆油田过去发展靠艰苦奋斗，今后发展仍然要靠艰苦奋斗。”在当时艰苦的条件下，如果稍有退缩就可能坚持不住。余秋里多年以后回忆说：“我们的困难确实很多，这没有、那没有，这不够、那不够。有人讲这样子也叫会战？我说，这样子就叫会战！越是困难越要干！只许上、不许下，不然我们怎么叫革命队伍？”会战队伍从领导到职工正是靠这股为国争光、为民族争气的士气，克服重重困难，把会战打了上去。

会战诗抄

在胜利面前，成绩不说跑不了，差距不找不得了。

思考题

1. 如果你是当年参加大庆石油会战的职工，面对各种极限困难你会怎么办？
2. 为什么说大庆是党的大庆、是共和国的大庆、是全国人民的大庆、是人民解放军的大庆？
3. 请谈一谈会战工委是如何领导石油会战的。
4. 大庆油田的思想政治工作有哪些方面借鉴了人民解放军的政治工作经验？
5. 为什么说铁人王进喜是中国工人阶级的先锋战士？

第四章

大庆精神、铁人精神的内涵

大庆油田的开发建设，铸就了以“爱国、创业、求实、奉献”为主要内涵的大庆精神和铁人精神，造就了一支敢打硬仗、勇创一流的优秀职工队伍，涌现了铁人王进喜、“新时期铁人”王启民等不少在全国很有影响的先进典型，形成了团结凝聚百万石油人的强大精神动力，集中展现了我国工人阶级的崇高品质和精神风貌。

——习近平

第一节
大庆精神的内涵

大庆精神是石油战线老一辈领导人和广大石油职工在困难的时候、困难的地方、困难的条件下，学习和运用毛泽东思想，继承和发扬中国共产党、中国工人阶级和中国人民解放军的优良传统，在开发建设大庆油田的实践中逐步培育和形成的，是战争年代革命精神的继承和发展，是中华民族精神的重要组成部分。其基本内涵是：为国争光、为民族争气的爱国主义精神，独立自主、自力更生的艰苦创业精神，讲究科学、“三老四严”的求实精神，胸怀全局、为国分忧的奉献精神。无论过去、现在，还是将来，大庆精神都是激励人们不断奋进的重要精神力量。

大庆精神在大庆石油会战中孕育产生。当时，国外敌对势力对我国实行经济封锁和军事威胁，国内连续三年遭受自然灾害，国民经济出现了严重困难，国家迫切需要石油。面对恶劣的自然环境和财力、物力的严重匮乏，以王进喜为代表的广大石油职工没有被吓倒，通过认真学习《实践论》和《矛盾论》，坚定了攻克一切困难的决心和信心，在极端艰苦的条件下，形成了“有条件要上，没有条件创造条件也要上”的大无畏精神。面对缺乏开发和管理大油田的经验，广大职工把高度的革命精神与严格的科学态度结合起来，形成了“当老实人、说老实话、办老实事”“严格的要求、严密的组织、严肃的态度、严明的纪律”的优良作风。当时开发大庆油田，国家资金有限，大庆石油职工在处理国家与个人、生产与生活的关系上提出“先国家后个人”“先生产后生活”，并以“宁肯少活二十年，拼命也要拿下大油田”的英雄气概，苦战三年拿下了大庆油田，一举摘掉了长期压在中国人民头上的贫油帽子。

大庆精神在生产实践中得到丰富发展。会战时期，大庆人学习运用毛泽东思想指导实践，创造形成了以艰苦奋斗“六个传家宝”和“三老四严”“四个一样”为代表的传统文化。改革开放时期，用邓小平理论指导油田勘探开发，形成了新时期铁人精神。进入新时期，以“三个代表”重要思想和科学发展观、习近平新时代中国特色社会主义思想为引领，进一步丰富了市场观念、竞争意识、诚信品质、和谐共赢等文化要素，使大庆精神始终具有先进性和时代性。广大干部职工在具体工作实践中将其体现到四个方面，即把“爱国”情怀体现到立足本职、胸怀全局，自觉维护国家石油战略安全上；把“创业”激情体现到解放思想、奋发有为，一心一意推进企业可持续发展上；把“求实”态度体现到严细认真、精益求精，在各项具体工作中争创一流业绩上；把“奉献”精神体现到时刻以国家和企业利益为重，自觉维护改革发展稳定大局上。

大庆精神得到了党和国家领导人的高度评价和充分肯定。1964 年，毛泽东同志发出了“工业学大庆”的号召，亲手树起了大庆红旗。1978 年，邓小平同志第三次视察大庆时，作出了“要把大庆油田建设成美丽的油田”的重要指示。1990 年，江泽民同志视察大庆时，把大庆精神进一步概括为“爱国、创业、求实、奉献”。1996 年，胡锦涛同志在接见大庆油田负责同志时指出：“大庆的历史功绩不仅在于为国家生产了大量的原油资源，还在于为国家造就了一支英雄的工人阶级队伍，培养输送了一批领导骨干和科技骨干；不仅在于创造了巨大的物质财富，而且在别人卡我们脖子、国家十分困难的时候，用石油支撑了共和国的经济大厦。还有很重要的一条，就是在大庆油田的开发建设中培育了大庆精神、铁人精神这一宝贵的精神财富。”他还殷切希望大庆油田要“ 珍惜大庆光荣史，再创大庆新辉煌”。

2009 年，习近平同志出席大庆油田发现 50 周年庆祝大会时指出：大庆油田铸就了以爱国、创业、求实、奉献为主要内涵的大庆精神、铁人精神，成为中华

会战诗抄　要学红军过雪山，石油工人不怕难。迎面刮风沙，暴雨响哗哗。北上闹会战，艰苦算个啥！

民族伟大精神的重要组成部分。2019年，习近平在致大庆油田发现60周年的贺信中指出：站在新的历史起点上，希望大庆油田全体干部职工不忘初心、牢记使命，大力弘扬大庆精神、铁人精神，不断改革创新，推动高质量发展，肩负起当好标杆旗帜、建设百年油田的重大责任，为实现“两个一百年”奋斗目标、实现中华民族伟大复兴的中国梦作出新的更大的贡献！

一、为国争光、为民族争气的爱国主义精神

所谓爱国主义精神，就是一种在历史发展进程中形成的忠诚和热爱自己祖国的思想和感情，集中表现为强烈的民族自尊心和坚定的民族自信心，进而为争取祖国的独立富强和保卫祖国而献身的精神。而且，这种爱国主义精神无不渗透到社会的各个方面，形成影响各民族和国家前途命运的重要因素。爱国主义，对于我国来说，既是中华民族的光荣传统和崇高美德，也是中国各族人民大团结的政治基础和道德基础。爱国主义，要有科学的理论基础、明确的奋斗目标，还必须有丰富的具体内容。

大庆精神的核心是爱国主义精神。具体地讲，就是唱响“我为祖国献石油”的主旋律，为国争光、为民族争气。大庆人对祖国的无限热爱，体现在方方面面、人人事事。王铁人“泪洒沙滩”的故事，是大庆人爱国主义情怀的感性流露；“这矛盾、那矛盾，国家缺石油是最主要的矛盾”“有条件要上，没有条件创造条件也要上”等誓言，是大庆人爱国主义情怀的理性抉择；“北风当电扇，大雪是炒面，天南海北来会战，誓夺头号大油田”“石油工人一声吼，地球也要抖三抖”等豪言壮语，是大庆人爱国主义情怀的诗性彰显。在茫茫人海中，爱国者并不鲜见。但是，像大庆人一样爱国爱得如此纯粹、如此执着、如此作为、如此境界，却不多见，实在难能可贵。

1959年大庆油田被发现时，我国并没有开发建设大油田的成功经验。然而，1960年7月，苏联政府不但在极短的时间内撤走全部援华专家，撕毁援建项目的合同，还带走相关技术资料与图纸，以至于一些外国人说：“大庆油田原油又黏又稠，只有搬到赤道才能开采”，并吹嘘，离开他们“中国人就不能开发这样

大的油田”。会战队伍不服输、不信邪，他们坚定地表示：我们有能力找到大油田，也一定能够开发好大油田。实践证明，会战队伍也确确实实做到了这一点。与国外同类油田相比，美国拿下东德克萨斯油田用了9年，苏联拿下罗马什金油田用了3年，而大庆油田从第一口井喷油到探明长垣面积只用了1年零3个月，到基本实现石油自给，才仅仅用了3年时间，超越了美国和苏联，真正为国争了光、为民族争了气。

会战过程中，面对重重困难，干部和工人们喊出了“三要十不”，体现了参加会战的广大干部职工的豪迈心声和一腔爱国情怀。马德仁，1202钻井队队长，1960年3月带队由玉门到大庆参加石油会战。在极端困难的情况下，他常常几天几夜不离井场，从每一口井搬家、开钻、完钻到再搬家，他寸步不离。井场离驻地很远，需送饭到井场吃。有时饭菜少了，他就紧紧腰带宁肯挨饿，也要让工人们先吃饱。为抢钻井进尺，他从未好好休息过，疲倦

延伸阅读

东德克萨斯油田：位于美国东德克萨斯盆地东部赛宾隆起侧翼，含油面积534平方千米。油田发现于1930年9月，预计原始地质储量10.26亿吨，预计最终可采储量8.39亿吨，目前处于开发后期。

罗马什金油田：俄罗斯仅次于萨莫特洛尔油田的第二大油田，发现于1948年，1952年投入工业性开发，是一个典型的陆台型多油层油田。油田地层倾角小于1°，含油面积4300平方千米，其中油水过渡带的面积占70%。地质储量45亿吨，可采储量24亿吨。

▲“五面红旗”之一的钻井队长马德仁（前）带领1202钻井队创造了“清水开钻”的新方法，提高了钻井速度

得不行了，就把头伏在膝盖上闭闭眼。在他的带领下，全队创造了月钻井“五开四完”（即一个月开钻5口井，完井4口）、“六开五完”等新纪录，用八个半月的时间打井22口，钻井进尺上两万米。1961年，他带领全队职工用九个半月的时间打井28口，钻井进尺31700米，超过了苏联格林尼亚功勋钻井队的水平，刷新了世界钻井进尺纪录，实现了全年安全生产无事故，口口井质量合格，全年机械利用率达到99%，创造了全国中型钻机月完钻井数、月进尺、日进尺、班进尺、钻头使用、低成本等21项全国最高纪录。1963年，他发动职工认真总结经验，不断树立新的奋斗目标，继续扩大战果，向新的高峰奋力攀登，又打出了“三一”优质试验井，创造了钻机月钻井进尺4615米、队日进尺1080.26米的全国最高纪录。他领导的1202钻井队先后被授予“卫星钻井队”“钢铁钻井队”“永不卷刃的尖刀”等称号。

1960年春，段兴枝带领1206钻井队从四川来到大庆，与1202钻井队同住一个牛棚、同吃一锅饭。为早日开钻，在没有拉运设备的情况下，组织职工人拉肩扛安装钻机，竖起井架，与1202钻井队一起打出了第一口井。他善于把冲天的革命干劲和严谨的科学态度结合起来，当时被人们誉为“智勇双全的钻井队长”。他带领职工大搞技术革新，把大钻机小鼠洞接单根的工艺移植到BY—40钻机上，提高了工作效率。同时首创了冲鼠洞的新工艺，在

▲“五面红旗”之一的1206钻井队队长段兴枝（前）利用钻机自身的动力，实现“钻机自走”，大大提高了钻井速度

会战诗抄

成长玉门关，踏遍戈壁滩。汗融天山雪，征服峨眉山。红旗漫卷大草原，为油而战。

▲ 1960年，为保证首车原油外运，“五面红旗”之一的采油队队长薛国邦（前）跳进储油池子里，双手抱住高温蒸汽管，化开凝固的原油

全油田和全国石油系统推广。会战中，他研发的“钻机自走”方法缓解了油田拉运设备少的矛盾，曾在钻井队普遍推广。他率领的钻井队多次创出优异成绩，被会战指挥部授予“钢铁钻井队”的光荣称号。

薛国邦是大庆油田第一位采油队队长。在艰苦会战的岁月，他经常夜以继日地工作：白天领着工人上井生产，晚上坚持学习和研究工作；天不亮就起来帮助炊事员提水做饭；半夜里还要查铺盖被，给大家添柴烧火取暖，生怕冻坏了工人。在大庆油田刚出油的日子里，为了尽快把原油运出去，上级决定把第一列车原油输送的任务交给他所带领的采油队。他接受任务后，不分白天黑夜地在油井上干，饿了啃口干馒头，困了就打个盹。由于天冷，原油凝固、输油泵打油受阻，为了把原油按时运出，他毅然脱掉棉衣，双手抱住高温蒸汽管，第一个跳进油池，用蒸汽温原油。蒸汽管把他的手烫坏了，他也全然不顾，一直坚持到将油罐泵满为止。他工作勤勤恳恳、任劳任怨，从不计较个人得失和安危，曾多次冒着生命危险抢救有事故苗头的油井。有一次供油管线脱扣，他奋不顾身地用胸膛顶住喷着原油的管口，高压原油的强大压力打得他周身麻木，使他几乎失去知觉，但他以顽强的毅力坚持到底，终于保住了油井。

朱洪昌是油建系统的劳动模范，他所在的三大队负责承建17.2千米大口径、长距离输水管线。当时他担任副大队长职务，为保证任务尽快完成，他和工人一

会战诗抄

自己动手建住房，延安精神永不忘。别看土房小又矮，能装五洲四大洋。

▲ “五面红旗”之一的工程队队长朱洪昌用双手捂住管道裂缝、堵住泄露的水，忍着灼伤的疼痛，让焊工在自己手指边焊接，保证八一管线工程顺利完工

起连续攻克许多难关。一次，拖管机履带板被钢丝绳卡住变形，为不影响施工，工人们商量采用喷灯加热的办法使钢板变直。不料喷灯喷油过多，使得机车四周燃起大火。他不顾危险，甩掉衣服，冲上去奋力扑打，手和脸烧起串串水泡。火扑灭了，他却被送进了医院。刚刚脱离危险，他又偷偷跑回工地指挥生产。供水管线通水试压时，他带着伤到各处检查试压情况。当发现有一处焊缝冻裂漏水时，为不影响全线试压，他决定带压、带水补焊。他不顾身上旧伤未愈，跳进水中一边用手把漏缝的水抹干，一边让焊工补焊，飞溅的焊花刺穿了朱洪昌手上缠着的绷带，还未长好的嫩肉露了出来。焊工见此情景，马上停止补焊，可他却说：“全线停水补焊，焊好再试压，那得耽误多少时间！现在前线各部门急需用水，不能把工期误在我们这儿，今天我就要比一比，是钢铁硬，还是我们共产党员的骨头硬。”就这样，他忍着焊花的灼痛，坚持着把漏缝焊完。在施工期间，他老家来信告知他孩子病重住院，经抢救无效死去。他强忍悲痛，继续在工地指挥生产。后来别人问他：“孩子死了，你不想吗？”他说：“孩子死了是一家的事，输水管线建不成、打不出油来是国家的大事。”他的事迹一传出，整个战区的干部、工人备受鼓舞。人们称赞他是“钢铁施工队长”“永不褪色的红旗”。

正如余秋里所说，对一个国家来讲，就要有民气；对一个队伍来讲，就要有士气；对一个人来讲，就要有志气。这三股气结合起来，就会形成强大的力量，就没有战胜不了的困难。正是凭着这种气概，大庆人依靠自己的力量，成功开发建设了大庆油田这个世界级特大油田，挺起了中国石油工业的脊梁，让世界石油领域从此有了中国的一席之地。

二、独立自主、自力更生的艰苦创业精神

习近平总书记指出："艰苦奋斗是大庆精神、铁人精神最鲜明的特质，也是大庆的传家宝。大庆油田过去发展靠艰苦奋斗，今后发展仍然要靠艰苦奋斗。"大庆精神产生于轰轰烈烈的大庆石油会战期间，伴随着石油会战的节节胜利，大庆精神逐渐形成，其艰苦创业的本色亦鲜明彰显。大庆石油会战的艰苦创业，是在20世纪50年代末60年代初新中国成立不久，敌对势力兴风作浪、列强围堵封锁、苏联背信弃义、国家百业待举、全国急需石油的大背景下的艰苦创业；是在资金及物资严重紧缺、设备陈旧不齐、技术相对落后等重重困难情况下的艰苦创业；是在全国连续三年严重自然灾害情况下的艰苦创业；是在自然条件十分恶劣、衣食住行极端困难的条件下的艰苦创业。

在如此艰苦的大背景和大环境下，肩负着党和国家的最高期待、最高使命，数万石油会战大军远离家乡、意气风发地奔赴松辽地区。为了祖国急需的石油，为了早日拿下大油田，他们披肝沥胆、历尽艰辛，展开了艰苦卓绝的石油大会战。口粮不足——他们勒紧腰带搞会战，靠野菜充饥，数千人因营养不良罹患浮肿；工服紧缺——他们自己动手办缝补厂，"新三年，旧三年，缝缝补补又三年"；没有住房——他们"天当房，地当床"，自己动手抢建30万平方米"干打垒"；油田开发缺少经验和技术——他们从每一块标本中、每一个数据中、每一项资料中、每一种现象中，昼夜不停地细心探索、专心研究、大胆求证、精心设计、创新突破，攻克了一个又一个难关，破解了一个又一个难题，获得了一个又一个成功……多少人忘我奋斗，多少人带病工作，多少人饿着肚子攻关，多少人推迟婚期，多少人不能对亲人尽孝尽义。举世闻名的大庆油田——那是大庆人，特别是老会战人员，用无限的辛劳和汗水、用无限的忠诚和智慧、用无限的心血乃至宝贵的生命浇灌起来的社会主义祖国的参天大树！大庆人，特别是老会战人员，在石油大会战中所表现出的那种团结如一的精神、攻坚克难的精神、精益求精的精神、众志成城的精神、气吞山河的精神、奉献牺牲的精神，已经把中华民族的艰苦创业本色提升到了一个崭新的境界。

对于艰苦创业精神，周总理曾说：“毛主席从井冈山时期起就讲自力更生，1962 年我去大庆，那真称得起‘艰苦奋斗，自力更生’。”大庆石油会战的岁月是激情燃烧的岁月，5 万会战大军齐聚荒原，怀着甩掉中国石油落后帽子的雄心壮志，克服重重困难，挑战人类生存的极限，开展了石油大会战，逐步形成人拉肩扛精神、“干打垒”精神、“五把铁锹闹革命”精神、缝补厂精神、回收队精神、修旧利废精神。这些精神是大庆艰苦创业传统的重要内容，被大庆人称为艰苦创业的“六个传家宝”。

大庆油田艰苦创业的“六个传家宝”视频

人拉肩扛精神。人拉肩扛精神是指在生产和工作缺乏常规保证的条件下，充分发挥人的主观能动性，用非常规办法克服困难的艰苦创业精神。1960 年初春，王进喜带着 36 名钻井工人来到大庆，就盼着早日开钻。他每天都派人到火车站打听钻机什么时候到，安排人平井场，做好打井的准备工作。自己则到处访问看

▲ 1960 年初春，王进喜带着 36 名钻井工人来到大庆，在运输和吊装设备不足的情况下，靠人拉肩扛加滚杠的办法，把总共几万吨重的设备和物资从火车上卸下来，再拖到井场上安装，奋战 3 天 3 夜，把井架立在荒原上

守探井的工人，了解地层情况。后来钻机终于到了，但吊车、拖拉机不够用，60多吨重的钻机怎么从火车上卸下来？又怎么安装起来？职工们焦急万分。为了解决这个问题，队党支部开会进行研究。会上，王进喜说："我们30多人就是吊车，就是拖拉机，就是大卡车，绝对不能等！"说干就干，30多人用绳子拉、用木块垫、用撬杠撬，人拉肩扛把钻机、柴油机卸下火车，把变速箱、滚筒等设备一件一件拉上钻台。奋战了3天3夜，他们终于把井架立在了荒原上。在这个井位上，王进喜又带领全队职工破冰端水开钻，连续工作了5天4个小时，打出了铁人的第一口井。这种人拉肩扛的精神成为创业精神的典范，受到了余秋里的表扬。在1960年4月11日油田第一次"五级三结合"会议上，余秋里说："这就是王进喜，大会战中的第一个英雄，我们的王铁人。他来到这里一不问吃，二不问住，先问钻机到了没有？井位在哪里？这里的最高纪录是多少？钻机到了没有吊车、拖拉机，他就带领全队靠'人拉肩扛'把钻机抬了下来、立了起来。为了工作，他连续54个小时没离开井场，把自己买的摩托车用来拉配件，这是工人阶级的高度觉悟。房东老大娘管他叫'铁人'，这是一个非常光荣的称号。因此，会战指挥部号召参战的全体职工都要向铁人王进喜同志学习，学习他的高度觉悟和共产主义风格。"余秋里又说："铁人来自大会战，大会战需要铁人。有了这样一批人，困难再大，会战也能打下去，必然夺取胜利。我们要人人学习铁人王进喜，人人都来做铁人，高速度、高水平地拿下大油田，把贫油的帽子甩到太平洋里去，为大会战立功。"这次会议后，学铁人、做铁人活动在会战战场开展起来，人拉肩扛精神在会战中发扬起来，成为大庆石油会战的传家宝。

"干打垒"精神。"干打垒"精神是一切从实际出发，坚持党的群众路线，集中群众智慧，能动地认识困难、战胜困难的精神，是大庆石油会战中可歌可泣的典型范例。大庆石油会战打得猛、上得快，到了1960年六七月，会战工委和会战指挥部开始考虑5万多人、上万台设备和车辆怎样过冬的问题。会战工委和会战指挥部紧急召开会议，讨论会战队伍安全过冬的问题。余秋里当时从北京打来

会战诗抄

百面红旗迎风飘，一面更比一面高。红旗再高有人夺，越高我们越要超。

▲ 为了解决职工过冬问题，会战工委借鉴当地农村的经验，组织职工自己建造“干打垒”。经过 120 天的日夜奋战，全油田完成了 30 万平方米的“干打垒”，在荒原上第一次出现了一批新的村落

电话，表达了自己的意见。他说：“这次会战只许上，不许下；只许前进，不许后退！无论遇到多大的困难，也要硬着头皮顶住。这个决心决不动摇。”余秋里的意见代表了石油工业部党组的意志和决心，坚定了会战工委和会战指挥部领导成员想办法战胜困难的信心。

时任黑龙江省委第一书记欧阳钦向余秋里、康世恩建议：有一种办法，就是建造东北老乡搞的那种“干打垒”。在调查研究的基础上，经过多种方案的比较论证，会战指挥部决定采用“干打垒”方案，发挥具有高度社会主义觉悟的人的优势，发动广大职工建造“干打垒”房屋，渡过难关。于是，会战工委组织了“干打垒”指挥部，由孙敬文负责，会战领导机关果断地决定：不管冬天何等严寒，会战的队伍一定要像解放军在战场上一样坚守阵地，在大庆油田上一支队伍也不许撤走，钻井一刻也不能停，输油管一寸也不能冻，人一个也不能冻伤。油田基建指挥部迅速调查总结当地群众造“干打垒”的施工方法，油田设计院提出“干打垒”的标准设计，供应指挥部准备木房架、苇席、油毛毡及少量砌炕口的红砖。会战指挥部派出了建筑设计人员、施工技术人员到附近的农村、乡镇学习建造“干打垒”的技术和管理。各级领导干部分工负责，充分发动群众，抽出一切可能抽出的人员，开展了一场人人参与“干打垒”的群众运动，一场过冬突击战很快在整个油田展开。从1960年的6月初到11月底，大庆油田上建成了30万平方米的“干打垒”，实现了会战工委提出的“人进屋，机进房，车进库，菜进窖”的目标。后来，大庆职工和家属又利用国家提供的各种条件，大盖“干打垒”，建设工农村。职工的住宅、机关办公室、学校、卫生所、幼儿园等都是“干打垒”。当时，来过大庆和参加大庆石油会战的人都深有感触地说：“看到了‘干打垒’，就像看到了当年延安的窑洞；来到了大庆，就好像回到了革命战争时期的延安。”

“五把铁锹闹革命”精神。1961年是大庆石油会战最艰苦的时期。当时，由于营养不良，患浮肿病的有几千人，职工家属也开始一批一批地来到了会战的荒原，油田上的生活成为更加突出的矛盾。大庆会战工委决定把职工家属组织起

▲ 1962年，钻井指挥部的职工家属王秀敏、杨学春、丛桂荣、吕以莲，在家属薛桂芳的带领下，扛着铁锹、背上行李、抱着孩子，到远离驻地15千米外的地方去开荒种地

会战诗抄

艰苦奋斗、自力更生是我们的传家宝，一万年也不能变。

来，发扬南泥湾精神，像革命战争时期那样，自己动手，丰衣足食，支援大庆石油会战。“五把铁锹闹革命”精神是在这个时期产生的，它从另一个侧面反映了大庆油田的艰苦创业精神，是自力更生战胜艰难困苦的表现。话剧《初升的太阳》生动再现了当时大庆家属的情况。1962 年 4 月 16 日，钻井指挥部党委首先响应会战工委的号召，组织指挥部的家属薛桂芳、王秀敏、杨学春、丛桂荣、吕以莲扛着铁锹、背上行李、抱着孩子，到远离驻地 15 千米外的地方开荒种地。到达“八一新村”以后，她们自己动手建房子，在原来钻井队留下的活动板房中，找了一个破帐篷，搭起了一个简易住房。晚上，大人、小孩就睡到干草地上。她们靠自己的双手，3 天开了 5 亩地。

5 个家属在“八一新村”开荒种地的消息很快传到了会战指挥部那里，其他的家属听到后也受到了鼓舞和教育，决心像她们那样自己动手、开荒种地。为了提高劳动效率，她们又学习人拉犁，赶在春耕之前开出了 32 亩地，种上了黄豆，当年收获 1800 多千克。会战工委及时总结宣传了这个典型，带动了其他家属的积极性。接着第二批、第三批的家属们也都来了。石油工业部奖励她们一面锦旗——“发扬穷棒子精神，走自力更生路”，鼓励她们坚持发扬“五把铁锹闹革命”的精神，取得更大的成绩。到 1965 年底，95% 有劳动能力的家属参加了农副业生产和矿区建设。这一年，大庆家属生产了 1000 多万千克粮食、1500 多万千克蔬菜、12.5 万千克禽蛋肉食品。家属们还积极参加了矿区建设和后勤保障工作。到 1990 年，职工家属已开荒种地 30 万亩、产菜 15 亿多千克、产肉 5800 多万千克、产蛋 1690 多万千克、产鱼 420 万千克、产奶 3201 多万千克、产水果 660 多万千克。职工家属自己动手搞农副业生产，为国家减轻了负担，增加了职工家庭的收入，解决了职工、家属两地分居的问题，对稳定职工队伍起到了积极的作用。对待家属参加劳动的问题，要进行历史的分析。这在大庆石油会战时期是一个革命性的措施，是大庆石油会战艰苦创业的一个组成部分，大庆油田职工家属在艰苦创业时期作出了积极的贡献。

缝补厂精神。缝补厂精神是大庆石油会战时期大庆油田职工和家属发扬的勤俭建国、勤俭办企业精神、艰苦创业的生动写照。石油会战初期，国家财力、物力比较紧张，职工的劳保用品一时供应不上，再加上会战上得很猛，工人们

▲ 常年野外施工，工人们夜以继日地苦干，衣服和手套坏得快，换新的又有困难。会战工委抽了 3 名工人和 4 名家属，用两口大锅在两栋破牛棚里办起了一个缝补组，为会战职工清洗、缝补生产劳保用品，以艰苦奋斗为荣，以勤俭节约为本

夜以继日地苦干，衣服和手套都坏得快，换新的又有困难。当时会战工委领导看到钻井工人在零下 30 多摄氏度的严寒中光着手，扶刹把打钻，便决定抽 3 名工人和 4 名家属，在两栋破牛棚里组成一个缝补组。缝补组的同志轮流上前线，为职工缝补衣服，回收职工不能穿的油工作服，放到两口大锅里用碱水煮，洗干净后，缝制成手套，发给工人们用。随着生产的发展，1963 年，会战工委决定把缝补组扩建为缝补厂（20 世纪 60 年代中后期划归大庆物资供应指挥部），从外地调来 10 多名专业裁缝师傅，配备了 200 多名职工家属。

缝补厂的生产能力也不断加强，从原来的缝缝补补发展到翻新补旧，制作新工服、工帽、工鞋等 17 种劳保用品。为了方便高空作业的职工，还专门制作了皮大衣、皮背心、皮裤、皮护膝、猴式皮帽、垫肩等，使油田工人的劳保用品基本上达到了自给。缝补厂被石油工业部誉为“勤俭办厂模范”。1966 年 5 月 4 日，周恩来总理来缝补厂视察，肯定了这种“缝补精神”，对厂里的职工说：“你们做得好，要继续艰苦奋斗。”后来厂房扩大了，设备增加了，财富创造多了，但缝补厂仍然坚持勤俭办厂，努力为国家节约一寸布、一两棉花、一个纽扣。他们做的棉衣，面子是新的，里子用拆下来的旧布拼成，棉花

康世恩《大庆油田浸透了周恩来的心血》

会战诗抄

有条件要上，没有条件创造条件也要上。

也是新旧参半。一件棉袄里子，一般要用 40 多块碎布拼成。拆 100 套旧工服，最多时能拼出 90 套工服里子，实在不能拼用的布条，也攒起来送给工人用来擦机器。截至 1977 年底，缝补厂共拆旧翻新工服等各种劳保用品 40 万件，累计节约棉布 92 万多米、棉花 46 万多千克、纽扣 200 万多个，折合价值 350 多万元。缝补厂第一任党支部书记王凤允，动情地回忆起当年关于缝补厂的歌谣："一针针，一线线，细细地缝，密密地连；既暖和又方便，既节约又耐穿，为革命，为会战，献出了火热的心一片！"这就是人们所说的"缝补厂精神"。这一精神是大庆艰苦创业传统的重要内容，它所体现的勤俭节约精神，在新的历史时期仍需发扬光大。

回收队精神。从石油会战开始，广大职工就坚持艰苦奋斗、勤俭建国的方针，利用业余时间回收散失在油田各处的废旧物资。"文化大革命"初，废旧物资回收工作一度停止。1969 年，铁人王进喜提议并组织起油田第一个废旧物资回收队——钻井指挥部"铁人回收队"。王进喜带领回收队职工，到各个施工场地回收废旧器材，连一颗螺丝钉、一块废钢铁都不放过，足迹遍油田。有些人对此不理解，说"搞回收没出息，不光彩"。王进喜对大家说："艰苦奋斗的传统不能丢，把散失的材料捡回来，重新用来建设社会主义，意义大得很！"在"铁人回收队"的带动下，油田许多单位相继建立起回收队，开展废旧物资回收利用活动。自 1961 年到 1983 年，平均每年回收废旧物资 550 吨。仅"铁人回收队"，10

▲ 1969 年，铁人王进喜提议并组建起油田第一个废旧材料回收队。王进喜带领回收队职工，到各个施工场地回收废旧器材，不放过一颗螺丝钉、一块废钢铁

年就回收上缴钢铁 1.73 万吨、管材 19 万多米。用回收来的旧料装配大型钻机井架 5 部，自制和修复了大量的设备和零部件。仅水龙头组装机一项，就提高工效几十倍，一年可修复水龙带 300 根，价值达 150 万元。回收队不仅为国家节约了大量的物资，而且解决了生产建设中的急需。后来，回收修旧成为油田物资管理工作的一项重要任务。

▲ 1963 年，供应指挥部率先成立了修旧队，利用废旧材料修建简易厂棚，修复台钳、手钳、焊机等工具，承揽修复那些生产急需而供应又短缺的物料，满足生产建设的需要

修旧利废精神。石油会战初期，大庆人坚持勤俭办企业的原则，注意搞好废旧器材的修复工作。随着油田生产规模的日益扩大，器材和设备的消耗量逐年增加，每年都有很多废旧器材要报废处理。为了挖掘企业内部潜力，做到物尽其用，1963 年，供应指挥部率先成立了修旧队，利用废旧材料修建简易厂棚，修复台钳、手钳、焊机等工具，承揽修复那些生产急需而供应又短缺的物料，满足生产建设的需要。1970 年以后，各生产单位普遍建立了修旧利废车间、修旧小组等，大搞清仓查库、修旧利废，力求做到小材大用、短材长用、优材精用、缺材代用、一物多用，“吃干榨尽”。当时汽车修理厂的“修旧大院”就是由一个修复组逐步发展起来的。在这里，修旧队自制各种土设备 20 多台，建立了以焊、补、喷、镀、铆、镶、配、改、校、粘为主体的修复作业线，担负起各种汽车配件修复工作。仅 1970—1976 年，就修复汽车配件 94 种、23 万多件，节约价值 520 万元，其中修复包括汽缸体、水

铁人诗话

瓜无滚圆，人无十全。对干部一定要负责任，用人一定要实事求是。

箱、工字梁、方向盘、瓦片等 20 多种配件，实现了 10 年不领新料，满足了生产需要。

“六个传家宝”形成于大庆石油会战时期，时代发生了变化，但是精神的本质没有变，这就是自力更生、艰苦奋斗、勤俭建国、厉行节约。这“六个传家宝”是大庆精神、铁人精神生动的、具体的、形象的体现，无论过去、现在还是将来，永远是激励人民不忘初心、奋发进取的宝贵精神财富。

三、讲究科学、“三老四严”的求实精神

搞会战，抓生产，仅有干劲还不行。地下的油层几千米深，我们看不到。不讲科学，不做扎扎实实的工作，不高标准、严要求，就不会真正掌握地下的情况，也就无法高效、优质地开发大油田。大会战是几万人的战场，又有 150 多个工种协同工作，任何环节上的疏漏，都会影响到整个油田勘探开发。不解决这些问题，不树立起好的作风，就不能确保搞好会战。

石油会战一上手，会战工委就强调，拿下大油田在于狠，开发大油田在于细；讲狠劲要猛如老虎，讲细劲要细如绣花。1960 年 4 月中旬，油田召开第一次油田技术座谈会。会上，会战工委总结过去由于地质资料不足让油田受到损失的教训，认识到一定要尊重科学，重视实践，在研究认识油田时，必须立足于大量的、充分的第一手资料数据。

会上，通过发扬民主，集思广益，明确提出每口探井从打井到开发的整个过程中，一定要取全、取准 20 项资料、72 项数据，一个不能少，一点不准错，并达到“四全四准”（录井资料全、测井资料全、岩芯资料全、分析化验资料全，各种仪表校准、压力测准、油气量准、各种资料准）的具体要求。实践中还开辟了 30 平方千米生产试验区，会战领导提出“全党办地质、人人办地质”，广泛开展群众性的办“地宫”、游“地宫”活动，一定要把地下情况搞得清清楚楚。会战职工严格遵守这一规范和要求，取得了大量可靠的第一手资料。截至 1963 年底，共取岩芯 1.3 万米，测曲线 2 万多条，测压力 4 万多次；对这些原始资料做过 55 万个岩样分析，160 多万次分析化验，1700 多万次地层对比。通过反复分

▲ 助理技术员蔡升和实习生张孔法跟随从大庆到大连的油罐列车，往返5次，行程万里，反复测量一路上的气温、风速、原油温降变化，为合理设计油库供热系数提供了科学依据

析研究，就好像在地底下的油田里周游了一遍，把地下油层情况搞得比较清楚，给油田生产提供了可靠的科学依据。

“狠抓第一性资料”“一切经过试验”这种尊重规律、严细认真的作风，在会战队伍中蔚然成风，他们始终坚持高度的革命精神和严肃的科学态度，在实践中坚持工作上的高标准，涌现出许多感人肺腑、动人心弦的人物和故事。会战初期，大庆油田生产的原油是靠铁路用罐车（也叫油槽车）往外运送。由于大庆是高寒地区，大庆原油凝固点又高，要把原油运出去就得在油库给原油加温。如果加热温度不够，原油在中途就会凝固，冻结在罐里；如果加温太高又会造成很大的浪费。为了弄清大庆原油在长途运输中的合适油温以及沿途风速、气温的变化，给原油加温提供更科学的设计数据，大庆油田设计院助理技术员蔡升和实习生张孔法两人带着风速仪、十几个温度计和少量干粮，爬上简陋的油槽列车，在严寒风雪中连续奔波了3个多月，往返大庆与大连之间5次，行程1万多公里，随运油列车掌握一手资料。3个多月里，他们曾摸黑步行2个多小时测到了温度最低的深夜里装油的数据；他们住在没有座位、没有暖气的火车上，饿了啃口苞米饼子，渴了喝几口凉水，义无反顾地坚持工作；他们改装简陋的测温设备，“革新”出许多新设备，实现了多组数据同时测量；他们每隔一小时，一手握住车厢把手，一手紧握风速仪或温度计，探身于急驰的车厢外，在狂风暴雪中，在天寒地冻中，测

会战诗抄

石油工人斗志昂，又打井来又开荒。天大困难顶得住，南泥湾精神大发扬。

到了 2800 多个油温、风速等科学数据，终于掌握了运输中油温的变化规律，获得了科学设计的依据，为国家节约了大量的资金和钢材。

多年以后，“万里测温”这个故事的主人公蔡升曾经这样讲道：“科学有险阻，苦战能过关，这是我们在测温中得到的切身体会。为了建设发展大庆，还有许多和我们一样的科技人员，在大庆油田这片土地上，洒下了辛勤的汗水，留下了奔波的足迹。每当我回忆起那艰苦创业的峥嵘岁月，总是觉得无比自豪。可以这样说，从艰苦创业到甩掉石油落后帽子，从建设美丽的大油田到设计建成现代化石油企业，当年投入石油会战熔炉中的石油工人和科技人员，都立下了汗马功劳。他们无愧于欣欣向荣的石油工业，无愧于我们这个伟大的时代。”

“万点调查”，又称“测 K 值”。地处高寒地区的大庆油田，生产出的原油凝固点高，气温一低就流不动，甚至凝固。为了把原油从油井输送到泵站、油库，需要制订出“大庆特色”的集输流程，而要拿出这样的流程，必须确定一个关键技术数据——土壤传热系数（人们称它 K 值）。按国外权威经验数据推荐，K 值可选 8~10，可 8~10 的微小变化，却隐含着巨大的经济效益和技术风险。选大了，要消耗大量钢材，花费大量资金；选小了，又可能导致原油凝固，让管线灌了“香肠”。谭学陵是党培养出来的知识分子。他三十年如一日，勤勤恳恳、兢兢业业，把自己的全部光和热献给了他终生所热爱的石油事业。1960 年 5 月，谭学陵从北京调来大庆油田参加会战后，积极投入了“单管密闭油气集输流程”的设计工作。在一次技术座谈会上，油田设计院工程师谭学陵大胆提出要确定大庆地区的 K 值。这个提议得到了绝大多数与会同志的支持。随后，

▲ 工程师谭学陵精确测定出大庆地区的土壤传热系数

谭学陵主动请缨，参加了这场战斗。1960 年 7 月，他带领 5 名同志开始了工作。在广阔的荒原现场，他们不管好天坏天，无论酷暑严寒，连续作战。有时，他们冒着零下 40 摄氏度的严寒，蜷伏在冰冷的大地上，每隔两分钟测一次温度；当时，正值国家经济困难时期，吃不饱肚子，穿的是自己缝制的简易棉衣和棉鞋，防寒性差。但是他们在艰苦的工作中毫无怨言，在为期 10 个多月的测温中，经历了严寒的冬季和炎热的夏季，谭学陵小组跑了 6000 多公里路，观察测定了 1600 个点，取得了 5 万多个数据，进行了 1100 多次分析对比，终于测出大庆地区的土壤传热系数是 3，为油田集输流程设计提供了科学的依据。根据这个 K 值，设计出了适合当时我国国情的既经济又上马快的加热保温集输方案，保证了高速、优质开发大油田。这就是名垂大庆会战史册的“万点调查”。

大庆油田“最讲认真的人”周占鳌，他在担任油建十一中队副中队长时，响亮地提出“严在针尖上，细在发丝上”的工作口号，在全战区引起了强烈的反响。一次，某油井投产后，他在回访中发现清蜡杆上有几个微小的油珠，其中有一个油珠就在焊口上，引起了他的强烈警觉。离开现场后，他说什么也放心不下。过了两天，他又专门来到这口井上，只见焊口上还是有油迹，他用手指抹去了油点，并未发

▲ 1972 年，油建十一中队的一口油井投产后，周占鳌（右）去回访，发现在清蜡杆上有几滴油，其中有一滴在焊口上，于是断定焊口有砂眼。他立刻赶回队里，找上工程师，连夜把砂眼补好。周占鳌被大庆党委授予“最讲认真的人”的称号

会战诗抄　天当房顶地当炕，茫茫草原是课堂。学习铁人革命志，自力更生向前闯。

现有油珠冒出。夜里，他翻来覆去睡不着，“对油田负责一辈子”的责任感驱使他第三次来到井上，发现焊口上还是有一个油珠，他即刻断定：焊口处有砂眼！他立即赶回队里，叫上技师，连夜赶到井上把砂眼补好。从 1960—1977 年，他所在的油建十一中队建泵站 28 座，安装井口 2772 套，铺管线 1394 公里，焊接 742837 道焊口，达到项项质量全优。1972 年 2 月 21 日的《人民日报》发表了“一个工作认真的人——记大庆油田老工人周占鳌”的长篇通讯。大庆油田党委授予他“最讲认真的人”的称号。他的事迹至今仍在油田广为传颂。然而，周占鳌只是成千上万个大庆人中的突出代表。洋溢着大庆精神的大庆英雄群体，就是干工作最讲认真的英雄群体。正是因为大庆人普遍拥有周占鳌式的这种极端认真、极端严格的工作态度和工作精神，才使得大庆油田方方面面工作中的高标准得以坚持、高质量得以保证；才使得所有问题、特别是质量方面的问题，能够发现在苗头之时、能够解决在萌芽之中，从而确保质量过得硬。正是有着像他们这样的千千万万的石油人，将高度的革命精神和严肃的科学态度相结合，形成了石油人专注而坚韧的性格，保证了会战的最终胜利。

四、胸怀全局、为国分忧的奉献精神

祖国至上，人民至上，这是每一个石油人执着的追求；为国家分忧，为祖国加油，这是石油人始终不变的情怀。参加大庆石油会战本身就意味着为奉献而来。无论生活条件、工作条件，还是工作性质，对于每一个参加会战的职工来说，都是极度的艰难和困苦，都是严酷的挑战和考验。石油大会战需要的是个人利益的牺牲，是参战者全身心的拼搏和奉献。因此，无论领导、干部，还是党员、群众，人人都心系石油大会战，没有人顾及个人利益，更没有人计较个人得失，再苦、再累、再难、再险，也没有人讲条件，没有人要待遇，更没有人拈轻怕重，他们都是心甘情愿为国奉献的民族精英。

在大庆石油人这一英雄群体中，不但充满着强烈的奉献意识，而且形成了浓浓的奉献氛围，构成了完整的奉献意识链：群众看党员，党员看干部，干部看领导。领导带头奉献：要求群众做到的，领导带头做到；要求群众不做的，领导坚决不做；干部身先士卒：荣誉面前不伸手，待遇面前不伸手，利益面前不伸手；党员模范带头：千斤重担党员挑，困难面前有党员，关键时刻冲在前；广大群众一呼百应：我们面前无困难，困难面前有我们！从“听话要听党的话”，到“党的需要就是我的志愿”，人人自觉奉献；从“五把铁锹”开荒种地共度饥荒，到“要人给优秀的，要设备给成套的”支援新区建设，事事主动奉献；从年年元旦生产一线开展“开门红”，到各级领导和机关干部“过党日不过节日”的自学、自律、自省活动，时时积极奉献；从“天当房、地当床”、住地窨子、瓜菜代（编者注：“瓜菜代”是指以瓜果蔬菜代替粮食，以副食代替主食，又叫作“以副代主”）充饥、数千人浮肿，到“宁肯少活二十年，拼命也要拿下大油田”，几十年如一日地为石油拼搏再拼搏，完全彻底地为祖国奉献再奉献。英雄的大庆人，在石油大会战的实践中，以浓烈的爱国情怀和卓越的实际行动所演绎的大庆精神，充分体现了无私奉献的最高境界。在那激情燃烧的艰难岁月，多少人抛家舍业，主动请缨投身石油大会战；多少人忍饥挨饿，勒紧腰带“人拉肩扛”；多少人带伤患病，呕心沥血坚守岗位；多少人挑灯夜战，通宵达旦加班加点；多少人推迟婚期，工作第一；多少人放弃探亲、错过尽孝，义无反顾地奋战一线……钻工兄弟们，盛夏顶着烈日骄阳，一身汗水一身泥浆，隆冬冒着凛冽严寒，一身冰凌一身铠甲；采油姑娘们，一年四季徒步巡井，每天步行几十公里往返于荒原深处的油井之间，无论酷暑严寒、风霜雨雪、白天黑夜，像油田磕头机那样持之以恒……

1960 年 7 月，大庆石油大会战刚刚打响几个月，荒原上到处都是一片忙碌、沸腾的景象。一天，在通信总站值班的机务员毛孝忠和架线工肖全发正在为窗外的会战景象激动时，突然接到“二号院”总调度室的电话，说有一口油井发生火警，急需和前线通话，通报情况。他们立即拨打通往前线的电话，可是电话怎么也打不通，俩人急得满头大汗。很快他们意识到，一定是线路出了故障。他们都是刚刚转业来大庆的通信战士，就像在部队那样，他们拿起工具，火速冲出

铁人诗话 有了好作风，就能把队伍练得顶住风浪、能打硬仗、能打胜仗。

去。他们沿着线路，一路小跑地检查故障，在机修厂附近发现有一段线路断了约两米，显然是车辆超高刮断的。当时，随着油田建设规模的迅速扩大，许多通信线路都是临时架设的。虽然发现了故障，但他们没有带电话线，无论如何也接不上那断开的线路。回去取线吗？不行，水火不留情，拖延一分钟就会多一分钟险情，时间刻不容缓。怎么办？他们曾是军人，突然想起在战争中，通信线路断了，电话兵会勇敢地用身体接通电话，以保证指挥畅通，取得胜利。石油会战也是一场战争，为了会战的胜利，绝不能让电话线路在他们眼前失灵。毛孝忠说："我们用身体接通电线。"两人立刻拉起手来，分别用另一只手握住断开的线头，让电线通过他们的身体连接起来。顿时一股电流从他们身上通过，电话接通了，两人的身体麻木、抖动……电流不断穿越着他们的身体，心跳加快了，呼吸急促了，他们咬紧牙关，彼此用坚定的目光给予力量。电流在他们身上足足穿越了 5 分钟，当他们松开手时，顿感全身无力，一下子软绵绵地躺在地上。他们休息了一会儿，待体力稍稍恢复后，就赶快爬起来奔向单位，心里不约而同地想：快找电线，把线路接通。

1961 年 10 月 25 日，那天大风呼啸，荒原一片迷茫。这个时候，西油库非金属罐里的原油正往附近的金属罐里抽。维修队队长奚华亭正带着工人在附近维修管道。大风中，抽油的电泵还在隆隆地工作着。忽然，晃动在大风中的电线被磨破了，打出的火花正好溅到罐口的油气上。突然，"砰"的一声，火苗从罐口腾起，刹那间燃起了一人多高的火焰。当维修工人们还在惊愕的时候，奚华亭已经箭步冲上了罐顶，同时急切地喊道："车文江，快把蒸汽管子递给我！"蒸汽管很快被递了上来，他不顾一切地对着火柱猛刺，可是蒸汽管太小，控制不住燃烧的油气。火借风势，风助火威，火焰熊熊不止。非金属罐起火非同小可，它会像千百吨炸药一样猛烈爆炸，后果不堪设想。一场惊心动魄的人与火的搏斗仍在继续着。奚华亭扔掉不顶用的蒸汽管，奋不顾身地扑向越烧越旺的火焰，脱下棉衣，猛烈地扑打，而罐内油多气足，火势毫不退让。奚华亭急中生智，勇敢地用身体和棉衣紧紧捂住罐口，一串串火舌和一团团浓烟包围着他。此刻，火还在燃烧着，罐体在嗡嗡响着。这是爆炸的前兆，但奚华亭毫无惧色，他用身体把罐口捂得越来越紧。他已下定决心："宁可烧死也要保住国家的财产。"这时，罐下的工人，还有附近的职工都纷纷拿起铁锹，往火上扬土。奚华亭冲着下边的人高喊：“快往我这里扬！”土块打在他身上、头上，让他阵阵疼痛，可他纹丝不动。又有人拿来了水龙头，猛烈地射向火焰。奚华亭又高喊：“不要管我，往我身上刺！”咆哮的水龙头射向了他。一顶厚厚的帐篷，被几十个人扯开，盖向罐口。奚华亭又用身体紧紧压住帐篷。帐篷宽大厚实，捂得严，火焰在减弱。然而，压制之下，罐内像沉雷一样隆隆地响着。压在帐篷上面的奚华亭知道，此刻绝不能放松，只有紧紧压住，罐里没了空气，才能制止燃烧。但爆炸的危险，随时存在。时间一分一秒地过去，嚣张的火势终于渐渐消停下来。当人们把奚华亭抬下来时，他的脸已被烧得红一块、紫一块、黑一块、灰一块，身上还溅着火星，冒着黑烟。正因为参加大庆石油会战的全体职工普遍拥有如此高境界的奉献精神，才得以形成空前的凝聚力和进取力；才得以战胜近乎极限的艰难和困苦；才得以破解难以想象的道道难关和难题；才得以又好又快地拿下世界级的大油田。

60多年以来，一代又一代的大庆人，高唱“我为祖国献石油”的主旋律，前赴后继、披肝沥胆、顽强拼搏，持续地为祖国的石油事业奉献着力量。在新中国诞生之初、百废待兴之际，就遭遇到抗美援朝战争、连续三年自然灾害以及西方列强的全面封锁等国内外一系列严峻挑战，大庆人为国分忧、心急如焚，为国担当、气贯长虹，变压力为动力，视艰难为挑战，披荆斩棘，一往无前，又快又好地找到并拿下了大油田，一举摘掉了我国贫油落后的帽子，为国家解除了石油危机。在“文化大革命”十年动乱期间，大庆人为国坚守，坚持“四个大干”，为国尽责，增储上产，攀上了年产原油5000万吨的高峰，有力地支撑了濒临崩溃的国民经济。在改革开放大潮中，大庆人继承“两论”起家的光荣传统，发扬大庆精神、铁人精神，解放思想，开拓进取，创新体制、创新机制、创新管理、创新技术，发挥两种资源，进军两个市场。进入21世纪以来，大庆人高举大庆红旗，发扬“超越权威、超越前人、超越自我”的“三超”精神，累计生产原油24.03亿吨，上缴各种税费近3万亿元，创造了年产原油5000万吨以上连续27

铁人诗话　严格要求别人，首先要严格要求自己。危险的地方你不去，就没有底，就不知道怎么干，就搞不好。

年高产稳产世界奇迹，又实现年产原油4000万吨以上持续稳产12年。主力油田的采收率突破50%，大型陆相砂岩油田开发技术居世界领先地位，油田勘探开发技术成果与“两弹一星”共同载入我国科技发展的史册。大庆油田锤炼出了一支敢打硬仗、勇创一流的英雄队伍，走出一条党领导建设社会主义工业企业的成功之路，始终是我国工业战线上一面高扬的旗帜。

第二节 铁人精神的内涵

铁人精神是对王进喜同志崇高思想、优秀品德的高度概括，是我国石油工人精神风貌的集中体现，是大庆精神的具体化、人格化。铁人精神内涵丰富，主要是“为国分忧、为民族争气”的爱国主义精神；“宁肯少活二十年，拼命也要拿下大油田”的忘我拼搏精神；“有条件要上，没有条件创造条件也要上”的艰苦奋斗精神；“干工作要经得起子孙万代检查”“为革命练一身硬功夫、真本事”的科学求实精神；“甘愿为党和人民当一辈子老黄牛”、埋头苦干的无私奉献精神。这一精神是铁人王进喜自身的品格与许许多多石油战线先进人物精神境界的融合。2009年9月22日，习近平同志出席大庆油田发现50周年庆祝大会。他指出：“大庆精神、铁人精神已经成为中华民族伟大精神的重要组成部分，永远是激励中国人民不畏艰难、勇往直前的宝贵精神财富。”2019年，大庆油田发现60周年之际，习近平总书记发来贺信指出：“大庆油田的卓越贡献已经镌刻在伟大祖国的历史丰碑上，大庆精神、铁人精神已经成为中华民族伟大精神的重要组成部分。”

一、“为国分忧、为民族争气”的爱国主义精神

王进喜干工作一贯积极努力，有一种争上游的精神。1958年7月，在全国石油工业现场会上，为了加快玉门油田的建设，王进喜首先提出“（钻井进尺）月上千（米），年上万，玉门关上立标杆”的奋斗目标。同年9月，他带领1205钻井队（当时叫贝乌五队）艰苦奋战，创造了月进尺5009米的全国最新纪录，还摸索出一整套优质、快速打井的经验，为提高钻井速度和质量，闯出了新路。1959年王进喜被评选为全国先进生产者，光荣地出席了全国工交群英会，参加了新中国成立10周年的国庆观礼。第一次幸福地见到了日夜想念的毛主席，他激动得睡不着，回到北京饭店写下了平生第一首诗：“北京见到毛主席，浑身是劲精神抖，满怀豪情干革命，永生永世不回头。”正当王进喜浑身是劲、满怀豪情之际，一件偶然的事情，却狠狠地触动了他的自尊心。群英会休会期间，王进喜参观首都“十大建筑”，路过沙滩街时，看到行驶的公共汽车上背着“大包袱”，就问身边的同志“汽车背的是个啥”。

▲ 1959年，王进喜被选为全国劳动模范，登上天安门参加了国庆观礼。图为1964年，王进喜再次登上天安门参加国庆观礼的情景（从左至右依次为王进喜、王崇伦、韩秀芬、倪志福）

“煤气包！”

“背那家伙干啥？”王进喜又问。

“国家缺油，汽车改烧煤气了！”

会战诗抄 钻井“火车头”，油建“千里马”，哪个跑得快？会战比上下。你把地钻穿，我把天地连。并肩为油战，飞奔勇向前。

王进喜听了大吃一惊，他的头嗡地一下大了起来。他说："我在玉门觉得油很多，可出来一看，油缺得很。连首都北京——毛主席住的地方都没有油用了。作为一名钻井队长真是有愧呀，还有什么脸开大会，受表扬！"想着想着，这位坚强的西北汉子，蹲在北大红楼附近的街头流下了热泪。这是知耻后勇的英雄泪，这是忧国忧民的赤子泪。这个煤气包压在了公交车的背上，更重重地压在了王进喜的心上，成为他后半生为国分忧、为民族争气的思想动力。

二、"宁肯少活二十年，拼命也要拿下大油田"的忘我拼搏精神

正是在这次"群英会"上，王进喜得知松辽发现大油田的消息。1960 年 3 月 15 日，他带领全队、带上所有家当，从甘肃玉门出发，日夜兼程，恨不得一下子飞到大庆。3 月 25 日，下了火车，他一不问吃、二不问住，先问钻机到了没有？井位在哪里？这里的钻井纪录是多少？恨不得一拳头砸出一口井来，让原油咕咚咕咚往外冒。得知井位具体位置后，他立即带队步行 2 个多小时来到井场。在一望无际的大荒原上，他以西北人特有的豪迈呼喊道："这回咱们掉进大油海里啦，甩开膀子干吧，把贫油落后的帽子甩到太平洋里去。"当天夜里，全队 37 人就住在老乡的马厩和牛棚里，有的就在野外风餐露宿。第二天他们来到火车站，本队的钻机没到，他们就帮助别的队卸车，一连卸了 7 天，被评为"干劲第一"的义务装卸队。

王进喜在石油大会战中舍生忘死，冲锋在前。1960 年 4 月 29 日天刚亮，王进喜在指挥工人放井架准备往第二口井搬家时，不小心被滚落的钻杆砸伤了右腿，当即昏了过去。醒来看到工人们在哭，他

▲ 1960 年 4 月 29 日，王进喜带伤参加万人誓师大会，并在大会上发出了"宁肯少活二十年，拼命也要拿下大油田"的钢铁誓言

说："不要紧，我又不是泥捏的，哪能碰一下就散了。"他不顾伤痛继续指挥，并让大家替他保密。当天，他带伤参加了万人誓师大会，忍着剧痛走上主席台，面对万人发出了"宁肯少活二十年，拼命也要拿下大油田"的钢铁誓言。

开完大会回来，王进喜的伤腿肿得像碗口粗，尽管全队上下都替他保密，可他受伤的事情还是被检查工作的领导发现了。领导派人强行把他送到了当地的医院治疗，可没过半天，他就偷偷跑回了井场。为了让他安心养伤，领导又把他送到 150 公里以外的齐齐哈尔住院，可就在两天后的深夜，王进喜冒着大雨又跑了回来。看着队长浑身沾满泥水，腿上的纱布也不知去向，大家心疼地流下了眼泪。王进喜却说："你们别急，我挺好的。这里是高压区，容易井喷，我坐着看你们干，觉得放心！"他便拄着拐杖指挥打井。

由于地层压力太大，第二口井在钻至 700 米深时，突然发生井喷，如果不及时制止，就可能井毁人亡。井喷就是命令，全队职工紧急集合。当时井上没有压井用的重晶石粉，王进喜果断决定用水泥压井。但是没有搅拌机，大量水泥夹在

铁人王进喜跳泥浆池制服井喷视频

▲ 在井喷的危急时刻，王进喜奋不顾身跳进泥浆池，用血肉之躯奋力搅拌泥浆，英雄的壮举定格为精神的永恒

会战诗抄

全力夺取主动权，决心跑在钻井前。狂风暴雨无阻拦，确保油龙高飞天。

泥浆池里无法融合，沉了底。泥浆的比重一时难以提高，井却一直在喷，越来越猛。在千钧一发之际，王进喜不顾腿伤，奋勇跳进泥浆池里，用身体搅拌泥浆。队长的行动就是号召，司钻戴祝文等也跟着跳了进去，泥浆的比重升高了，高密度的泥浆经过两台高压大泵的抽压，通过循环管线和钻杆被强力注入地下，终于压住了井喷。在井喷的危急时刻，王进喜和队友们用血肉之躯，勇跳泥浆池制服井喷，谱写了一曲英雄赞歌。

以身许油创大业，一腔赤忱为国兴。有了这种精神，石油会战就没有克服不了的困难！有了这种精神，祖国石油工业就有了不屈的脊梁！有了这种精神，也必将推动中华民族实现伟大复兴！

延伸阅读

井喷：石油行业专业用语，指地层流体（油、气和水）不受控制地连续不断地涌入井筒，喷出地面或侵入其他低压层位的现象。引起井喷的原因有多种：地层压力掌握不准、泥浆密度偏低、井内泥浆液柱高度降低、起钻抽吸以及其他不当措施等。常见的抢险方法是将密度大的重晶石泥浆灌到井里，以增加压力，止住井喷。

三、“有条件要上，没有条件创造条件也要上”的艰苦奋斗精神

1960 年 4 月 2 日，从玉门发出的钻机运抵萨尔图。可当时吊车、汽车、拖拉机非常少，一时半会儿轮不到王进喜的钻井队用，60 多吨重的钻机设备无法卸车、搬运和安装。面对重重困难，王进喜对大家说：“遇见困难怎么办？这就像打仗一样，不能退下来。有条件要上，没有条件创造条件也要上！”“只能上，不能等；只准干，不准拖！”一场人与钢铁、力量与困难的较量开始了。3 天 3 夜，王进喜带领队友用撬杠撬、用滚杠滚、用大绳拉，硬是靠双手和双肩把这 60 多吨重的钻井设备卸了下来，装上汽车，搬运到井场，靠人力把井架立在了茫茫的荒原上。

在人拉肩扛的过程中，王进喜和几个司钻轮流喊号子，他们喊出了“石油工人一声吼，地球也要抖三抖。石

油工人干劲大，天大困难也不怕”的豪迈诗句。王进喜的这一声吼，曾经得到了毛主席的称赞。当年，美国著名作家埃德加·斯诺访华时曾问毛泽东：“对当前反华大合唱，你有什么要告诉世界的？”毛泽东回答：“我国东北新开发了个大油田，有一个钻井工人说‘石油工人一声吼，地球也要抖三抖’。我们一发言，世界就有人受不了。”

正当王进喜带领1205钻井队摩拳擦掌准备开钻时，他们又遇到了新的困难。打井离不开水，正常情况，打一口井用水50多吨。但当时水管线没有接通，等罐车送水大约要3天。为争取早日开钻，王进喜把队员集合在一起，他说：“还是那句话，没有条件创造条件也要上。端水也要打井！”有人怀疑说：“这简直是瞎胡闹，看过哪个国家是端水打井的？”王进喜斩钉截铁地说：“就是我们国家，才敢于这样干！我们就是用脸盆端水也要打井。”一场轰轰烈烈的破冰取水战役打响了。

附近老乡家的水井被淘干了，王进喜就带领全队职工到距井场一公里外的水泡子，把厚厚的冰砸开一个大窟窿，盆端、桶提，连铝盔、灭火器外壳也用来装水、运水。指挥部的机关干部和附近的老乡也都闻讯赶来，组成了100多人的运

铁人王进喜人拉肩扛运钻机、破冰端水保开钻视频

▲ 王进喜（前）带头运水

铁人诗话

没有条件就创造条件。好比上楼房吧，没有梯子怎么能上去呢，得创造条件，自己动手搞个梯子就上去了。我们干什么事情先不要怕困难，先动手干上去。这是因为困难也有两重性，你软它就硬，你硬它就软。

水长龙。零下20多摄氏度，水溅在衣服上，顷刻成了冰铠甲，手也被冻得失去了知觉。可大家心中像装着一团火，不顾寒冷、一刻不停，一盆盆、一桶桶把水运往井场。天渐渐黑了，运水的人们点亮马灯，挑灯夜战。经过一天一夜的艰苦奋战，终于端足了打井用的50多吨水，井场上一片欢腾。

四、“干工作要经得起子孙万代检查”“为革命练一身硬功夫、真本事”的科学求实精神

铁人是吃苦耐劳的实干家，也是科学求实的典范。1961年2月，铁人被任命为钻井指挥部生产二大队大队长，负责管理12个钻井队。他经常向工人们强调：“干工作要为油田负责一辈子，要经得起子孙万代的检查。”要求工人做到的，铁人必先自己做到。他坚持靠前指挥，身穿羊皮袄，带着炒面袋，骑着摩托车，一个井队一个井队地跑，为基层解决实际问题。在他的带动下，全油田的领导干部都以铁人为榜样，坚持“工人三班倒，班班见领导”。

会战初期，铁人曾带领过的1205钻井队打斜了一口井。铁人向会战领导作了深刻检讨，还组织干部、工人背水泥，把那口刚刚超过规定斜度的井填掉了。有人说：“填了这口井，就给标杆队的队史写下了耻辱的一页。”铁人说：“没有这一页，队史就是假的。这一页不仅要记在队史上，还要记在我们每个人的心里。我们要让后人知道，我们填掉的不光是一口井，还填掉了低水平、老毛病和坏作风！”

▲ 王进喜（左一）教育职工“干工作要为油田负责一辈子，要经得起子孙万代的检查”

王进喜的文化程度

▲ 王进喜认真学习科学文化知识，用科学的理论指导工作

不高，但爱读毛主席的书。从玉门来大庆，他把别的东西都托运了，唯独把“群英会”上得的《毛泽东选集》带在身边。他坚持边学文化，边学毛主席著作。他说：“学会一个字就搬掉一座山，我要翻山越岭去见毛主席。”会战开始以后，面对重重困难，会战工委作出学习毛主席《实践论》《矛盾论》的决定。王进喜响应号召，认真学“两论”。通过学习，王进喜认识到：“这困难，那困难，国家缺油是最大困难；这矛盾，那矛盾，国家没油是最主要矛盾。”因此，他战胜困难的信心更足了，行动更自觉了。铁人一生都在不断地创新。早在玉门时，他就试验成功了“整拖搬家”。这种使钻机整体搬家的方法大大缩短了搬迁时间，提高了工作效率，在大庆会战中得到广泛应用。

五、“甘愿为党和人民当一辈子老黄牛”、埋头苦干的无私奉献精神

在“比、学、赶、帮、超”中，王进喜谦虚好学，以高尚的共产主义风格，支持和帮助兄弟钻井队赶上和超过自己的队伍。在当时钻机配件紧缺的情况下，他把自己从玉门带来的钻头和急用的方钻杆、方补心、柴油机飞轮等无私地支援给别的井队，自己却把旧的修修继续用。在油田开发最紧张的日子里，他经常利用倒班休息的时间，亲自带人到兄弟队去学习先进经验，传授快速钻井的技术。1960 年 7 月初，会战领导小组决定晋升王进喜为钻井工程师。1960 年 7 月

28日，会战工委做出《关于开展学习“王、马、段、薛、朱”运动的决定》，王进喜被树为大庆会战的“五面红旗”之一。

1964年底，铁人王进喜当选为第三届全国人大代表；1966年2月，他被中组部任命为大庆会战指挥部副指挥；1969年4月，他出席党的“九大”，并当选为中央委员，但他位高不自居、功高不自傲。他常说：“我从小放过牛，知道牛的脾气，牛出力最大、享受最少，我要老老实实地为党和人民当一辈子老黄牛。”

铁人爱工人。他发现天冷时工服不保暖，工人们弯腰或蹲下干活时，总是会露出后腰，就到缝补厂建议把棉工裤后腰加高加厚，还给工人做了皮背心和皮护膝。在一次意外的事故中，1205钻井队的青年钻工张启刚不幸牺牲，铁人得知消息后立刻赶到井场，他含着泪对工人们说：“启刚连婚都没有结就走了，他的父母就是我们的父母。”安排完张启刚的后事，他掏出30元钱和20斤粮票，让人每月按时给张启刚的父母寄钱。可半年后，张启刚的父母寄来一封信，信上说今年收成不好，生活没有着落，信中还夹着三根长长的白发。老母想儿，白发揪心。原来，每月寄去的钱让别人给领走了。在大队干部会上，王进喜手捧来信和三根白发哽咽着说：“启刚走了，我们连老人家都养不好，咋能对得起为石油牺牲的同志？”铁人和1205钻井队干部重新定了供养老人的具体办法，重新核实了老人的地址并按月寄钱给老人。铁人直至去世前还叮嘱1205钻井队的干部一定要把张启刚的父母照顾好，奉养百年。

铁人爱孩子。会战职工的家属和孩子陆续从老家搬到油田，铁人看到一些孩子在荒原上乱跑，就说：“我自己尝够了没文化的苦，决不能再耽误了孩子们。”于是，他

延伸阅读

方钻杆：位于钻柱的最上端，有四方形和六方形两种。在转盘钻井中，钻进时，方钻杆与方补心、转盘补心配合，将地面转盘扭矩传递给钻杆，以带动钻头旋转，向地下钻进。

方补心：转盘中心带动方钻杆旋转的一个部件。中心是方孔，外形是一个上方下圆的钢制件，套在方钻杆上，基本上不从方钻杆上拆下，在方钻杆上能滑移。卸开方钻杆与下部钻杆的丝扣时，它随方钻杆一起提出。转盘旋转时带动方补心旋转，再转动方钻杆。方钻杆连同方补心被提出转盘，可以让出空间以提升和下降钻杆柱。

▲ 王进喜（中）特别关心下一代，这是他在给孩子们讲会战传统

带人在大队机关附近支起一顶帐篷，垒起土台子，搭上木板当课桌，建起了油田的第一所小学——帐篷小学。第一批只有6个学生，铁人亲自任校长，并为学生们上了第一课。学生越来越多，教室也由帐篷变成“干打垒”，变成了红砖房，又变成了楼房。后来，为了纪念铁人，这所小学被命名为“铁人小学”。

铁人对职工和家属关怀备至，对自己和家人却严格要求。他家10口人，母亲、妻子、弟弟、妹妹和5个孩子都住在一起，全靠他一人供养。像他家这样的特困户，每月可以得到30元钱的长期补助，可是铁人把这些钱全都补助给了其他困难职工。

铁人同母亲商量后，给家里定下了一条规矩：公家的东西一分也不能沾。由于劳累过度，铁人患上了严重的胃病和关节炎。上级为了照顾他的身体，给他配了一台威力斯吉普车，他却把这台车当成了大队的生产、生活用车，全大队谁都能用，唯独自己家里人不能用。他老母亲病了，大队领导瞒着铁人把车派去准备

铁人诗话 好作风必须从大量的、细小的、常见的问题上培养起；真本领、硬功夫要从日常工作中不间断地勤学苦练。

送老人看病。可老人家说：进喜定下的规矩，我当妈的不能破！最后还是铁人的大儿子用自行车推着奶奶去卫生所看的病。会战初期，粮食定量低，铁人跑井时叫老伴把玉米面炒好，装到干粮袋里带在身边。每到吃饭时，他就抓把炒面，用开水冲好，用来充饥。有时干粮袋忘记带了，他就借故走开，饿一顿，从不吃井队的饭菜。在铁人身上，充分展示出一名共产党人廉洁自律的优秀品质。

1970 年 4 月 5 日，“全国石油工作会议”在玉门召开，铁人作为特邀代表参加大会。会议期间，铁人参观了玉门油田，回到了阔别 10 年的家乡赤金。可谁都没想到，这是铁人最后一次回故乡。会议期间，铁人胃病发作，疼得很厉害。大家劝他好好检查一下，他说：“老病啦，挺一挺就过去啦！”然而，铁人的病情越来越重。在领导和同志们的多次劝说下，1970 年 4 月 17 日，铁人离开玉门到北京看病，在周恩来总理的关怀下，他住进解放军 301 医院，经检查确诊为胃癌晚期。得知病情以后，铁人平静地对大夫说：“癌症也是纸老虎，你们把我治好了，我回大庆再干 20 年，治不好也可积累些经验。”

周总理十分关心铁人病情，他指示 301 医院要慎重诊断，积极治疗，还亲自到医院看望了铁人。1970 年 10 月 1 日，铁人以中央委员的身份参加了国庆观礼。在天安门城楼，他遇见了邓颖超。邓大姐关切地询问他的病情，他乐观地对邓大姐说：“请转告总理，等我病好了，一定回大庆再干 20 年！请总理放心！”畅想着未来的铁人哪里知道，此时癌细胞已经扩散，大夫们正在为治不好这位英雄的病而流泪。国庆节刚过，铁人的病情急剧恶化。弥留之际，他想到的还是党和国家的利益！一天，铁人用颤抖的手取出一个小纸包，交给探望他的一位领导同志。里面是他

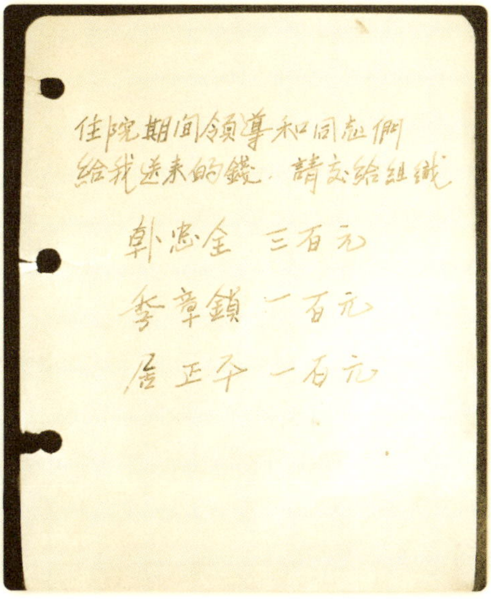
住院期间领導和同志們
给我送来的錢，請交给組織
韩忠全 三百元
李章鎖 一百元
居正平 一百元

▲ 王进喜将住院期间组织给的补助费记账

住院后各级组织给他的500元补助费，他一笔笔记得清清楚楚。这些钱，铁人一分也没有动。他说：“请组织把它花到最需要的地方去，我不困难。”500元钱在当时可是个不小的数目。铁人家上有老、下有小，全家人靠他一人的工资供养，这样的家庭特别需要补助。可铁人心里装的永远是组织和群众，唯独没有他自己。

人民日报

王进喜同志逝世

中共中央委员、全国人大代表、劳动模范

周恩来李先念同志在王进喜同志住院治疗期间曾前往看望

李先念邱会作纪登奎等同志参加了向王进喜同志告别仪式

王进喜同志遗像　（新华社）

新华社十八日讯　中共中央委员、全国人民代表大会代表、劳动模范、大庆革命委员会副主任王进喜同志，因病于一九七〇年十一月十五日在北京逝世，终年四十七岁。

王进喜同志在北京住院治疗期间，周恩来总理、李先念副总理，曾往医院探望。

向王进喜同志告别仪式，今天下午在北京八宝山革命烈士公墓举行。

参加告别仪式的，有中共中央政治局委员、国务院副总理李先念同志，中共中央政治局委员、中国人民解放军副总参谋长邱会作同志，中共中央政治局候补委员纪登奎同志，和中共中央有关部门、国务院有关部门、中央军委办公厅、大庆油田所在地的省革命委员会、大庆革命委员会的负责同志，以及王进喜同志的家属和生前亲友。

▲1970年11月19日，《人民日报》刊登王进喜同志逝世的消息

随着病情的加重，铁人更加思念亲人，尤其想念老母亲，她是他心中最大、最重的牵挂。因为父亲去世得早，铁人常想，没能好好给父亲尽孝，一定要好好报答母亲的养育之恩。所以他把自己得的奖品电唱机放在母亲屋里，让母亲听秦腔。他怕冬天被子薄冻着老人家，就给母亲买来毛毯。一次，在北京开会，有人送给他一块蛋糕，他自己没舍得吃，千里迢迢带回来给了母亲。此时的铁人多么想为白发苍苍的老母亲再做点事情啊！他强撑着病体，把积攒的300元钱交给了弟弟王进邦，断断续续地说：“看情况，我可能看不到咱妈了，妈这一辈子很苦。我回不去了，你就用这点钱替我尽尽孝道吧。”

临终时，他还嘱咐家人不要向组织提任何要求。1970年11月15日23时42分，铁人王进喜因医治无效不幸病逝，享年47岁。正在开会的周总理得知铁人病危的消息，立即休会赶往医院。当他赶到病房时，铁人已于8分钟之前停止了呼吸。周总理俯下身深情地望着铁人，悲痛地说：“我来晚了，我来晚了！”“铁人呀，你怎么瘦成这个样子？”“太可惜了，太可惜了！”铁人走时只有47岁，

铁人诗话

一个人每天要做工作，如果责任心不强，就没有压力，就轻飘飘地过去了。

▲ 王进喜的骨灰被安放在北京八宝山革命公墓

正当盛年！铁人曾经发出“宁肯少活二十年，拼命也要拿下大油田”的誓言。其实，他岂止是少活了20年！他把一生都交给了祖国的石油事业。1970年11月18日，大庆油田和玉门油田举行了隆重的追悼大会。社会各界纷纷发来唁电、唁函，用一个个花圈表达深切悼念之情，用一副副挽联寄托无限哀思。同一天下午，北京八宝山革命公墓举行了王进喜同志告别仪式。

铁人曾说：革命需要油，人民需要油，我这一辈子，就是要为国家干好一件事——快快地发展我国的石油工业！铁人曾立下了“全国每人每年半吨油”的奋斗目标，这“半吨油”同当年的“煤气包”一样，成为铁人终生前进的动力！铁人临终前，还念念不忘他心中的夙愿：一定要把井打到国外去！

英雄风范塞沧溟，一代铁人石油魂；
铮铮铁骨昭青史，国强莫忘开拓人。

大庆油田既是一座石油的富矿，也是一座英雄辈出的熔炉。在铁人精神的感召下，大庆油田造就了一大批敢打硬仗、勇创一流的优秀职工队伍，涌现出“新时期铁人”王启民、“大庆新铁人”李新民等在全国具有广泛影响的先进典型。

铁人诗话

我们不能一有成绩，就像皮球一样，别人拍不得，轻轻一拍，就跳得老高。

“新时期铁人”王启民奋战在油田地质开发研究一线近60年，“宁肯把心血熬干，也要让油田稳产再高产”。他先后主持参与“高效注水开采方法”、“分层开采、接替稳产”开发试验等8项重大开发试验项目、40多项科研攻关课题和大庆油田“七五”“八五”“九五”开发规划编制研究等工作，获得“国家科技进步特等奖”“国家科技成果特等奖”等19项奖励，为国家创造了巨大的经济效益。2018年12月18日，王启民被中共中央、国务院授予“改革先锋”称号，获得“改革先锋”奖章，并获评“科技兴油保稳产的大庆新铁人”称号。2019年9月17日，国家主席习近平签署主席令，授予王启民“人民楷模”国家荣誉称号。

“大庆新铁人”李新民30年专注钻井事业，立誓“宁肯历尽千难万险，也要为祖国献石油”，带领1205钻井队在全国率先突破钻井进尺200万米，实现了1205钻井队由单一井型向多种井型、速度型向效益型、国内作业向海外作业的三大跨越。为保障国家石油战略安全，他和队友挺进海外，在苏丹先后完成37口水平井的钻井工作，口口全优，创出23项钻井新纪录，两次获得苏丹颁发给服务方的最高荣誉——PDOC钻井杯。正是以李新民为代表的全体海外大庆人的拼搏奉献，中国石油天然气集团公司在2011年成功建成“海外大庆”，海外市场权益产量超过5000万吨。2019年9月25日，李新民被中央宣传部、中央组织部、中央统战部等9个部委授予“最美奋斗者”称号。

伟大的事业孕育伟大的精神，伟大的精神推动伟大的事业，60多年来，从王进喜、王启民到李新民，以三代铁人为代表的大庆石油人，用热血、忠诚乃至生命，在不同历史时期生动诠释了大庆精神“爱国、创业、求实、奉献”的时代内涵，凝聚起推进我国石油事业发展的强大力量。他们的英雄故事集中展现了我国工人阶级的崇高品质和精神风貌，他们也成为引领时代的模范；他们的感人事迹，鼓舞和激励着广大石油人奋斗新时代、建功新发展。

铁人诗话

这回我们掉进大油海里了，咱们甩开钻机干吧！把我国石油落后的帽子，甩到太平洋里去，给毛主席争光，给中国人民争气！

第三节
铁人的人格魅力

纵观铁人王进喜 47 年的壮丽生涯，他为我国石油工业的发展立下了不朽功勋，给后人留下了宝贵的精神财富——铁人精神，更以其高尚的人格魅力深深地影响着一代又一代人。铁人王进喜身上散发出的人格魅力主要表现在以下几个方面。

一、忠贞爱国、矢志不渝

王进喜 47 年的人生历程，其中有 26 年在旧社会受苦。这 26 年间的穷困煎熬、牛马生活和西北大漠的砥砺，练就了他刚毅坚韧、倔强不屈的性格。解放后，他怀着爱党、爱祖国、爱领袖、爱社会主义的无比深情，以无法遏制的激情和旺盛的斗志参加社会主义经济建设，投身壮丽的石油事业。他把祖国的贫穷落后当作自己的耻辱，立下"要甩掉我国贫油落后帽子"的雄心壮志，为民族振兴、祖国富强和人民幸福奋力拼搏。他说："我们有许多困难，这些困难再大，也没有国家困难大……我们是为自己干，是为党增光，为民争气，是为了多打井、多出油，快快地把咱们国家建设强大，吃点苦，受点累，算个啥！"他的话掷地有声，充满刚性，字里行间洋溢着为国争光、为民族争气的爱国主义激情。他是这么说的，也是这么干的。早在 1951 年当钻工期间，他在全国"抗美援朝"热潮中，主动捐出一个月工资，参与购买"石油工人号"战斗机。1957 年，在国民经济十分困难的条件下，他向全矿职工发出了"增产节约"的倡议，带领

▲ 王进喜在钻台上，手扶刹把，全神贯注地打井

贝乌五队职工靠修旧利废坚持打井，圆满完成了全年生产任务。1958年初，石油工业部在玉门、新疆发起“高速优质钻井”劳动竞赛。7月初，王进喜和他的贝乌五队到白杨河打井，9月创出了月进尺5009.3米的全国钻井最高纪录，也是世界上少有的纪录。1959年他参加“群英会”期间，看到首都的公交车上背着煤气包，蹲在北京街头流下了伤心的泪水。1966年底，他带领1205钻井队、1202钻井队实现了进尺上10万米的目标，超过了美国王牌钻井队和苏联功勋钻井队，由此可以看出王进喜强烈的爱国主义情怀。铁人的一言一行，无不渗透着这种情怀，他把个人命运同祖国命运、石油工业命运紧紧维系在一起，这种工人阶级的使命感和中华民族的忧患意识，支配了他一生的行动。在玉门，他工作了10年，把标杆立上了祁连山，带动了全国钻井事业的发展，成为“钻井闯将”；在大庆，他又工作了10年，为甩掉石油落后的帽子、结束“洋油”时代立下了赫赫战功，成为英雄的铁人。

二、艰苦奋斗、忘我拼搏

1959年，我国原油产量是373.3万吨，石油工业的落后局面没有得到改观，

会战诗抄 去年打井十万米，今年乘胜往上攀。大干社会主义不停歇，猛催战马狠加鞭。社会主义的强国啊，咱要亲手建。

石油和石油产品远远满足不了我国经济建设的需要。朱德总司令曾经忧心忡忡地说："没有油，坦克、大炮还不如打狗棍。打狗棍拿着可以打狗，坦克、大炮没有油就不动啊！"1959 年 9 月 26 日，松基三井喜获工业油流，我国在东北松辽地区找到了大油田。在这场惊天地、泣鬼神的大庆石油会战中，铁人王进喜以"宁肯少活二十年，拼命也要拿下大油田"的英雄主义气概，谱写了一曲英雄赞歌。

铁人一生中有许多值得我们回味的故事，最值得称道的是他的三个经典故事，即"人拉肩扛运钻机""破冰取水保开钻""带伤跳泥浆池压井喷"。当王进喜和队友们来到头上青天一顶、脚下荒原一片的松辽平原的时候，生产和生活中遇到的困难常人难以想象。但他没有被困难吓倒，"这就像打仗一样，只能冲，不能退"。没有吊车、没有拖拉机，他带领全队职工喊着号子人拉肩扛，硬是把钻井全套设备从火车站卸下来运到井场，又把井架高高地竖立在荒原上。开钻时没有水，等水罐车送水要耽误时间。在这种情况下，王进喜果断决定到水泡子上破冰端水。他和职工们发扬连续作战的作风，不分昼夜端水 50 多吨，保证了这口井顺利开钻。他们到大庆打的第二口井钻到 700 米浅气层时，突然发生井喷，强大的气流裹着泥沙冲出井口。当时王进喜的腿伤还没好，为了保护国家财产不受损失，他不顾个人安危，扔掉拐杖，果断地跳进了泥浆池，用身体搅拌起泥浆来，终于制服了井喷。时至今日，铁人已离我们远去，但他身上所折射出的英雄主义光辉，永远激励着我们前进。时代呼唤英雄，英雄身上散发出的独特魅力，犹如醉人的醇酒，历久弥香。

▲ 在人拉肩扛的过程中，王进喜（前）同工人们一起奋力抬钻机

三、刻苦学习、自强不息

由于小时候家里穷，王进喜没上过学，因此有强烈的求知欲望。他从小就通过看秦腔剧本学文化，参加工作后，积极参加扫盲班，但终因工作繁忙，不能达到随心所欲的程度。铁人当了大队长以后，深感文化低开展工作困难，于是抓紧一切时间来学习文化。他曾说“学会一个字，就像搬掉一座山”。翻开他的笔记，可以看到，他面对不会写的字，就自己创造符号，写出来很像象形文字。他还拜技术干部为师，不懂就问，一学就到深夜。经过努力，他终于达到开会时能够记笔记，上台时能够演讲，工作之余能够读报纸，学习马克思、列宁、毛泽东著作的程度。同时，他还自学了许多有关钻井方面的科学知识，并运用到实践中，多有发明创造，为提高钻井质量和速度、改善职工生产条件等作出了贡献，他也被破格晋升为工程师。阅读铁人的一生，我们就会发现，伴随他的不光是大干、苦干，他还把“对油田负责一辈子”的思想同刻苦钻研、发明创造等紧紧地联系在一起。早在玉门时，他就试验成功了钻机“整拖搬家”。原来钻机搬家是放架子拆搬，就是把 40 米高的井架子放倒拆开，一节节地运，最快也要两三天时间才能完成。经过认真研究计算，他大胆尝试，用 10 多台拖拉机牵引，使钻机平稳前行，两三个小时就将钻机搬迁到新井场。钻机“整拖搬家”在大庆石油会战中得到广泛应用，极大地提高了钻井效率。

到大庆参加石油会战后，针对生产中出现的问题，他和技术人员反复研究，改进钻头质量，加快了打井速度，他也被人们称为“钻头迷”。为防止井斜、提高钻井质量，他和技术人员经过多次现场实验，发明了“大填满”“小填满”式钻具结构法，被科研部门采纳，打出了倾斜角度只有 0.5 度的笔直井，走在了钻井生产的前列。除此之外，他还有许多绝活儿，其中最叫绝的是能在千米之外根据井下的声音，判断钻头的磨损情况。有一次，他跑井路过一个钻井现场，从

会战诗抄

学习铁人老队长，会战精神大发扬；猛挥大钳日夜钻，石油滚滚赛长江。

远处传来的声音中，他判断这口井的钻头牙轮要掉了，就开车到井上，让工人起钻。工人们半信半疑，起出一看，果然如他判断的那样。他曾经说过：“干工作要为油田负责一辈子，要经得起子孙万代的检查。”从他的话中可以看出，他干工作的标准非常高。而工作高标准又来源于他的水平和能力，这是他日积月累、刻苦钻研科学文化知识的结果。今天，我们处在飞速发展的时代，更需要发扬铁人这种“识字搬山”的刻苦学习精神。

▲ 王进喜（中）经常和技术人员分析钻头使用情况，改造钻头，并且用西瓜皮、萝卜等制作钻头模型。工人们都称他为“钻头迷”

四、铁骨铮铮、宁折不弯

衡量一个人，不能仅仅看他一帆风顺的时候，还要看他在遇到困难和挫折时如何面对。古往今来成大业者，无不具有非凡的毅力，他们的目标是明确的、始终如一的。不论在多大的困难、多大的风雨面前，他们都不会放弃，也不会退缩。铁人就是这样一个人。

1966 年底，受“文化大革命”的干扰破坏，大庆油田生产指挥系统陷入瘫痪状态。王进喜看在眼里，急在心上。在万般无奈的情况下，他到北京向周总理汇报大庆油田的生产形势。归来后，他积极传达周总理的“一·八”讲话精神，呼吁大庆要坚持抓革命、促生产。最困难的时候，他领着小儿子一个井队一个井队地跑，动员油田职工坚守工作岗位，百里油田处处留下了他的足迹。不久，王进喜也被揪斗迫害，造反派非法扣押了他，私设公堂审讯他，让他承认“大庆模范标兵是假的，王铁人是假的；大庆的道路是错的，大庆红旗是黑的”。王进喜傲骨铮铮地说："我是铁人还是泥人，关系不大。大庆红旗是几万名干部、工人干出来的，是毛主席亲手树立的，永远是红的。你们想让我承认大庆红旗是黑的，那是痴心妄想，就是刀架在脖子上我也不承认。"由于"文化大革命"的干扰和破坏，大庆油田出现了地层压力下降、原油产量下降、原油含水量上升的"两降一升"严峻形势。王进喜焦急万分。在油田呼吁得不到支持的情况下，他于1970年3月17日到北京向周总理汇报。在王进喜的组织下形成的《当前大庆油田主要情况报告》，实事求是地分析了当时大庆油田生产和地质开发等方面存在的问题。周总理在报告上批示"大庆要恢复'两论'起家基本功"，对排除干扰、扭转局势、保卫大庆油田有着极其重大和深远的历史意义。当年，大庆油田的原油产量上升到2118万吨，有力地支撑了困难重重的国民经济。铁人在威胁和利诱面前所表现出来的宁折不弯、誓死保卫大庆红旗的铮铮傲骨，成为我们学习的光辉榜样。

铁人还落实周总理指示，保护和解放老干部，为特殊时期发展我国石油工业抢救了大批干部和人才。党的"九大"期间，周总理给他交代了一项任务，就是抓紧时间解放油田干部。在铁人王进喜心中有一张长长的需要解放的干部名单。他解放干部是先易后难，先从基层入手。尽管有些干部因当时大环境所限，没有马上得到解放，但铁人的工作和努力也是功不可没的。1970年春节前，铁人王进喜受周总理委托，到江汉油田慰问。他首先想到的也是解放

▲"文化大革命"开始后，王进喜（中排右二）走到群众中去，劝说大家要坚持"抓革命，促生产"

会战诗抄

我是一个普通工人，没啥本事，就是为国家打了几口井。一切成绩和荣誉，都是党和人民的，我自己的小本本上只能记差距。

干部的工作，为李敬、唐克的解放做了大量的工作，并发挥了重要推动作用。李敬是川中会战副总指挥。“文化大革命”期间，有人反映李敬写了几十万字的日记，里边有不少反动思想。王进喜到江汉知道这件事后，说：“他的日记写的都是党中央、毛主席对石油工业的指示、讲话，还有每天为大会战干了什么事、有什么经验教训，能有什么反动思想？再说了，每篇日记都有当时的环境、当时的情况，我们不能用今天的眼光去衡量，总不能因为有几篇日记就打倒吧。”经过铁人做工作，李敬终于在当年 7 月被解放。他说：“铁人做解放我的工作，不光是对李敬负责，更是对党负责；他到江汉是慰问，完全可以风风光光地走过场，不必管这样担风险的事情。他却要管，管得那么认真。这就是国家主人翁的本色，优秀共产党员的本色。”人们都说：“铁人到江汉转一圈，解放干部一大片。”

五、满腹柔情、心系群众

铁人曾经说过：“家属大嫂没油烧，几十里外的钻井工人就觉着冷了。咱不能把马列主义、党的政策放在书架上、文件夹子里嘛！”职工们之所以喜爱他，是因为作为一名领导干部，他自始至终把职工的冷暖挂在心头，成为名副其实的职工贴心人。试问，这样的领导干部有哪个职工不喜欢呢？铁人的身上总有一团熊熊燃烧的大火，靠近了他，就会被温暖，就会干劲倍增。会战初期，正值我国三年自然灾害最困难时期，油田职工的生产、生活上，特别是吃粮和住房上，都面临着极大的困难。最严重时，职工们“五两保三餐”，吃野菜、搭马架、住帐篷。王进喜当了大队长后，带领大家发扬“南泥湾精神”，锹挖镐刨、开荒种地，盖“干打垒”住房。到 1961 年底，二大队盖起了 6000 多平方米的“干打垒”，全大队上千名职工、几百户家属搬进了温暖的住房，建起了设施比较齐全的生活基地。当时，大批职工的家属和孩子从老家搬到油田。王进喜带领人们在大队

会战诗抄　要到万人大会上去受奖，大家劝我换件新衣裳。可是，我却舍不得脱啊——这件沾满了油渍的黄军装。

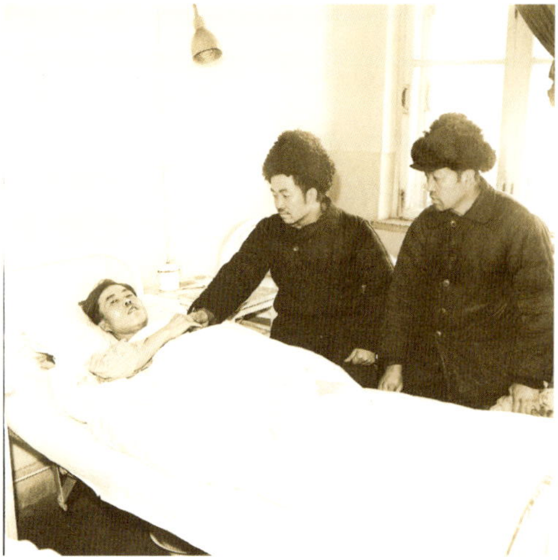

▲ 王进喜（中）和生活股长孙永臣（右）一起到医院看望陈国安（左）

机关附近支起一顶帐篷，建起了大队级第一所小学——帐篷小学。钻井工人总是逐油而迁，到最偏僻、最荒凉的地方打井，因此找对象很困难。铁人就发动全大队人员帮助单身职工找对象，促成了许多职工的婚事。职工们感到工作和生活在这样一个集体里，就像在家里一样温暖。

王进喜关心职工生活的事例很多。1261 钻井队司钻陈国安病了，却检查不出病因。铁人就利用开会的机会，先后把他送进省城医院和北京宣武医院治疗。陈国安长期住院，家里困难大，铁人把陈国安的爱人从大田队调到服务队，让她能够就近上班，同时照顾好 3 个孩子。“文化大革命”期间，王进喜的身心受到了严重摧残。在这种情况下，他仍然没有忘记油田职工的生活。他克服困难，组织职工修建了一条从八百垧到张铁匠长约 8 公里的沙石公路，方便了职工出行；他多方求援，组织人员将落地原油送到二村，解决了职工家属的生活困难。他就是这样一个人，要不钻井工人们都说：老铁工作上要求真严格，生活上对我们真关心。

六、廉洁自律、刚正不阿

铁人王进喜从一名普通石油工人成长为油田领导干部，地位变了，但他身上艰苦朴素的本性没有改变。他不但廉洁自律，严格要求自己，还要求家人“公家的东西一分也不能沾”。他常说“正人先正己，打铁先得自身硬”，这也是他一生正直行为的真实写照。王进喜的老伴儿王兰英 1960 年来大庆，别的长期临时工都转了正，可他没去办，所以王兰英到大庆就成了普通家属。等二大队成立作坊时，他就安排她去喂猪兼烧茶炉。王兰英身体不好，同志们想把她安排到缝纫

▲ 王进喜（前排左二）和家人的合影

组、理发室或者浴室，找个轻松点儿的活干，王进喜说啥也不同意。会战初期，条件特别艰苦，组织上考虑到钻井工人体力消耗很大，每月给他们补助六两保健肉。一次，王进喜所在大队的后勤人员考虑到大队领导比较辛苦，就自作主张，给每个大队领导分了点儿。王进喜回家，看到厨房里有一块肉，他马上了解情况。得知真相后，他立即组织大队班子成员开了一个会，对此提出了严厉批评。他说："保健肉是党组织给一线工人的补贴，我们吃了，等于从工人嘴里抠肉吃，咽得下去吗？"会议决定，把分给干部的肉都退回来。王进喜带头做了思想检查。王进喜搬家时，井队工人们见他家炕上铺的席子都旧了，有的破得不能再铺了，就说"咱队上搭棚子用的席子多得用不完，去取几张"。可他老伴儿说啥也不要，她说："进喜说过，公家的东西不能往家里拿，别去啦！"那时候，单位给职工办福利，床上的草垫子都是发的。工人们说席子不换了，草垫子总可以领几个吧。这时老太太出来说话了："不是说了吗，公家的东西一分也不能沾，别去啦！"

七、谦虚谨慎、不图虚名

铁人常说："我是个普通工人，没啥本事，就是为国家打了几口井，一切成绩和荣誉都是党和人民的，我的小本本上只能记差距。"他由一名普通钻井工人，

铁人诗话

井没压力不出油，人没压力轻飘飘，困难越大越有干头。

▲ 王进喜（左一）经常深入工人中了解情况，帮助解决实际问题

成长为全国劳模、中央委员，是一步一个脚印走出来的。但他功高不自傲，始终保持着谦虚谨慎、不骄不躁的优秀品质，把自己看成普通石油工人当中的一员。到了井场，他和工人同吃同住同劳动；钻井遇到难题时，他积极出主意、想办法，受到了职工们的一致欢迎。1963 年 6 月，大队开大会，通知北京石油学院一批实习生来参加，结果这些学生迟到了。王进喜劈头盖脸地狠狠批评了一顿。这些学生住在 30 公里之外，没有专车接送，他们是起大早搭车加步行赶来的。散了会，一位干事把这情况告诉了王进喜，他懊悔不已，专门赶到实习生住地道歉。1964 年春天，王进喜到 45 井家属基地检查工作。在托儿所，他看到一位保育员抱着自己的孩子，而别人的孩子坐在地上哭，当场就把保育员批评了一顿。当他走出托儿所，所长告诉他："今天你冤枉人了，那保育员刚才抱的孩子是别人的，那哭的孩子才是她自己的。"听了这话，王进喜像被人打了一棍子，他返身回到屋里握住保育员的手恳切地说："小同志，真是对不起，方才错怪了你。"1964 年初，人民日报社派出一名记者随新闻采访团来大庆专门采写铁人的稿子。记者点灯熬油写出一篇近万字的长篇通讯，铅印出来送给铁人审查核对。王进喜看完后说："依我看，大庆会战取得胜利，一靠党的领导，二靠广大群众努力。看不到党的领导，看不到群众作用，这就是不真实。"结果在第一轮报道大庆的高潮中，没有宣传铁人的专稿见报。

斯人已去，雄风犹在。铁人身上散发出的独特的人格魅力，不但没有随着时代的变迁而消失，反而越来越散发出醉人的醇香。全国人民思铁人、忆铁人，呼唤着心中的英雄，永远怀念铁人。

第四节 大庆优良传统的内涵

大庆优良传统由一套系统的思想体系构成，是大庆精神的具体体现和重要组成部分。1989 年 9 月 26 日，中共中央顾问委员会常委康世恩在全国石油企事业单位领导干部会上的讲话中指出，大庆经验最可贵之处在于：一是无论在任何情况下，都坚持党的领导，加强思想政治工作，把队伍建设放在第一位；二是无论在任何情况下，都坚持马克思主义的唯物论、辩证法，在改造客观世界的同时，也改造人们的主观世界；三是无论在任何情况下，都全心全意依靠工人阶级，全面体现和保证工人当家作主的地位，充分发扬工人阶级的主人翁作用；四是无论在任何情况下，都重视科学技术的发展，充分发挥知识分子的智慧和作用，在独立自主、自力更生的方针下，攀登科学技术高峰；五是无论在任何情况下，都坚持艰苦创业、艰苦奋斗的革命精神，宁愿自己多吃点苦，也要为国家作出更多的贡献。对应这五个方面，将大庆会战中形成的优良传统作一简要归纳。

一、加强党的领导和思想政治工作

坚持“思想政治工作是经济工作和其他一切工作的生命线”地位，学习解放军“支部建在连上”的优良传统，全面加强“三基”工作，这是会战工委通过总结会战初期加强基层建设的基本经验后，于 1964 年提出的基层工作全面发展、全面提高的方针，即加强以党支部建设为核心的基层建设，加强以岗位责任制为中心的基础工作，加强以岗位练兵为主要内容的基本功训练。加强基层建

▲ 岗位练兵坚持干什么学什么、缺什么补什么，经常组织技术“赛巧”和技术能手竞赛活动，促进职工技术素质提升

设，核心是加强党支部建设。加强基础工作，中心是建立健全严格的岗位责任制度。加强基本功训练，主要是坚持岗位练兵。干什么、学什么，缺什么、补什么。经常组织和开展技术“赛巧”、技术能手竞赛活动，促进职工技术素质不断提升。“三基”工作形成于石油大会战时期，它的产生和石油大会战特定的历史条件以及石油行业的特点紧密相连。“三基”工作作为大庆经验的重要内容，已推向全国石油系统，对全国工业战线的企业管理产生了深远的影响。

发挥领导干部在队伍建设中的表率、示范作用，提出了“领导干部人人当政治部主任”的基本要求，形成了“要求群众做到的，领导要带头做到；要求群众不做的，领导坚决不做”的行为准则。这是大庆领导干部一直严格遵守的行为准则。大庆自石油会战一开始，就强调各级领导干部的模范作用，认为“干部以身作则，闻风而动，严格要求，一丝不苟，对搞好工作、带好队伍有很大关系”。在实践中，各级领导干部带头学“两论”，结合工作实际，学以致用，并用自己的模范行动去带动广大职工坚持不懈地学习毛主席著作；带头参加劳动，亲临前线指挥生产，带头坚持和发扬艰苦奋斗的光荣传统；带头深入基层，蹲点调查，亲自抓典型，总结经验；带头坚持“三老四严”的作风，兢兢业业，扎扎实实，严细认真，一丝不苟。领导干部以身作则，身体力行，作出榜样，就是以自身的行为去影响和激励群众。要求群众做到的，只要领导能带头做到，就能感染、教育群众，有力地激发群众的积极性。

思想政治工作坚持“两抓”基本指导思想，本着“四个为主”的原则，通过

"一把钥匙开一把锁"，增强思想政治工作的针对性、实效性，通过"抓典型、立标杆"，在队伍中培养"三老四严""四个一样"的作风，营造了"有第一就争，见红旗就扛"的浓厚氛围。

"抓生产从思想入手，抓思想从生产出发"是大庆油田思想政治工作的优良传统，是在创业时期形成并一直延续至今的正确处理思想政治工作与经济工作关系的基本原则，也是大庆思想政治工作的一条基本经验。抓生产从思想入手，就是坚持思想领先，抓生产首先要抓住人的思想政治教育，注重解决生产过程中遇到的各种思想问题，把思想工作做到前头。抓思想从生产出发，就是思想政治工作必须围绕经济建设这个中心进行，根据经济工作实际，确定思想政治工作任务，把思想政治工作贯穿于生产建设的全过程，保证生产建设任务的完成和经济效益的提高。1964 年，石油工业部政治部在《关于加强基层建设，健全经常性政治工作的 12 条基本经验》中，将大庆油田在思想政治工作上创造的这些经验，概括为"抓生产从思想入手，抓思想从生产出发"。

"四个为主"是大庆思想政治工作的一条重要经验，是在群众中进行思想政治工作的基本依据。主要内容是：提高职工的思想觉悟与解决实际问题相结合，以提高思想觉悟为主；表扬与批评相结合，以表扬为主；耐心的正面说服教育与执行必要的纪律相结合，以正面说服教育为主；自上而下地进行教育与群众性的自我教育相结合，

▲ 把思想政治工作做到生产中、科研中、家属中

会战诗抄

十月大地好风光，会战英雄备战忙。龙争虎斗夺分秒，捷报频传飞四方。

以群众性的自我教育和相互教育为主。大庆会战工委在1961年的《松辽石油会战政治工作总结》中指出，思想政治工作要坚持以表扬为主的方针，坚决相信群众大多数，要学会严格要求和耐心说服教育相结合的领导方法，主要是进行教育，弄清思想，提高认识，惩前毖后，治病救人。在1963年的《松辽石油会战政治工作汇报提纲》中，又进一步明确提出，坚持以表扬为主、正面说服教育为主、提高思想为主的方针和主要依靠群众自我教育和相互教育，用摆事实、讲道理、以理服人的办法。

1964年初，在总结大庆石油会战思想政治工作经验时，形成了“四个为主”的原则，并在《大庆油田政治工作经验》中作出了比较完整的阐述。

一是只有坚持以提高思想为主，同时认真解决职工中存在的那些应当解决而又可能解决的问题，才能使职工的积极性、创造性持续有效地发挥出来。职工的思想问题往往与实际存在着的困难有关，如不去解决职工确实存在的、应当解决而又能够解决的实际问题，就不能有效地解决思想问题。只注意解决实际问题而忽视解决思想问题，甚至把物质鼓励作为提高劳动热情的主要或唯一手段，不仅达不到激发职工积极性的目的，相反，在一定程度上还会助长职工中的不良倾向甚至造成恶性循环。

二是在对职工进行思想教育的过程中，有表扬和批评两种，要以表扬为主、批评为辅。表扬是对先进的激励，也是对后进的鞭策。以表扬为主，不但要表扬先进，也要善于发现中间和后进中的积极因素，并及时给予表扬和鼓励；不仅领导要给予表扬，还要发动群众互相表扬；不但要抓住具体事例进行表扬，更要从思想的高度加以认识，从而激励群众的上进心和荣誉感，调动其积极性，把消极因素转化为积极因素。正确的批评是弄清是非、提高思想、团结同志的有效教育形式。坚持表扬与批评相结合，以表扬为主，就是要扶正祛邪、扬善抑恶，鼓励先进、带动中间、促进落后。

三是耐心的正面说服教育与执行必要的纪律相结合，要以正面的说服教育为主。解决思想认识问题，必须坚持“团结—批评—团结”的方针。主要是调查研究，摆事实、讲道理，以理服人，热心诚恳地关心和帮助同志，以情感人。不能用压服的办法对待同志。在坚持耐心说服教育的同时，要严格要求，对个别错误性质严重的，还要进行严肃的批评甚至必要的纪律处分，做到惩前毖后、治病救人。

四是在对职工进行思想教育中，要把自上而下地进行教育与群众性的自我教育相结合，以群众性的自我教育和相互教育为主。对于一些重大的全局性问题，由各级领导干部负责，原原本本地传达党中央的方针政策和指示，结合本单位的具体情况和职工中有普遍性的思想问题，适当地进行集中教育和系统教育，以澄清思想，统一认识和行动。对于职工中存在的日常的、大量的、具体的思想问题，应发动广大职工群众做思想工作，主要依靠党团员、班组长、先进分子，通过班组座谈、讲座和个别谈心等形式，做好一人一事的思想工作。这样做针对性强，能够及时地、具体地解决大量问题。依靠群众进行自我教育和相互教育，是思想教育工作最主要的形式和最基本的方法。坚持这一原则，是党的群众路线在思想政治工作中的具体运用，其核心是充分相信群众、依靠群众，卓有成效地调动群众的智慧和力量，激发职工的主人翁责任感。

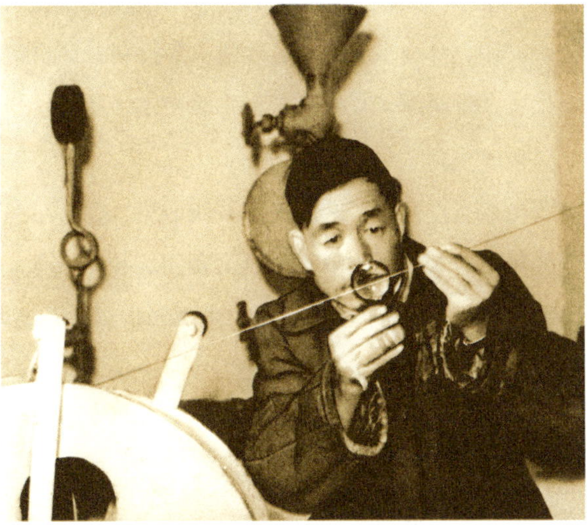

▲ 1960 年冬季，采油指挥部三矿四队队长辛玉和针对徒工挤扁刮蜡片隐瞒不报的问题，召开“事故现场分析会”，并在全队开展“三老两严”教育活动

在全国广为流传的“三老四严”“四个一样”，是会战期石油职工过硬作风的集中体现。“三老四严”源于会战时期采油指挥部的三矿四队。会战初期，这个队组建不久，新来的徒工小孙因操作失误挤扁了刮蜡片，还让材料员为他保密。队长辛玉和认为“小洞不补，大洞尺

铁人诗话

我的办法在什么地方啊，办法就在工人的脑子里头。我去向他们学，向他们问，回来就有了办法。

五”，必须小题大做。他严肃地批评了小孙，小孙也检讨了自己的错误。同时，全队在那口井上召开了“事故分析现场会”。不久，在队党支部的带领下，全队开展了“当老实人，说老实话，办老实事，严格要求，严明纪律”的“三老两严”活动。1962年，石油工业部把他们在实践中摸索并创造的一些经验，概括为“三老四严”的革命作风。1963年，“三老四严”被写入《石油工业部工作条例》，上升为整个石油工业战线的标准，同时被赋予了具体内涵。

当老实人，就是鼓足干劲，艰苦奋斗，不图安逸，不怕困难；埋头苦干，少说多做，一切从实际出发，尊重科学；有全局观点，向上级要东西不能越多越好，交东西不能越少越好，不闹分散主义；有团结协作精神，不能只图自己方便，不顾别人困难；对同志讲原则，以诚相见，有意见当面提，不当面一套、背后一套，不耍手段。

说老实话，就是向上反映情况、向下作报告，必须有什么说什么，有多少说多少，不夸大成绩，不缩小缺点，不隐藏错误，更不能封锁消息、报喜不报忧、夸夸其谈、哗众取宠；凡做计划、要投资、要材料、要人员、做统计报表以及对上报告，都必须实事求是，是多少要多少，坚决反对弄虚作假，宽打窄用，打埋伏，藏一手。

做老实事，就是必须提倡调查研究，实事求是，做“笨事”，做“傻事”；工作要越做越细，不怕麻烦，认真负责，讲求实效；要一件事一件事、一个问题一个问题、一点一滴去干，搞个水落石出；不做表面花花哨哨、内容空空洞洞的事，反对粗枝大叶、马马虎虎、道听途说、指手画脚的坏作风。

严格的要求，就是一切行动都要严格按党的政策和上级指示办事，各个方面的工作都要有严格的标准，要做就要做彻底，绝不允许凑合、应付。产品质量不合国家规格，坚决不出厂；工程质量没有达到设计要求，坚决返工重来；设备检修质量不合格，坚决不许开动。

严密的组织，就是在生产、建设的各个环节、各个岗位上，必须做到人人职责分明，事事都有人管；各个环节、各个岗位都要紧密协同配合，使上下左右都工作、生活在严密的组织之中。坚决反对责任不明、无人负责和互不协作的混乱现象，绝不允许自由散漫、各行其是、自搞一套。

严肃的态度，就是对党和国家的方针政策、上级指示，要做到严肃认真、雷厉风行、说干就干、干就干好，要抓紧、抓狠，一抓到底，反对那种囫囵吞枣、拖拖拉拉、疲疲沓沓的坏习气；对人对事必须坚持原则，划清正确与错误的界限，分清责任，自己有错误，必须诚恳进行自我批评，坚决改正；一切正确的东西都要支持，一切错误的东西都要及时批评纠正，发扬正气，批判歪风邪气，不能是非不分、马虎迁就。

严明的纪律，就是在生产、建设各项工作中，必须实现集中统一领导，严格遵守各种规章制度、工艺纪律和劳动组织。凡是遵守制度、积极工作的，就要表扬鼓励；违反制度的，就应按照不同情况及时严肃处理，不能迁就姑息；在执行纪律时，应坚持原则，以说服教育为主，防止惩办主义。

“四个一样”源于会战时期采油指挥部二矿五队 5 排 65 井组。会战时油田点多、面广、战线长，有很多岗位需要单独顶岗，昼夜值班。5 排 65 井组成立于 1961 年 7 月，刚投产不久，井组同志对它的规律还不掌握，以至于冬天的夜晚经常发生冻管线的事故。井长李天照发动大家查找原因。有的同志检讨说：“自己夜里值班累了，打了瞌睡，执行制度马虎了。”也有的同志反映情况说：“白天人来人往瞧得见，夜深人静，值班的人就从思想上放松了，往往做不到在规定的时间内检查。”通过这么一议论，大家认识到，干工作只有黑夜和白天一个样，才能避免发生事故，保证油井正常生产。在李天照的带领下，这个井组在工作实践中又进一步摸索，形成了现在所说的“四个一样”——黑夜和白天一个样，坏天气和好天气一个样，领导不在场和领导在场一个样，没有人检查和有人检查一个样。就是凭着

戰報

ZHAN BAO

1962年12月20日　星期四　第413号

就知識总体来說，无論何种知識都是不能离开直接經驗的。任何知識的来源，在於人的肉体感官对客观外界的感觉，否認了这个感觉，否認了直接經驗，否認亲自参加变革現实的实践，他就不是唯物論者。

毛泽东：《实踐論》

李天照井組是一个标兵井組

試注職工心头热　那怕霜重北风寒

創冬季施工单井試注最好成績

供应紅砖厂半成品砖質量大大提高

▲ 1962 年 12 月 20 日，《战报》刊登李天照标兵井组的先进事迹

“四个一样”的好作风，他们所管的油井自投产以来没有发生过一次事故，月月的产量都超额完成任务，年年获油田“标杆井组”的光荣称号。

基层在人人做思想政治工作中逐步形成一套经验：支部要调查研究，及时掌握职工思想动态；要通过班组座谈、个别谈心等形式，把工作做到井场上、工地上，班前班后都开展；骨干要当群众的知心人，做后进职工的朋友；党团员要以模范行为影响教育群众。

二、加强领导班子和领导机关建设

以领导班子、领导干部为重点，坚持“两论”起家基本功，强化理论武装工作。坚持“两论”起家基本功就是通过学习毛泽东同志所著的《实践论》和《矛盾论》，用辩证唯物主义的立场、观点、方法，去分析、研究、解决油田开发建设中的一系列问题。石油会战之初，遇到了各种各样的困难：人力不足，资金不足，设备缺乏，材料短少，生产设备不配套，生产技术落后，生活条件差，气候严寒，缺乏勘探开发的实际经验等。会战总指挥余秋里、康世恩面临错综复杂的困难和矛盾，审时度势，运筹帷幄，抓住主要矛盾和问题的主要方面，及时作出决定，号召全体会战职工学“两论”。

1960 年 4 月 10 日，石油工业部机关党委在《关于学习毛泽东同志所著〈实践论〉和〈矛盾论〉的决定》中指出：“在会战中，把别人的经验都学到手，但又不迷信别人的经验，不迷信书本，我们要勇于实践，发扬敢想、敢说、敢干的风格，创出自己的经验。同时，我们在实践中要不迷失方向，就要掌握马列主义的理论武器，把实践经验上升到理论，包括正确认识油田规律，使我们的实践具有更大的自觉性。”石油工业部机关党委决定立即组织全体共产党员、共青团员和干部学习毛泽东同志的《实践论》和《矛盾论》，并号召非党职工也都来学习“两论”，用“两论”的立场、观点、方法来组织大会战的全部工作。广大会战职

会战诗抄　一筐土、一支歌，施工战士笑呵呵。大筐运走千层土，歌声唱出石油河。

工认真学习“两论”，努力掌握马克思主义哲学这一认识世界、改造世界的强大思想武器，努力清除唯心论和形而上学的思想影响，逐步地认识到大庆油田的具体实际和油田开发建设的规律，比较好地解决了会战工作中的一系列问题。

历史证明，会战时期作出的学习“两论”的决定，是当时大会战实践的需要，是认识和掌握我国第一个特大型砂岩油田客观规律的需要，收到了巨大的效果，对大庆油田产生了深远的意义和影响。因此，得到了广大职工的欢迎和拥护。

对领导干部实行的“约法三章、四个公开”，是指大庆石油会战工委在1964年8月下旬的扩大会议上，通过总结会战几年来发扬艰苦奋斗精神，干部参加劳动，领导亲临前线指挥生产、蹲点调查的好处后，制定的一项企业领导干部革命化的措施。其主要内容：一是坚持发扬党的艰苦奋斗的优良传统，保持艰苦朴素的生活作风，永不搞特殊化；二是坚决克服官僚主义，不能做官当老爷；三是坚持“三老四严”的作风，谦虚谨慎、兢兢业业，永不骄傲、永不说假话。1964年9月30日，石油工业部向各局、厂、公司转发了大庆工委的“约法三章”。国家计划委员会在计划会议上印发各中央局计委，各省、市、自治区计委，抄送中央各部、委、办，国家经济贸易委员会在《工业交通战线》第13期上予以刊登。

为了把“约法三章”执行好，油田各级领导干部始终坚持每月开一次党小组会，每年组织基层干部、工人、家属代表进行检查，形成了定期检查制度。通过认真执行“约法三章”，密切了领导和群众的关系，防止了干部特殊化，在广大职工中反响很好。随着生产建设的迅速发展，人们的物质生活水平得到不断提高，但是，“约法三章”的要点并没有过时，艰苦奋斗的创业精神、艰苦朴素的生活作风，仍然需要大力提倡。“永不特殊化”“不能做官当老爷”“永不说假话”的要求，也很有现实意义。

大庆石油会战时期，会战工委要求每个领导干部在领导班子内必须做到“四个公开”，即思想公开，有问题摆到桌面上来，不隐瞒自己的观点，不搞背后议论；缺点公开，严于解剖自己，不护短，不怕丑，积极开展批评和自我批评；工作公开，及时向党委汇报工作，经常互通情况，有事共同商量，加强集体领导；生活公开，严格要求自己，不搞特殊化，不干见不得群众的事。大庆油田各级领导班子根据这个要求，都制定了革命化的具体措施，并向群众公布，接受群众监督。

在各级机关干部中倡导“三个面向”“五到现场”。“三个面向”是大庆企业机关工作的一个基本指导思想，即面向生产、面向基层、面向群众。1960年，大庆石油会战一上手，会战工委便强调，各级领导要“亲临生产第一线指挥生产”“机关工作要面向生产”。在1962年5月10日召开的全油田党员干部大会上，针对当时基层建设工作还不够稳固，机关工作还不深入、不细致，缺乏扎扎实实作风的问题，会战工委提出：“各级领导干部必须深入生产第一线，扎扎实实领导生产。对基层工作，要实行面对面的领导。各级领导机关应当明确主要的任务是把基层建设好，把基层建设好了，就完成了领导工作的基本任务。”接着，《战报》也发表了题为《大力改进作风是加强基层工作的关键》的社论，提出“领导机关要面向基层，一切工作要从加强基层工作出发，把生产全面管好”。经过不断实践、不断总结，到1964年就形成了“面向生产、面向基层、面向群众”的工作指导思想。大庆石油会战以来，大庆企业各级机关工作始终坚持这一指导思想。不论是政治工作部门、生产指挥系统，还是计划、财务、劳动、物资

▲ 会战工委要求每个领导干部在领导班子内必须做到“四个公开”

铁人诗话

万马奔腾九月间，英雄干劲冲破天。生产指标番加番，众志成城夺油田。

供应部门，都积极为方便基层创造条件，为生产服务，为群众排忧解难。机关坚持这一指导思想，对于克服主观主义、官僚主义和命令主义，密切干群关系，调动各方面的积极因素，提高工作和生产效率都具有重要意义。

“五到现场”是大庆企业机关在会战中形成的传统作风，即生产指挥到现场，政治工作到现场，材料供应到现场，科研设计到现场，生活服务到现场。生产指挥到现场，是指指挥调度人员要现场调度，计划人员到现场落实计划，进行综合平衡；凡是有两个以上施工单位协同作战的施工地区，就需要组成前线指挥机构，实行面对面的领导。政治工作到现场，是指政治工作部门的干部除有三分之一的人在机关办公、三分之一的人坚持常年蹲点外，还有三分之一的人坚持深入现场了解情况，发现典型，总结经验，并做好现场的宣传鼓动工作。材料供应到现场，是指物资供应部门按照设计和施工的预算，去组织材料供应，实行“大配套”“小配套”“货郎担”，送料到现场，设备维修人员也“身背三袋”到现场服务。科研设计到现场，是指科研设计工作紧密结合生产实践，有效地解决生产中的问题；由研究设计人员组成工作组，深入生产实践，进行现场调查，组成试验队到现场，边参加生产，边进行试验；研究与生产部门联合组成攻关队，攻克关键技术；进行技术交底，交意义、交目的、交原理、交方法、交技术要求，放手发动群众参加科研设计工作。生活服务到现场，是指后勤和商业等部门组织理发、缝补，保证日用百货到现场，更好地为前线服务。实行“五到现场”，有利于根据实际情况制

▲1960 年 8 月，会战指挥部针对生产一线材料供应不上、不及时等问题，到供应指挥部调研时提出“把材料主动送到工地上”的要求。此后，康世恩多次提出，领导机关应该多为基层着想，为基层服务，把方便送下去，把麻烦揽上来。1964 年，将机关为基层服务的内涵概括总结为“三个面向”“五到现场”

定工作方针，避免瞎指挥；能更多地倾听群众呼声，了解群众疾苦，及时地解决问题，激发工人群众大干社会主义的积极性；能更好地改进工作作风，促进机关革命化。干部为群众服务，机关为基层服务，这是由企业的社会主义性质所决定的。在今天，仍需大力提倡这一传统作风。

努力做到干部与职工“五同”“工人三班倒、班班见领导”。干部与职工“五同”，是大庆在石油会战初期对领导干部提出的要求，即领导干部要同职工同吃、同住、同劳动、同解决生产问题、同娱乐。石油会战初期，生产和生活条件很差，为了战胜困难，会战领导机关要求各级领导干部在实际工作中做到“五同”。各级领导干部同群众同甘共苦，深入基层做好思想政治工作，遇事同群众商量，虚心听取群众意见，进一步密切了干群关系，鼓舞了群众的革命干劲，大大加强了对基层的领导工作，从而保证了会战各项任务的完成，同时也锻炼了广大干部，提高了干部素质。

“工人三班倒、班班见领导”，是指企业基层干部坚持长年跟班劳动和轮流住队值班，体现基层干部与工人同吃、同住、同劳动、同解决生产问题、同娱乐的艰苦奋斗精神和密切的干群关系。从石油会战开始，无论是基层生产管理干部，还是思想政治工作干部，都坚持住队轮流值班，一天 24 小时管生产，做到“工人三班倒，班班见领导”。1963 年，会战工委还总结出干部跟班劳动的 7 种形式：跟班劳动，跟班写实，进行调查研究；带上问题，跟班劳动，找解决问题的办法；住在落后班组，跟班劳动，改造落后；在最困难、最艰苦的时候，跟班劳动；在最紧要、最关键的地方，跟班劳动；生产上遇到复杂情况，跟班劳动；人少打突击的时候，跟班劳动。干部以身作则，跟班劳动，不仅有利于激发群众的积极性、主动性和创造性，保证生产任务的完成，而且使干部永远保持劳动人民的本色。

在培养“三老四严”好作风中，会战工委经常强调“两句话、四点要求”。“两句话”是“严格要求，必须从大量的、细小的、常见的问题上抓起；真本领、硬功夫要在日常工作中不间断地勤学苦练”。“四点要求”：第一，关键是领导带

会战诗抄

天高我们攀，地厚我们钻。钢铁意志英雄胆，不拿下油田心不甘。

头，以身作则；第二，从常见的、大量的、具体的“小事”抓起，小中见大；第三，好作风要在实际工作中磨炼，磨掉坏的，炼出好的；第四，思想领先，严字当头，做到耐心说服教育和严格要求相结合。特别强调，“干部以身作则，闻风而动，严格要求，一丝不苟，对搞好工作关系很大”“严格要求，首先要从领导严起”。

要在队伍中树立“严、细、准、狠”的科学态度和思想作风。余秋里部长深刻地指出：

严，就是我们讲的“四严”，就是在一切工作上不马虎、不凑合、严格要求；严，就是做事认真，干就干得漂亮，决不凑合应付；严，就是对工作卡得非常紧，一点也不迁就，遇到问题毫不含糊，不让它滑过去；严，就是一切工作都有一个高标准，不“降格以求”，不满足已经达到的水平，有了差错，决不原谅自己；严，领导自己首先要严，领导自己不严，糊里糊涂，得过且过不行；严，不是惩办主义，不是命令主义；严，是长期教育和锻炼的结果。

细，就是工作要抓得细，做到精雕细刻，像绘画、绣花一样；领导干部，考虑一个问题、抓一份工作，都要细、要具体、要周到，不能光讲原则，不能大而化之，不能粗枝大叶。

▲ 钻井工程师王炳诚（右一）深入基层解决实际问题，被誉为“工人身上有多少泥，干部身上也有多少泥”

准，就是要问题看得准、工作抓得准，这是正确解决问题、正确指挥生产的基础。看不准、抓不狠，就是犯主观主义，就要瞎指挥。要看得准、抓得狠，就要下苦功夫，做到深入细致地调查研究。搞调查研究，最根本的一条，就是要领导深入前线、深入基层、深入实际、深入群众。

狠，就是雷厉风行，说

干就干，干就干好，抓就抓死，一抓到底，一定要搞出结果来。解放军的哨兵守则，“三大纪律、八项注意”，搞了几十年，现在还是经常抓。岗位责任制也是丝毫不能放松，要天天抓、时时抓、年年抓，老子死了，儿子还抓，要狠抓到底。

三、全心全意依靠工人阶级

坚持实行政治、生产技术、经济“三大民主”，“领导心里装着工人，工人心里装着企业”，人人自觉遵守岗位责任制，按照“五条要求”“好字当头、严细成风”，以主人翁的责任感做好工作，“宁要一个过得硬，不要九十九个过得去”“干工作经得起子孙万代检查”。

“三大民主”是在会战初期，为在企业管理中确立广大职工的主人翁地位，逐步形成的一项切实有效的措施和制度，即政治、生产技术和经济民主。政治民主主要是保证每个职工有向一切违反党和国家政策、法令的现象作斗争的权利，保证每个职工在一定的会议上有批评干部的权利。在大庆油田各种工作会或生活会上，工人都可以插话，对干部进行面对面的批评。正确的意见，干部就立即接受，保证职工有充分的政治权利。生产技术民主主要是广泛地吸收工人参加生产技术管理，把群众管理和专业管理结合起来。经常发动群众讨论生产上的作业计划，讨论规章制度，讨论生产技术上的重大问题，大搞技术革新。经济民主主要指工人参加经济核算的活动。既搞班组核算，还要管理食堂，要求食堂日清月结，要分伙食尾子；每年还发布生活规划，讨论农副业生产分配方案。充分发扬政治、生产技术和经济民主，调动了企业职工的积极性，使企业指挥高度集中，增强了职工队伍的组织性、纪律性。“三大民主”是会战工委坚持走党的群众路线的写照，体现了工委始终把相信群众、依靠群众、从群众中来、到群众中去，靠广大职工的革命行动、创造精神办好企业作为一条根本路线。

“领导心里装着工人，工人心里装着企业”，指企业领导时刻不忘全心全意依

铁人诗话

石油工人志四方，祖国山河任我闯。四卷宝书随身带，为国为民争荣光。

靠工人阶级，充分发挥职工群众的积极性和创造性，职工群众就会增强主人翁的责任感和使命感，把自己的利益和企业的效益紧密联系在一起，自觉为实现企业的目标努力拼搏。会战时期，大庆各级领导坚持依靠工人阶级办企业，保证职工群众在企业中的主人翁地位。具体做法：

一是突出宣传工人阶级的形象。工人是生产的主角，也是大庆广播、电视、报纸和舞台上的主角。

二是坚持实行政治、生产技术、经济“三大民主”。重大决策都认真听取、采纳工人意见，并设立了职工合理化建议奖，确保广大工人参政、议政的权利。

三是充分发挥广大职工在企业管理中的作用。实行厂长负责制后，推行了以全员管理、全面工作管理的目标化、标准化和制度化为主要内容的“两全三化”的企业管理办法。坚持职工民主评议企业领导干部制度，基层职工定期检查机关工作制度，使工人参加企业管理落到了实处。

四是注意发挥工会和职代会的作用。一些单位对厂长和职代会的决策权进行了适当划分，企业日常行政事务和年度生产经营计划实施的决策权属厂长，而有关企业长期发展规划和全体职工切身利益的决策权属职代会等。

五是积极在工人，特别是一线工人中发展党员，注意从工人中选拔干部。

六是确保工人群众的经济利益。既坚持按劳分配的原则，又适当控制领导与一般工人收入的差别。

七是牢固树立依靠工人阶级的观念。核心是依靠产业工人，但也包括知识分子，注意发挥工人阶级各个组成部分的作用。

八是启迪工人群众的阶级觉悟，不断提高职工的主人翁意识。坚持对职工进行工人阶级先进性和在社会主义现代化建设、改革开放中的作用等方面的教育，激发职工的主人翁责任感、使命感和创造精神。

九是建立全员培训网。全面提高职工的政治、思想、文化素质，增强其当家作主的能力。

十是注意做好职工思想政治工作。把思想政治工作做到井场、工地、田间和每一个角落、每一个环节，想群众之所想，急群众之所急，全心全意为工人群众谋利益。这样做的目的是极大地调动职工群众的主动性、积极性和创造性，让他们把企业看成自己的家，与企业休戚与共，全身心投入企业的生产建设和各项工作之中。

当年的大庆石油会战，是多工种、多专业、多领域、多学科的庞大、复杂、系统的协同作战。150 多个工种，20 多个专业、5 万多人在广阔油田上进行会战，具有点多、线长、单兵作战、独立作战的特点。面对这样的实际情况，应该怎样进行管理？建立一项什么样的制度？当时没有现成的经验、制度可以借鉴，只能在大会战的实践中探索。这个过程中，大庆油田把千万件事落实到千万个人头上，创造了岗位责任制。大庆油田“岗位责任制”的诞生，是对如何管理中国工业企业的一个突破性的探索，又是对企业管理的一个重大贡献，体现了大庆油田管理的特色，也体现了企业管理的本质要求。

在探索中国工业化道路的过程中，如何管理好一个企业是重要内容。党中央、毛泽东主席非常注意这方面经验的总结。1960 年 3 月 22 日，毛泽东同志在中共中央批转的鞍山市委《关于工业战线上的技术革新和技术革命运动开展情况的报告》中，以苏联经济为借鉴，对我国的社会主义企业管理进行了初步总结。“强调实行民主管理，实行干部参加劳动，工人参加管理，改革不合理的规章制度，工人群众、领导干部和技术人员三结合，即‘两参一改三结合’的制度。”当时毛泽东同志把“ 两参一改三结合”称为“鞍钢宪法”，使之与当时苏联的“马钢宪法”相区别。1961 年中共中央制定的“工业七十条”正式确认了这个管理制度。后来美国麻省理工学院的管理学教授

延伸阅读

“鞍钢宪法”：鞍钢宪法是我国鞍山钢铁公司于 20 世纪 60 年代初总结出来的一套企业管理基本经验。1960 年 3 月 11 日，中共鞍山市委向党中央作了《关于工业战线上的技术革新和技术革命运动开展情况的报告》，毛泽东在 3 月 22 日对该报告的批示中，高度评价了鞍钢的经验，提出了管理社会主义企业的原则，即开展技术革命，大搞群众运动，实行“两参一改三结合”，坚持政治挂帅，实行党委领导下的厂长负责制，并把这些原则称为“鞍钢宪法”，在全国范围内推广。

“马钢宪法”：以马格尼托哥尔斯克冶金联合工厂经验为代表的苏联一

鞍山市委《关于工业战线上的技术革新和技术革命运动开展情况的报告》

会战诗抄

主席著作放光芒，革命真理照心上。走上钻台打大钳，全凭思想这杆枪。

罗伯特·托马斯称："毛泽东的主义是全面质量管理和团队合作的理论精髓。"

在大庆石油会战中，石油工业部党组和会战工委学习贯彻"鞍钢宪法"，结合大庆石油会战的实际，探索形成了"五级三结合"的民主管理、民主决策的形式。这种民主管理制度对保证大庆石油会战中重大决策的民主性、科学性、正确性发挥了重要作用。但是，在生产管理过程中，如何探索和建立一套行之有效的生产管理制度成为大会战的一个重大课题，也是加强油田管理的客观要求。就在那时，发生了一起震惊油田乃至石油工业部的中一注水站着火事件。这个站当年投资160万元，是一个先进单位，是第一个投产的注水站。1962年5月8日，由于管理粗放，注水站被一把火烧掉了。余秋里得知消息后，迅速从北京赶到大庆，调查分析事故原因。康世恩决定召开党员干部大会。大会之前，康世恩同志琢磨了两句话："严格要求，要从常见的、大量的、细小的问题上抓起；真本领、硬功夫，要在日常工作中不间断地勤学苦练。"这两句话被挂在大会的会场上，让参加会议的同志思考问题、吸取教训。康世恩在大会上作了重要的讲话，这次讲话奠定了"岗位责任制"的指导思想和方向。他说："大庆石油会战，经过2年的勘探开发，已经发展到一个新阶段。随着油田生产规模扩大和国家的需要，必须以原油生产为中心，来组织我们的工作，今年突出的任务就是全面管好生产。大庆会战队伍来自四面八方，工作千头万绪，怎么才能组织好？一定要加强基层建设、基础工作和基本

长制管理方法，其特点是实行"一长制"；搞物质刺激；依靠少数专家和一套烦琐的规章制度，冷冷清清地办企业；不搞群众性的技术革命，与"两参一改三结合"的制度相对立。

铁人诗话

北京见到毛主席，浑身是劲精神抖。满怀豪情干革命，永生永世不回头。

功训练，建立一套完整的生产管理制度。”各单位的广大职工就“一把火烧出来的问题”进行了2个多月的讨论，归根结底是必须有一套把企业千万件事和千万个人在正常工作中有机结合起来的行之有效的制度，这是当时领导和群众形成的共识。怎样建立制度？建立哪些制度？面对这样的重大课题，余秋里、康世恩和会战工委组织160多名领导和管理干部分别到10个不同的单位进行调研蹲点，总结基层、群众的实践经验和好的做法。

大庆石油会战指挥部副指挥、生产办公室主任宋振明按照会战工委的分工来到北二注水站。这个站于1962年4月1日投产，全队共140人。宋振明到了站上，跟班劳动，细致谈话，查物点数，由表及里，概括总结。他启发大家联系本单位实际看问题、找原因、想解决办法、讨论要建立哪些制度，让基层干部、工人广泛地发表意见，然后进行总结提炼。在张洪州班总结了“岗位专责制”；在田发林班总结了“巡回检查制”；在苗安安班总结了“交接班制”；针对一号泵断连杆的事故，总结了“设备维修保养制”；针对水质化验不及时、水质不合格

▲ 1962年6月，会战指挥部副指挥、生产办公室主任宋振明（中排左三）到北二注水站蹲点，随后逐步总结完善了“岗位专责制”“交接班制”等8种制度

的问题总结了“质量负责制”。在这些基础上，把其他单位一些好的做法进行了总结，又形成了“班组经济核算制”。1962 年 5 月就形成了大庆油田“岗位责任制”的六大制度。

1964 年以后，在生产实践管理的基础上，对“岗位责任制”进行了补充完善，把“安全生产制”“岗位练兵制 ”纳入“岗位责任制”的内容。这样“岗位责任制”就形成了岗位专责制、巡回检查制、交接班制、设备维修保养制、质量负责制、班组经济核算制、安全生产制、岗位练兵制 8 项制度。会战工委在全油田推广了“岗位责任制”，还先后建立了基层干部“岗位责任制”和机关干部、领导干部“岗位责任制”。大庆油田“岗位责任制”的建立，使全油田实现了人人有专责、岗岗有专责、事事有专责。管理制度实现了全覆盖，企业管理水平迅速提高。

“岗位责任制”的执行关键是岗位责任心。从 1962 年 6 月开始，大庆油田在各基层单位普遍建立了“岗位责任制”。制度建立以后，会战工委把重点放在抓执行、抓落实上。康世恩提出，要以职工自检为主，不间断地进行检查评比。他说：“对‘岗位责任制’的执行情况进行定期的检查和评比，必须风雨无阻、一丝不苟，还要和开展劳动竞赛、安全生产、设备维护完好等挂起钩来，列为评比先进和奖励的重要条件，形成一个人人执行、天天教育、月月检查的局面。”“岗位责任制”大检查开始是每月检查、评比一次，随着制度深入人心，改为每季度检查一次，逐渐变为每年检查一至两次。

在推行“岗位责任制”的过程中，总结了西水源的典型。西水源是大庆油田第一个投产的水源地，这个水源的老工人马登嵩对领导同志讲：“工人当家作主管生产，如果不把油田看成是自己的，怎么也搞不好责任制。”他说：“我体会‘岗位责任制’的灵魂是岗位责任心。”这句话说出了“岗位责任制”的本质，说出了工人阶级的觉悟，说出了会战工委领导的心声。《战报》宣传和表扬了马登嵩的事迹，同时围绕“‘岗位责任制’的灵魂是岗位责任心”在全油田展开讨论，极大地提高了广大职工执行“岗位责任制”的自觉性。原石油工业部科技

铁人诗话　几天几夜不睡觉算不了什么，流几身汗也算不了什么，只要把国家建设好，幸福在后头。

司司长、时任大庆油田水厂副厂长蒋其恺说："我当时是水厂的副厂长，当时我们领导班子三个人的年龄加到一起不到100岁，厂长是朱洪昌——"五面红旗"之一，会战工委表扬我们是一个年轻的班子。'岗位责任制'形成之后，我到西水源去抓典型，发现了马登嵩这个典型。我跟班劳动，和他谈心，他跟我说，'我们当家做主人，干活就要像主人的样子，油田是国家的，也是我们自己的，我们工作就要向国家负责，向油田负责，也是向自己负责'。根据他谈的体会，我对马登嵩的认识进行了总结，总结出'岗位责任制的灵魂是岗位责任心'。会战工委领导发现这个典型很能说明问题，在全战区进行推广，由此引发了'岗位责任制'的大讨论。"

在执行"岗位责任制"的过程中，会战工委总结了李天照井组的"四个一样"的严细作风，干工作要做到"黑夜和白天一个样，坏天气和好天气一个样，领导不在场和领导在场一个样，没有人检查和有人检查一个样"，从而保证了制度的执行。几十年岁月流逝，世事多变，这个制度却一代一代传了下来，呈现出极其强大的生命力。1962年10月15日，国家经委发出文件在全国推广大庆油田的"岗位责任制"。国家经委向工交各部、各中央局和省、市、自治区经委，转发《关于大庆油田建立健全岗位责任制的调查报告（摘要）》。在转发按语中强调："他们的经验，不仅对我国新建企业，就是对老企业也有重要参考价值。"

建立健全"岗位责任制"，对于提高中国工业企业制

延伸阅读

马登嵩事迹：1963年冬季的一天，风雪肆虐。此时，西水源的设备保养员马登嵩准备去查井，几个同事见他正要开门，迅速上前劝阻："等雪停了，再去查井也不迟啊，风雪太大了！"可他说："天气越是不好，设备就越容易出问题。"马登嵩患有严重的风湿病。雪越下越大，风也越来越猛烈了。马登嵩感到抬腿越来越艰难了，慢慢地，他终于无力地瘫倒在风雪中，大雪几乎将他埋没了。这时，一个路人发现了他，问他家在哪，要将他送回家。他却对那人说："你帮我搓搓腿吧，有知觉了，我自己走，我还得去查井呢……"就这样，在路人的帮助下，他重新站了起来，又走上了查井的路。果然不出他所料，有一口井发生了深井故障，他迅速进行了处理。幸亏他坚持去查，否则真不知道会发生多大的事故。事后，马登嵩深有感触地说："'岗位责任制'的灵魂就是岗位责任心。"这

铁人诗话

仰观天无涯，平视地无边。挥戈大草原，方见地球圆。

句话也成为马登嵩所在的西水源人的座右铭和自觉行动，并成为全油田职工记在心间的格言式话语。

李天照井组：石油工业部和大庆会战工委命名的标杆单位。1961年7月组建，李天照为井长。大庆油田会战工委多次在该井组召开现场经验交流会，把“四个一样”在全战区推广。该井组先后被评为战区“五好”红旗井组，被石油工业部命名为“首创‘四个一样’的李天照井组”。

▲ 5排65井组井长李天照在岗位上

度管理的水平发挥了重要的指导作用。1963年6月19日，周恩来总理第二次来到大庆油田视察。他来到西油库，值班工人给周总理进行了装车表演。总理关切地问：“冬天和雨天怎么办？”工人们回答说：“坏天气和好天气一个样，坚守岗位，一丝不苟。”周总理极为高兴地说：“这是你们大庆人自己创造的严细作风，‘四个一样’好，我要向全国宣传。”邓小平同志1974年进行工作全面整顿，他要求要“整章建制”地学习大庆建立“岗位责任制”。1981年12月，中共中央发出了47号文件，充分肯定大庆基本经验、大庆精神、大庆的“两论”起家、“三老四严”和“岗位责任制”。

“五条要求”是会战工作的“硬”标准，即人人出手过得硬、事事做到规格化、项项工程质量全优、台台在用设备完好、处处注意勤俭节约。1964年，油建指挥部在总机厂的建筑工地上召开了600人的现场会。会场中央放着10根10米长的钢筋混凝土大梁。这些大梁表面平整光滑，根根粗细一样，即使最能挑剔的人也难以找出什么毛

铁人诗话

群众有缺点，做错了事，干部要首先担起责任，不能光指责。

病来。然而，油建指挥部指挥却代表领导首先在会上检讨，说由于缺乏高标准、工作不深入、检验不严格，这些大梁的少数地方比规定的质量标准宽了5毫米。5毫米，宽不过韭菜叶，值得为它兴师动众地开一次几百人的现场会吗？值得！指挥部领导抄起榔头、扁铲等工具把大梁上宽出的5毫米铲掉、磨光。大家都说："这铲掉的哪里是5毫米的混凝土，铲除的是马马虎虎的低标准和凑凑合合的坏作风。"以"自觉从严、好字当头"而闻名的油建十一中队在大找差距中总结出一些体会：看别人的成绩，要用放大镜，点滴不漏，发扬光大；找自己缺点，要用显微镜，不放过一个低标准；前进中要用望远镜，站得高、看得远；解决问题，要用聚光镜，抓住主要矛盾，从根本上改正。油田上下狠抓这四面镜子，天天照、人人照，照出了高水平、照出了高标准，照出了前进的方向。

"宁要一个过得硬，不要九十九个过得去。"这是大庆人严细认真的具体体现。石油会战初期，油建公司十一中队举行了一次"技术大比武"，管工李天路一心想要拿第一。到达比武现场后，他才发现忘记带最重要的测量工具——拐尺。情急之下，他拿起一根焊条撅成90度当作拐尺使用。时任十一中队队长李德武发现后，随手折了一根草棍儿，递给李天路说："你既然能够拿焊条当尺子，是不是草棍儿也可以对付啊？"在第二天的班前会上，他当着全班组职工的面，

▲ 油建十一中队"自觉从严、好字当头"建设精品工程

对李天路进行了批评教育。李天路在检讨时说："过去的比赛名次再高，拿出去也不是响当当，宁要一个过得硬，也不要九十九个过得去。"从此，"宁要一个过得硬，不要九十九个过得去"成为该队职工的行为准则。在新时期，该队本着对油田负责一辈子的思想，制定了队伍"五严五为"新标准，实施了工程质量"三标"管理法，靠着"管理精雕细刻、技术精益求精、操作精工细作、经营精打细算、队伍精明强干"的严细作风，打造出了以南三油库接卸俄油工程、齐家北油田新增产能项目为代表的一大批精品工程。

"干工作经得起子孙万代检查"，这是大庆人的一种工作态度，是大庆人社会责任感和求实精神的具体表现。会战以来，油田领导要求石油职工立足油田，着眼子孙后代，责任心讲"实"，技术讲"精"，第一手资料讲"准"和"全"，作风讲"严"和"细"。无论是集中会战，还是分散作业，都坚持"好字当头，质量第一"，做什么事情都要使人信得过，不马虎、不凑合。为了使"工作经得起子孙万代检查"，大庆职工在工作中坚持进行自我检查、相互检查和专项检查，坚持有错就改、有偏就纠，保证做出的事情过得硬。

同时，为在企业管理中确立职工的主人翁地位，大庆油田还建立形成了一整套切实有效的措施和制度：在思想上，教育职工弄清社会主义的性质和劳动的意义，认清自己的主人翁地位。在生产管理上，建立以"岗位责任制"为中心的一套管理制度，做到职责分明、自觉从严。在物资和财务管理上，严格各级经济核算，直到班组、岗位，依靠广大职工当家理财。在工程质量上，坚持自检、互检和专职检查相结合的责任制度，依靠职工群众把好质量关。在生活管理上，了解群众疾苦，帮助职工、家属解决困难，使广大职工真正把企业当作自己的家。在企业领导机关作风上，坚持"三个面向""五到现场"，全心全意为生产第一线服务，克服官僚主义。在教育上，建立职工教育和学校教育两个体系，提高职工文化、科学、技术素质。在干部选拔上，坚持"领导来自基层，干部来自工人"，重视政治思想品德和工作实绩的考核，注重从优秀的工人中选拔基层干部，从优

铁人诗话　支援新区石油会战，要人，给优秀的；要物，给优质的；要设备，给成套的。只要是会战需要的，我们用人背、用毛驴驮也要送上去。

秀基层干部中选拔领导干部；各级干部一定要懂生产、会管理，并有一定的群众基础。因此，着重从各条战线的标兵、模范中，从有实践经验的优秀工人中，培养、选拔和任用干部。对于选拔领导干部，强调要有基层工作实践，少数没有经过基层锻炼的干部，则给他们创造条件下基层补上这一课。其主要形式包括：一是下基层代职半年或一年；二是去基层任职。大中专毕业的学生同样要先到基层顶岗锻炼一段时间。实践证明，这是识别、培养、选拔干部的一个重要渠道。企业的先进模范人物，具有思想好、作风硬、干劲大等显著特点，具备了企业干部的基本条件，其中经过考验的优秀分子，可以作为选拔干部的后备队伍。企业先进单位中的干部，有指挥生产、带好队伍的实践经验，其中经过长期考验，批评不垮、表扬不倒的，可以选拔到上级领导班子中。这既符合干部的成长规律，又能调动广大干部奋发进取的积极性。大庆企业各级领导干部，来自工人、来自基层的，在各级领导班子中占 70%左右。上级领导机关的负责干部，多数是从基层的先进标杆单位干部中逐级选拔上来的，他们既有实践经验，又有群众基础，并能以身作则，带领群众为油大干。在作风上，坚决克服日常工作中的低标准、老毛病、坏作风，培养队伍“三老四严”的优良作风。

正如《大庆油田 30 年工作回顾和总结》中所指出的，大庆“在生产建设和各项工作中，一直把包括各级干部、工程技术人员、专业管理人员和工人在内的广大职工群众作为企业的主体，各项工作都建立在广大职工高度思想觉悟和组织纪律性之上。这是我们生产建设能够得到不断发展的力量源泉”。

四、重视发挥科学技术和知识分子作用

树立“石油工作者的岗位在地下，斗争的对象是油层”的科学思想，坚持“全党抓地质、人人办地质”，大搞“办地宫”“游地宫”活动，在干部职工中普及石油地质与工程技术知识。狠抓第一手资料，坚持“实践第一”“一切经过试验”，每年召开“五级三结合”（小队、中队、大队、指挥部、会战指挥部“五级”，干部、技术人员、工人“三结合”）技术座谈会，是企业民主制度的一种形式。大庆石油会战初期，年年召开“五级三结合”会议和“五级三结合”技术座

谈会，总结、检查工作，讨论、研究油田在政治、经济、生产、技术上的重大问题。这种会议在当时起到了职工代表大会的作用。1962年，大庆企业职工代表大会制度建立后，“五级三结合”会议制度作为企业民主的一种形式，也一直在坚持着，为企业领导者决策提供了坚实的群众基础和科学依据。贯彻执行这一制度，保障了广大职工在审议企业重大决策、监督行政领导等方面的权利，调动了广大职工参与企业管理的积极性。

对知识分子明确提出“政治上充分信任，工作中放手使用，思想上严格要求，生活上热情关心”的工作方针，靠科技进步把“大油田、好油田”开发建设好。

政治上充分信任，就是把他们看作劳动人民的知识分子，当作油田开发建设中的骨干。会战工委强调，技术干部对国家的最好贡献，就是在技术工作上作出成绩。对那些政治上要求进步的知识分子，各级党政组织坚持一视同仁，认真培养考察。

工作中放手使用，就是让技术干部有职、有权、有责。大庆石油会战初期，油田就设置了八大总工程师，实行技术责任制，使他们有职、有权。明确规定各级负责的技术干部是同级的领导成员之一，每年召开各种专业系统技术座谈会，共同探讨油田勘探、开发的重大科研课题，制定具体的技术工作方针、政策。各基层单位也建立了技术干部的责任制，明确工作范围，给他们充分的工作权力，在技术问题上让他们说了算，领导给他们撑腰，同时教育工人和各级干部，尊重技术干部，听从他们的指挥。这些规定和做法，极大地鼓舞了广大知识分子的创造热情，根据油田发展需要，会战工委还大胆提拔了一批年轻优秀的技术干部到技术业务负责岗位上来。

思想上严格要求，就是让广大知识分子在石油会战的锻炼和考验中健康成长。大庆石油会战一开始，油田各级党政组织便引导广大知识分子认真学习马列主义、毛主席著作，让他们掌握科学的世界观和方法论，学会运用辩证唯物主义

会战诗抄　没有房屋睡荒原，盖天铺地头枕砖。延安精神永不忘，奋发图强建油田。

的观点去观察问题、分析问题、处理问题，以指导科研和工作实践。这一工作取得了明显效果。同时，根据会战形势的需要和知识分子的思想实际，认真做好思想政治工作，大力宣传知识分子先进典型，对知识分子进行自力更生、奋发图强、艰苦奋斗、不为名利、为油献身的教育，鼓励他们发扬独创精神，树立“敢想敢说敢干，严格严肃严密”的作风。油田广大知识分子以“莫看毛头小伙子，敢笑天下第一流”的雄心壮志，勇于同世界先进水平较量，努力攀登石油科学技术高峰。为了使广大知识分子不脱离实际、不脱离群众、加强实践锻炼，1960年以后，大庆油田坚持把新分配的大中专毕业生放到基层锻炼一至两年。

生活上热情关心，就是为改善知识分子的工作、学习和生活环境创造条件。在当时生产和生活困难很多、条件十分艰苦的情况下，各级党政组织采取积极措施，尽可能为改善知识分子的工作、学习和生活环境创造条件。如召开“五级三结合”技术座谈会，发动大家总结我国以往在油田开发上的经验教训，结合大庆实际，讲授科学开发油田的一系列技术问题。这样既解决了油田的技术问题，又对广大科技人员进行了培训，提高了他们的技术。召开专家座谈会，请去过苏联、罗马尼亚、美国的留学生和教授、专家，讲解国外各油田的情况，进行对比分析，使广大科技人员增长了知识、开阔了视野。为了给开展科学实验创造条件，当时在会战队伍住帐篷、住“干打垒”的情况下，就着手建设资料楼、化验楼、计算机房等科研设施，购置了必要的仪器设备和图书资料，保证了科研需要。对知识分子的家属户口、孩子入托和上学、住房、买粮、买菜以及其他生活待遇，也尽量优先给予照顾和解决。

五、正确对待国家利益、集体利益和个人利益

广大会战职工在极其艰苦的形势下，坚持“三要十不”，自觉提出在全局与局部的关系上，“要先全局，后局部”；在国家与个人的关系上，“要先国家，后个人”；在生产与生活的关系上，“要先生产，后生活”。“三要十不”是1960年在大庆第一次政工会议上，石油工业部机关党委对会战职工队伍精神风貌的概括。它体现了大庆石油会战职工为国争光的爱国主义精神和勇攀高峰的进取意

识，反映了他们无私奉献的崇高品格和艰苦奋斗的创业精神是夺取会战胜利的强大精神动力。其具体内容是：要甩掉我国石油落后的帽子，要高速度、高水平地拿下大油田，要赶超世界先进水平，为国争光；不怕苦，不怕死，不为名，不为利，不讲工作条件好坏，不讲工作时间长短，不讲报酬多少，不分职务高低，不分分内分外，不分前线后方，一心为会战的胜利。

这是大庆石油会战时期提出来的处理生产与生活关系的一条原则，是大庆人克己奉献、艰苦奋斗精神的重要组成部分。大庆石油会战是在国际环境十分严峻、国内经济严重困难的历史背景下展开的。20 世纪 60 年代初期，国民经济急需石油，而国家用于产油的财力和物力又十分有限，开展石油会战所遇到的生产和生活方面的困难和矛盾很多。在这种情况下，是按照国外的习惯做法，先建石油城，后搞大规模的石油勘探和开发，还是先把石油会战打上去，后建石油城？大庆石油会战领导机关以"两论"为指导，引导广大干部、群众正确认识和分析形势，提出在全局与局部的关系上，"要先全局，后局部"；在国家与个人的关系上，"要先国家，后个人"；在生产与生活的关系上，"要先生产，后生活"。这些原则得到了广大石油会战职工的认同。他们说："这困难，那困难，国家缺油是最大的困难；这矛盾，那矛盾，国家缺油是最大的矛盾。"他们宁可在生活上吃大苦，也要高速度、高水平地拿下大油田，为国家分担困难。这一原则，包含着深刻的经济思想：一是生产决定生活，生产是生活的物质基础。大庆人根据油田勘探、开发、建设的特点，形象地说："先盖楼再搞油，搞不到油就丢了楼；先搞油后盖楼，有了油就保住了楼。"二是"后生活"，绝不是不要生活，而是要在生产发展的基础上不断改善职工的生活。事实上，"全面关心职工生活"是大庆石油会战的一条重要经验，是大庆企业的优良传统。这一原则，不仅反映了大庆人的科学态度，更重要的是体现了大庆人胸怀全局，把发展石油生产、为国家分担困难看成比个人生活苦乐更为重要的价值观念。有了这种克己奉献精神，大庆人才心甘情愿地艰苦奋斗。

总结、分析大庆精神、铁人精神以及优良传统的内涵，我们深切地感到，大庆精神、铁人精神汲取了中华民族精神的养分，是中国共产党伟大精神在建设工业强国艰辛过程中的集中体现，具有穿越时空的时代价值。

结 语

习近平总书记2013年4月28日在同劳模座谈会上指出："王进喜以'宁肯少活二十年，拼命也要拿下大油田'的气概，带领石油工人为我国石油工业发展顽强拼搏，'铁人精神''大庆精神'成为激励各族人民意气风发投身社会主义建设的强大精神力量。"

以铁人王进喜为代表的劳动模范，是劳动群众的杰出代表，是最美的劳动者。他们身上体现的"爱岗敬业、争创一流，艰苦奋斗、勇于创新，淡泊名利、甘于奉献"的劳模精神，是伟大时代精神的生动体现。实现中华民族伟大复兴的中国梦，需要一代又一代劳动者接续奋斗。广大劳动者要以劳模英雄人物为榜样，胸怀理想、锤炼品格，脚踏实地、艰苦奋斗，不断书写引领时代的激越篇章。

思考题

1. 如何理解爱国、创业、求实、奉献的大庆精神？
2. 新时代应如何继承、弘扬铁人精神？
3. 大庆会战的优良传统包括哪些内容？
4. 为什么说大庆精神、铁人精神是中华民族伟大精神的重要组成部分？
5. 请谈谈大庆精神、铁人精神的时代价值。

第五章

新时代继承弘扬
大庆精神、铁人精神的新实践

大庆的成长和辉煌，见证了中华人民共和国的成长和辉煌；大庆的探索和成功，体现了党领导人民进行社会主义建设、进行改革开放的探索和成功；大庆的成绩和贡献，已经镌刻在伟大祖国的历史丰碑上，党和人民永远不会忘记。

——习近平

第一节

理论武装：贯穿主线，基调不变

时代是思想之母。习近平新时代中国特色社会主义思想在新时代应运而生，是新时代精神的精华，不断引领时代前进。这一思想理论和实践相结合，系统回答了新时代坚持和发展什么样的中国特色社会主义、怎样坚持和发展中国特色社会主义的时代课题，是马克思主义中国化最新成果，展现了当代中国马克思主义、21 世纪马克思主义的真理光辉，是党和国家必须长期坚持的指导思想。深入学习贯彻习近平新时代中国特色社会主义思想，必须深刻认识领会这一思想的时代意义、理论意义、实践意义、世界意义。

大庆是以“两论”起家的，从企业创建的时候起，大庆人就以辩证唯物主义的科学世界观和方法论指导自己的实践，探索油田开发和建设的规律，掌握了与时俱进这个马克思主义的理论品质。党的十九大确立了习近平新时代中国特色思想在治党治国中的领导地位，必将推动实现“两个一百年”奋斗目标，实现中华民族伟大复兴，必将促进马克思主义中国化的再飞跃。在这一进程中，大庆“两论”起家的经验给予我们新的启示。我们就是要像当年动员全体干部职工篝火学“两论”那样，创造性地推动习近平新时代中国特色社会主义思想的群众性大普及，用这一思想武装头脑，用这一思想解决实践中的矛盾，用这一思想指引我们取得最终的胜利。

会战诗抄

野菜包子黄花汤，一杯盐水分外香。为甩石油落后帽，咱把艰苦当酒浆。

一、用优良传统保证学习

大庆油田的发展史，就是一部用马克思主义科学理论指导实践的历史。石油会战初期正值国家三年困难时期，国外又对我们实施经济技术封锁，各方面条件都十分艰苦。面对千头万绪的矛盾和困难，为了高速度、高水平地拿下大油田，余秋里、康世恩等老一代石油领导人，组织会战队伍认真学习毛主席的《实践论》和《矛盾论》，号召干部职工把革命精神同科学态度结合起来，用马克思主义的立场、观点、方法，指导解决大会战遇到的各种问题。通过联系实际学“两论”，会战职工深刻地认识到，“这困难、那困难，国家缺油是最大的困难；这矛盾、那矛盾，国家缺油是最大的矛盾”，只有把主要的精力、主要的队伍放在尽快探明地下情况、落实资源储量上，才能有效地统一会战队伍的思想，夺取石油会战的胜利。由于会战工委牢牢抓住这一主要矛盾，加之在会战中坚持运用“一切经过试验”的实践观点，走“全党办地质”“五级三结合”的群众路线，仅用3年时间就夺取了会战胜利，甩掉了我国石油落后的帽子，闯出了一条独立自主、自力更生开发、建设大油田的道路，到1976年原油产量攀上了5000万吨高峰。

改革开放后，面对油田出现的含水量逐步上升和产量自然递减的开发形势，大庆人认真学习邓小平理论，牢牢把握解放思想、实事求是这一马克思主义的精髓，坚持“发展是硬道理”的观点，树立“科学技术是第一生产力”的思想，尊重知识、尊重人才，大力实施科技兴油战略，努力向科技进步要产量、要效益。全油田创新发展了高含水期油田注水开

▲ 三元复合驱工业化应用现场装置

发技术，组织实施了“稳油控水系统工程”。同时坚持“科技超前15年储备、超前10年攻关、超前5年配套”，及早攻关聚合物驱油、三元复合驱油等三次采油技术，不仅创造了年产原油5000万吨连续27年高产稳产、4000万吨连续12年高产稳产的世界同类油田开发史上的奇迹，而且为国家推动改革开放战略提供了坚强的物质保障。篝火学“两论”，实质是对科学理论的积极追求，是对科学理论武装头脑的迫切需要，是对掌握科学理论后改造主观、客观世界的急切渴望。因此，用习近平新时代中国特色社会主义思想武装干部职工头脑，就要发扬“两论”起家优良传统，自觉运用这一思想的立场、观点和方法，解决现实工作中的矛盾和问题，让群众在运用理论指导实践的过程中，深刻领悟到习近平新时代中国特色社会主义思想是解决各种现实阻碍、应对国内外各种风险和考验的根本保证，从而更加坚定地团结在以习近平为核心的党中央周围。

二、用科学方法提升学习

科学的学习方法、思想方法和工作方法，源于坚持不懈的政治理论学习。大庆油田开发建设60多年来，始终对理论学习紧抓不放、常抓不懈。特别是近年来，为了更好地发挥政治理论学习对改革发展实践的指导作用，油田各级党组织在进一步增强学习的系统性、经常性和群众性的基础上，进行了许多积极有益的探索。

一是靠理论灌输来强化。认真学习马克思列宁主义、毛泽东思想、邓小平理论、“三个代表”重要思想、科学发展观，用马克思主义中国化最新成果统一思想、意志和行动。进入新时代，油田上下认真开展习近平新时代中国特色社会主义思想的学习。通过聘请国内知名专家、学者进行集中辅导，引导干部职工学深学透、把握实质，从而使广大干部职工在思想上、行动上始终做到了同以习近平为核心的党中央保持高度一致。

二是靠健全制度来保证。60多年来，油田各级党委中心组始终坚持周五学习日制度，并且每年都召开一到两次学习体会交流会，组织中心组成员联系实际、互相交流，不断巩固和深化学习成果。进入新时代，油田党委结合形势需要，进一步健全完善了领导干部述学、评学、督学、考学等政治理论学习制度，出台了《关于加强和改进党委中心组理论学习的意见》，并对基层党员和职工群众的学习作出明确规定，使政治理论学习任务得到了很好的落实。

三是靠灵活方式来促进。广泛采取举办领导干部理论学习培训班，领导干部作辅导报告、讲党课，开办“学术报告厅”和“网络培训学院”，开展学术交流、理论研讨等，促进干部职工学习，不断增强政治理论学习的吸引力和实际效果。系统的政治理论学习使各级领导干部逐步树立了科学的思想方法，提高了认识问题、分析问题、解决问题的能力。因此，发扬大庆精神、铁人精神，对于学深悟透习近平新时代中国特色社会主义思想，使该思想走深、走实具有重要意义。

三、用发展实践检验学习

在大庆油田发现50周年庆祝大会上，习近平同志提出：“大庆的实践启示我们，国有企业的发展和进步，必须坚持马克思主义科学理论的指导。”党的十八大以来，大庆油田党委发扬“两论”起家的光荣传统，用习近平新时代中国特色社会主义思想武装油田干部职工头脑，围绕习近平总书记提出的加快工业强国建设、探索新型工业化道路、国有企业参与“一带一路”建设、推进能源革命、弘扬“石油精神”等新指示、新任务、新要求，2017年制定了《大庆油田振兴发展纲要》（以下称为《纲要》），回应了习近平总书记的指示要求，并于2018

▲《大庆油田振兴发展纲要》

会战诗抄　铁手一挥跨黄河，高山大海走平川。千难万险脚下踩，终生夺油意志坚。

年进行了修订。2020年为全面落实习近平总书记关于大庆油田发现60周年的贺信（以下称为贺信）重要指示精神，根据中国石油天然气集团有限公司新一届党组、黑龙江省委和大庆油田党委落实贺信的实施意见和要求，切实肩负起“当好标杆旗帜、建设百年油田”的重大政治责任，全面推进新时代大庆油田振兴新发展，对《纲要》(2018版)进行了修订。

作为大庆油田在新的历史时期的重要战略部署、指导大庆油田实现振兴发展的纲领性文件，《纲要》(2020版)从主要目标、基础条件、总体部署、保障措施四个方面进行谋篇布局。《纲要》(2020版)写道，振兴发展的主要目标是“当好标杆旗帜，建设百年油田”，具体分为固本强基、转型升级、持续提升三个阶段。在充分分析辉煌历史、矛盾挑战、优势潜力的基础上，明确了本土油气、海外油气、服务保障、新兴接替四大业务的总体部署，提出了思想理论保障、技术支撑保障、体制机制保障、人才队伍保障、基础环境保障、文化精神保障、企地协作保障和全面加强党的建设八大保障措施。

立足当前、着眼长远，在大庆油田改革发展关键时期，《纲要》(2020版)的出台具有极其重要的里程碑意义，是深入贯彻落实习近平新时代中国特色社会主义思想和党的十九大精神的重大举措，是新时代大庆油田振兴新发展的行动纲领，也是高唱“我为祖国献石油”主旋律的具体体现。《纲要》(2020版)把政治责任、历史使命融入对企业发展的系统战略思考中，回应党中央高度关注、继续当好标杆旗帜、弘扬大庆精神、高举大庆旗帜等一系列重大问题。《纲要》(2020版)是大庆油田面向未来的宣言书，使得改革发展的目标更清晰、方向更明确、任务更系统，引领了新一轮科学发展的大庆实践。《纲要》的出台和其战略性、指导性、可操作性，对实现大庆油田及大庆地区的可持续发展，对促进东北老工业基地振兴、维护地区经济社会和谐稳定大局，对破解大庆油田面临的矛盾和挑战，都将起到积极的推动作用，产生重要而深远的影响。

第二节

改革创新：超越权威、超越前人、超越自我

坚定不移走中国特色社会主义道路，是我们党向世界作出的一个庄重的政治宣示和历史选择。特别是在又一次决定人类历史命运的21世纪，人类文明面临深刻挑战，使得这个庄重的宣示和历史选择，具有巨大的世界意义。中国特色社会主义道路是中华民族崛起、人民幸福的必由之路。实现民族复兴、国家富强、人民幸福，是中国共产党建党立党、治国理政的根本任务，也是各族人民的历史愿望。新中国成立以来，我们经过几十年艰苦曲折探索，终于找到了符合中国国情和顺应时代要求的中国特色社会主义道路。改革开放40多年来，我国发生了翻天覆地的历史变化，实现了由低收入向高收入、由传统农业社会向现代工业、信息社会的跃升，创造了人类现代化历史变迁的奇迹。我国的国际地位快速提升，仅用了30多年，先后超越了加拿大、意大利、法国、英国、德国、日本，成为世界第二大经济体，在全球的影响力迅速提高，中华民族伟大复兴光明在前。

坚定不移走中国特色社会主义道路既是我们对历史经验的深刻总结，也反映了当代世界各国的经验教训。东欧剧变、苏联解体，是传统僵化的社会主义的悲剧；一些发展中国家陷入发展陷阱，不能获得持续发展，是"华盛顿共识"的破

会战诗抄　英雄王马段薛朱，红旗一举万旗舞。瞬间荒地变油海，美名颂扬传千古。

产；一些发展中国家依然一盘散沙，陷入战乱分裂。这都给了我们深刻的历史启迪。中国共产党坚持从中国国情出发，既不走封闭僵化的老路，也不走改旗易帜的邪路，遵循社会发展规律，带领中国人民历经了几十年的艰苦探索。历经挫折而确立的中国特色社会主义，不仅开辟了国家富强、人民幸福的发展大道，而且日益展示其巨大优越性。坚定不移地走中国特色社会主义道路，不仅是实现民族复兴、人民幸福的历史要求，也是对人类文明的独特而巨大贡献。

党的十八大以来，以习近平同志为核心的党中央高度重视工业发展，扎实推进工业转型升级和制造强国建设，中国特色新型工业化发展取得重大成就，为经济、社会稳定发展和综合国力稳步提升提供了重要支撑。习近平总书记也在多个场合多次提及“新工业”。例如 2015 年 7 月，习近平总书记在同吉林省企业职工座谈时明确指出：“中国梦具体到工业战线就是加快推进新型工业化。把制造业搞上去，创新驱动发展是核心。”在 2015 年 12 月中国接任二十国集团主席国时，习近平总书记呼吁把握科技进步和新工业革命的历史机遇，引领世界经济新一轮增长。2017 年 9 月，习近平总书记在金砖国家领导人厦门会晤中提出，要共同把握新工业革命带来的历史机遇；同年 7 月，在 G20 汉堡峰会上，他指出，要在数字经济和新工业革命领域加强合作，共同打造新技术、新产业、新模式、新产品。大庆油田作为工业战线的一面旗帜，在建设我国高质量工业化进程中，肩负着重要的责任和使命。大庆精神、铁人精神中所蕴含的创业、求实精神就是解放思想、开拓创新、注重科技、挑战极限的新时代精神要素。

一、依靠科技创新构建高质量工业化的核心优势

大庆油田自创建以来，始终把科技进步放在企业发展的主导地位，高度重视自主创新，形成了一套自主研发、系统配套、具有独立知识产权、世界领先的勘探开发配套技术。可以说，大庆油田的发展史就是一部自主创新的科技进步史。主要表现在：

一是从海相生油到陆相生油，彻底打破“中国贫油论”。长期以来，传统石油地质理论认为“石油仅仅为海洋生物生成”。与此同时，西方关于“中国陆相

贫油”等论断不绝于耳。我国科研人员并没有因此停下脚步。20 世纪 50 年代中后期，我国石油勘探根据陆相生油理论，将找油重点战略东移。思路一变天地宽，1959 年东北边陲，松基三井喜喷工业油流，一座改变中国石油工业命运的油田诞生，并以国之大庆为名——大庆油田，就此开启了辉煌历程：仅用 3 年时间，探明面积达 860 多平方千米的特大油田，年产原油 500 万吨，累计生产原油 1166.2 万吨，改变了我国石油工业的落后面貌；1963 年底，大庆进入全面开发建设，先后开发了萨尔图、杏树岗、喇嘛甸三大主力油田，并勘探了一批可开发的新油田……有关专家这样总结：“大庆油田的勘探，发展完善了陆相生油理论，推动了中国石油工业的快速发展。”1982 年 7 月，“大庆油田发现过程中的地球科学工作”获国家自然科学奖一等奖。

二是从“六分四清”到“稳油控水”，创高产稳产世界奇迹。开采初期，原油是靠地层自身压力作用，通过油井“喷”出来。随后一个时期，需要将水注入地下，通过物理方式把油“挤”出来。道理易懂，但水怎么注入，考验着大庆油田的科研人员。起初，在非均质多油层的大型陆相砂岩油田采油，国内无开发成功先例，国外又实施技术封锁。在此情况下。大庆油田首创内部切割注水、保持地层压力的开发技术，在短期内实现了快速上产。随后，自主研发的以“六分四清”为核心的细分注水技术，有效遏制了油田含水量上升和产量下降，使原油产量以每年递增 28% 的速度快速上产，并于 1976 年攀上了 5000 万吨。针对被业内认为“不具备工业开采价值”的“开采禁区”，成功摸索出“表外储层”开发技术，支撑了第一个年产 5000 万吨稳产十年目标的实现。到 20 世纪 90 年代，实施“稳油控水”系统工程，助力实现了第二个年产 5000 万吨稳产十年目标。在科技的重要支撑下，1976—2002 年，大庆油田实现年产 5000 万吨以上连续 27 年高产稳产。创新基因成就科技大庆，“大庆油田长期高产稳产的注水开发技术”和“大庆油田高含水期‘稳油控水’系统工程”两项成果先后获得国家科学技术进步奖特等奖。

会战诗抄

标杆再高不算高，红旗要夺第一面。站队咱要站排头，会战咱要永领先。

三是从“被动放弃”到领跑世界，建成最大三采基地。进入开发中后期，原油开采靠化学剂驱动采油，就好比用洗衣液把衣物上的污渍清洗掉一样，用化学剂把石头缝里的油“洗”出来，这种方式被称为三次采油。坚持“应用一代、研发一代、储备一代”的科研理念，大庆油田早在产量增长高峰期之际，就已开始谋划三次采油的创新之路，着手开展聚合物驱油技术、三元复合驱技术等研究储备。以三元复合驱技术为例，1986 年有权威专家认为“大庆原油酸值太低，不适宜开展三元复合驱”。然而，历经 30 年的攻关研究，大庆油田在国外仍处于实验室和井组试验阶段的情况下，率先实现了这项技术的工业化应用。“在来大庆以前做梦也没想过能亲眼看到大规模应用三元复合驱技术，我曾经认为大规模应用三元复合驱是不可行的。”美国科学院、工程院、艺术与科学院院士，哈佛大学教授 David Weitz 用“震撼”二字形容自己的感受。在三次采油技术的助力下，2003—2014 年，大庆油田实现 4000 万吨连续 12 年持续稳产。其间，凭借“大庆油田高含水后期 4000 万吨以上持续稳产高效勘探开发技术”，大庆油田第三次荣获国家科学技术进步奖特等奖。如今，大庆油田已成为世界上规模最大的三次采油基地，年三次采油量约占大庆油田国内原油产量的三分之一。

资源有限，科技无限。正是依靠持续自主创新，才让大庆油田始终保持着青春活力，“把论文写在油田大地上”成为油田广大科技工作者的价值坐标。油田科技工作者将大庆精神、铁人精神运用在实际工作中，培育了超越权威、超越前人、超越自我的“三超”精神，成为大庆油田科技创新精神的内涵。大庆油田公司首席技术专家伍晓林带领攻关组，在三次采油技术领域挑战“瓶颈”、开拓创新，研制出具有自主知识产权的三采用国产表面活性剂，填补了国内空白。2016 年 4 月 12 日，中国工程院院士、中国油田分层开发和化学驱油技术的奠基人王德民因对大庆油田持续高产稳产作出杰出贡献，国际小行星中心决定把一颗小行星命名为“王德民星”。2019 年 9 月，国家能源陆相砂岩老油田持续开采研发中心在大庆油田勘探开发研究院揭牌，成为大庆油田首个国家级能源研发中心。以“宁肯把心血熬干，也要让油田稳产再高产”为信念的“新时期铁人”王启民，主持研究并提出了“分阶段多次布井开发调整”理论，其中表外储层开发利用打破了国内外认为不能开采的禁区；其主持的油田高含水后期“稳油控水”项目，

延伸阅读

王德民星：王德民 1937 年 2 月 9 日出生于河北省唐山市，是油气田开发工程专家、中国油田分层开采和化学驱油技术的奠基人。1960 年毕业于北京石油学院钻采系，同年赴大庆油田，在大庆石油会战中从事科技研究工作；1985 年，主持完成的“大庆油田高产稳产注水开发技术”研究获国家科学技术进步奖特等奖；1994 年 6 月，当选为中国工程院院士。王德民在油田开发的注水和三次采油等方面取得了多项重大科研成果，使中国在这些领域处于国际领先水平，为大庆油田各个阶段的发展和稳产提供了技术保证。2016 年 4 月 14 日，经国际小行星中心命名委员会批准：国际编号为 21023 号小行星，正式命名为“王德民星”，以褒奖他对石油开采技术的卓越贡献。

▲“王德民星”命名仪式

为大庆油田实现 27 年 5000 万吨以上高产高效持续开发作出重要贡献。大庆油田在科技创新实践中，形成了超前的战略规划、高效的组织方式、规范的过程管理、全程的激励措施、长效的动力保障、开放的科研环境、共享的知识平台、全员的创新氛围及科技创新体系，不断推动大庆油田在科技创新上攀登新的高峰。

二、依靠深化改革构建高质量工业化的机制保障

60 多年来，大庆油田为保障国家能源安全作出了巨大贡献，也遇到了不少阻碍发展的难题。要破解难题，深化改革是必然选择。近年来，大庆油田把深化改革作为当好标杆旗帜的重要抓手，积极稳妥推进各项改革工作，争取在重点领域获得新突破，以此强动力、增活力、提

会战诗抄

兵强马壮齐上阵，群情振奋树雄心。后进加鞭赶钢铁，钢铁誓要更先进。

效力。

一是注重顶层设计，全方位部署强动力。改革是企业发展的动力之源，大庆油田积极作为，坚持问题导向，加强顶层设计，在重点领域改革取得了新进展。大庆油田按照“顶层设计、公司统筹、业务主导、单位主体”的工作思路，搭建“1+N+P”的框架模式，制定出台《大庆油田公司全面深化改革指导意见》，明确12项改革重点任务、17项专项方案及配套政策，形成了分层次、全覆盖、按阶段推进的布局，实现了由局部向全面拓展的局面。多年来，企业为适应不同时期需要，形成了不同的基层结构。但随着新时代对高质量发展的要求不断增强，企业“肌体”臃肿弊端凸显。大庆油田突出“瘦身健体”，实施精简压缩策略，为实现组织结构、管控体系与战略目标之间的协同高效运行，积极探索所属单位的扁平化管理。大庆油田把完善政策作为深化改革的重要举措，充分发挥政策导向作用。目前，工资与绩效挂钩的办法已经在大庆油田普遍推广，真正实现多劳多得，有效调动了岗位员工增收创效的积极性。

二是推进优化重组，调整结构增活力。大庆油田着眼于打造互补性更好、产业关联性更高、业务成长性更强的产业格局，推动相关业务由分散向集中、互补转变，使资源配置更趋合理。实践证明，不管是对主体业务，还是服务保障业务，进行优化重组、结构调整，带来的都是企业活力的增强。大庆油田按照简政放权、自主经营、薪酬激励、工效挂钩的思路，把市场的压力、生存的压力传递给试点企业，形成倒逼机制，实现由依赖油田向依靠市场，内部保障向外拓服务，“等、靠、要”向“争、闯、干”，“大锅饭”向强绩效转变。以高质量发展为目标，大庆油田以深化供给侧结构性改革为主线，有序发展新产业、新业态。抓住深化国企改革的窗口期，探索建立完善中国石油特色“油公司”模式，把握政策导向，实施企业办社会职能剥离、移交，迈出历史性步伐。

三是创新管理模式，优化运行提效力。在深化改革过程中，大庆油田认真贯彻落实中国石油天然气集团有限公司管理创新战略，系统思考、统筹规划“三化”工作，创新管理模式，效率效益大幅提升。推进管理专业化，用人减少、效率提高；推进管理信息化，自动控制、节省人力；推进管理标准化，统一规范、提质增效。改革的实践带给大庆石油人的不仅是优异的成果和成功的探索，更坚定了油田持续深化改革的信心和力量。随着全面深化改革进入攻坚期、深水区，大庆油田继承优良传统，弘扬严实作风，将持续深化业务结构改革，积极探索混合所有制改革，继续打硬仗、啃“硬骨头”，确保干一件成一件，推动百年油田航船行稳致远。大庆精神、铁人精神所蕴含的创新精神，就是大庆石油人割除一切积弊、永立时代潮头的动力源泉。

三、依靠开拓市场巩固高质量工业化的资源基础

1978 年，中国确立改革开放政策，改变了当代中国的命运，铺就了强国之路，成为社会主义事业发展的强大动力。1998 年前，大庆油田物探队伍首次进入委内瑞拉施工，闯开了国际市场大门，逐步实现“把井打到国外去”的梦想。开放的中国，开放的大庆，无论是国家，还是企业，选择未来发展的道路一脉相承。回顾大庆油田“走出去”的历程，不难发现，大庆油田的“走出去”之路亦是在“摸着石头过河”，其中不乏坎坷、挫折，但坚定地“走出去”、适应经济全球化的大趋势是大庆人的共同选择。如今，“走出去”已经成为大庆油田重要的经济增长极，也是未来发展的“生命线”。目前，大庆油田的海外业务项目已经覆盖 26 个国家和地区，在海外拥有 3900 名员工，其中外方人员占比超过 60%，大庆油田正在向国际资源创新型企业跨越。

▲ 1998 年，大庆油田物探队伍进入委内瑞拉施工，大庆油田首次进入海外石油工程技术服务市场

一是从“摸索试探”到布局“高端市场、新兴市场、成熟市场”，大

会战诗抄

永葆钢铁钻井线，世界一流我们当。改变祖国穷白貌，石油工人美名扬。

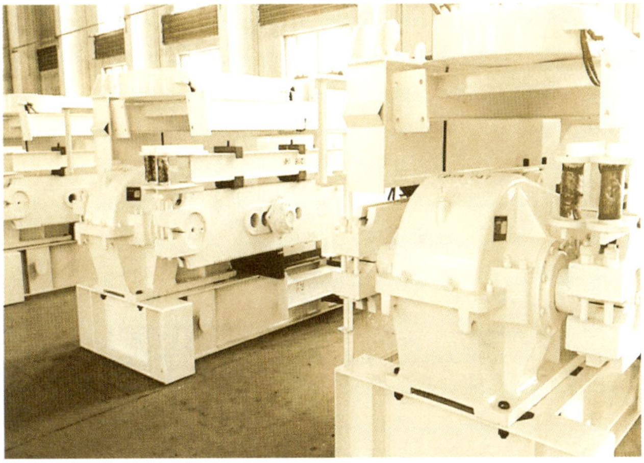

▲ 2018 年，在石油装备业务方面，大庆油田新开发了秘鲁和缅甸抽油机市场，成功中标 12 台抽油机制造

庆油田“走”出大空间。几十年前，铁人王进喜发下誓愿：“把井打到国外去！”这句话，一直激励着大庆油田开拓海外市场，激发了以 1998 年大庆油田物探队伍闯市场为开端的摸索试探。2005 年，集团公司与美国阿斯派克能源公司签署了钻井服务合同。美国对钻井生产的工艺、操作要求都十分严格，市场准入门槛极高。在这种情况下，集团公司选定大庆油田钻探工程公司两台钻机赴美施工。这是大庆油田首次进入美国高端钻井市场，同时也表明了大庆油田的钻井能力和综合实力已经达到一个较高水平，在国际高端市场有了初步展示。20 年过去，从初入市场的摸索试探，到如今构建形成了“做大中东、深耕非洲、发展中亚、拓展亚太、介入美洲、巩固国内”的市场开发格局，大庆油田市场开发系统的“走出去”步伐始终坚定有力。尤其是近两年，大庆油田依托“两种资源、两个市场”谋发展，布局高端市场、新兴市场、成熟市场三步棋，依靠修井、钻井液、取芯、酸化压裂等高附加值业务，着眼打造“层次更优、主业突出、规模有序”的业务结构，并不断拓展增值业务，深耕新兴区域，拓展市场空间。2019 年大庆油田成功续签了南苏丹 239 口井潜油电泵租赁服务合同，中标伊拉克哈法亚 38 口井潜油电泵租赁服务合同，获取印尼市场 3 年的射孔器材订单，巩固和扩大了传统市场份额；在生产服务业务方面，成功开发合同额 696 万元的科威特石化工程电仪安装项目，电力施工队伍首次走出国门；在石油装备业务方面，新开发了秘鲁和缅甸抽油机市场，成功中标 12 台抽油机。同时，大庆油田在海外市场不断推广成熟技术，以特色技术加重合作砝码。在哈法亚项目钻井中，通过调整钻井液配方将固井合格率提高 5 个百分点；在艾哈代布推广了潜油电泵远传

▲ 2018 年，油田电力业务首次在海外投资、建设、运营的伊拉克哈法亚电战正式并网发电

监控系统，提高了效益空间；在鲁迈拉修井项目中，创造了平均日费率 110.6%、最快搬家时间 2.4 天、最高搬家日费率 352.7% 等多项施工纪录；把沙特项目作业主要绩效指标由 80% 提高到 94%，生产效率大幅提升，在高端市场树立了大庆品牌形象。

二是从“零敲碎打”到提供“一体化服务”，大庆油田“走”出新成果。2005 年，国家重点工程——大连国家石油储备库一期工程，成为当时的建设集团首次作为施工方承建的第一个 PC［编者注：P 为 Procurement（采购），C 为 Construction（建造）］总承包项目，建设集团因此荣获“全国优秀总承包企业”称号。自此，在中俄原油管道工程项目中探索“E+PC”［编者注：E 为 Engineering（工程设计）］模式，在广西玉柴润滑厂、中贵兰成、西三线及俄油二线工程中全面接触 EPC 总承包模式，工程建设公司（原建设集团）脚步不停，全面提升了 EPC 总包能力。2019 年，工程建设

▲ 2017 年，大庆油田签订沙特钻井服务项目，真正进入完全竞争的高端市场

会战诗抄

英雄时代英雄多，好比天上星万颗。天上星星永不变，地上英雄日日多。

公司签约的新疆塔里木油田和地方 EPC 项目共 11 项，创造了承揽 EPC 项目新纪录。如同工程建设公司走过的路程一样，从最初的“零敲碎打”，到如今形成勘探开发、工程技术、工程建设、生产运维以及产品制造、销售、服务一体化模式，大庆油田的一体化服务水平越来越高。为了更好地发挥综合一体化优势，大庆油田市场开发系统梳理和简化工作流程和控制环节，形成从业主计划部署下达、生产运行准备到项目组织推进的无缝衔接，促进生产任务、设备能力和季节因素匹配，实现均衡生产、准时生产、有序生产。在 2019 年的沙特项目中，DQ047 队在施工 KHRS—265 和 KHRS—241 井时，分别以 3.98 天和 3.42 天的时间，创造了当地 10 公里内最快钻机搬迁纪录，得到了甲方阿美公司的高度认可。同时，大庆油田建立和完善前后线的有效沟通机制，统筹安排施工力量，加大了技术支持和商务保障力度，集中跟踪重大项目和一体化项目，实现了哈法亚钻井、艾哈代布钻井一体化以及哈法亚 CPF3 建设、印尼二维地震采集等重大项目平稳推进。正因为有了这样的一体化举措、一盘棋思想，大庆油田进一步推动了资源共享和集中有效利用。2019 年，钻探工程公司将祖拜尔项目物资、苏丹项目物资、鲁迈拉项目物资等进行互相调剂，海外项目库存降低 5%；装备制造集团将阿曼电泵项目库存就近调配到伊拉克项目，盘活了海外物资，实现整体效益最大化，以实力赢得了更多海外市场。

三是从“规模型”发展到“规模效益型”发展，大庆油田“走”出高效益。2005 年 4 月 1 日，大庆油田正式收购英国 SOCO 国际股份公司在蒙古国塔木察格盆地的 3 个石油区块，标志着大庆油田海外勘探开发迈出历史性的一步。

▲ 2005 年 4 月 1 日，大庆油田公司正式收购英国 SOCO 国际股份公司在蒙古国塔木察格盆地的 3 个石油区块，实现了海外独立勘探开发油气田的重大突破

坚持“两种资源、两个市场”谋发展，大庆油田把海外油气田业务拓展、合作作为“走出去”的重点。发展模式也从最初的“乙方服务”转变为如今的“经营主体”，从“规模型”发展转向“规模效益型”发展，着力提高经营业绩和经营质量，要素组合最优、整体效益最佳的态势正在凸显。在强者如林的国际石油市场，大庆油田坚持油气主导、多元并举、品牌制胜，外部市场经营收入总体实现稳健发展。其中大庆油田装备制造集团深入开展“市场服务年”活动，2019 年共获得 64 台加拿大市场抽油机订单，并首次敲开南美市场的大门，获得 5 台秘鲁市场抽油机订单，海外市场订单与上年同期相比增长两倍多。在国内市场，大庆油田更加注重质量效益。2019 年，大庆油田盯住页岩气领域。5 月，钻探工程公司首台 70D 钻机顺利开钻，目前 1 部 70D 钻机、2 部 50D 钻机和 3 支录井队全面参与川渝页岩气会战，生产顺利平稳；井下作业分公司开辟了川渝页岩气压裂排采项目，将保证未来 5~8 年压裂排采的工作量；民用产品依托电缆、钢骨架塑料复合管两大类产品，纳入集团公司《内部优势产品目录》，签订了 70% 以上框架采购协议。同时，大庆油田高度重视以塔里木油田为重点的西部市场，钻探工程公司相继中标塔里木油田录井项目、物探项目和 90D 钻机深井钻井项目，工程建设公司承揽塔里木油田、长庆油田产能建设系列工程，电能公司持续经营轮南电力线路运行维护、哈德奥陶系区块高低压维护等塔里木油田电力一体化项目，使西部市场成为继大庆周边后最大规模的市场。

当前，国家正在深入推进能源产业升级，大力推进“一带一路”建设，中国石油天然气集团有限公司积极推动“做优中亚—俄罗斯、做大中东、做强非洲、做特美洲、做实亚太”的战略布局。借此东风，大庆油田握紧未来发展的“生命线”，目标剑指到 2050 年形成油田本土业务和海外业务各占半壁江山的发展格局，建成具有强劲竞争力的国际化资源创新型企业。创业、创新、创造，这是大庆精神、铁人精神最富有的时代动能，只要发扬这种精神，建设高质量的工业化蓝图就一定能够实现。

第三节

铁人队伍：铁一般的信仰、铁一般的担当

核心价值观是维系一个民族的精神纽带，是一个国家共同的思想基础。如果没有共同的核心价值观，一个民族、一个国家就会魂无定所、行无依归。习近平总书记指出："一个民族、一个国家的核心价值观必须同这个民族、这个国家的历史文化相契合，同这个民族、这个国家的人民正在进行的奋斗相结合，同这个民族、这个国家需要解决的时代问题相适应。"能否构建具有强大感召力的核心价值观，关系到社会的和谐稳定，关系到国家的长治久安。在当代中国，倡导富强、民主、文明、和谐，自由、平等、公正、法治，爱国、敬业、诚信、友善的社会主义核心价值观。这一核心价值观集中体现了当代中国的精神，

▲ 大庆油田新时期的"五面红旗"（左起：姜传金、赵传利、权贵春、何登龙、王宝江）

会战诗抄

井架林立冲破天，会战气象一片新。标杆虽插昆仑顶，更上珠穆朗玛峰。

凝结着全体人民共同的价值追求。人民有信仰，国家有力量，民族有希望。培育和践行社会主义核心价值观，要着力培养担当民族复兴大任的时代新人。核心价值观建设说到底是人的思想建设、灵魂建设，聚焦的是造就具有正确世界观、人生观、价值观的社会主义建设者。培养时代新人，要坚持立德树人、以文化人，弘扬民族精神和时代精神，加强爱国主义、集体主义、社会主义教育。特别要注重广泛开展先进模范学习宣传活动，营造崇尚英雄、学习英雄、捍卫英雄、关爱英雄的浓厚氛围，推动全社会形成见贤思齐的良好风气。

大庆油田在选树典型、用典型育人铸魂上有丰富的经验，也取得了丰硕的成果。抓典型、树样板，营造了“有排头就站，有红旗就扛”的崇尚先进的浓厚氛围。典型时时有，从铁人王进喜到“新时期铁人”王启民，从会战时期“五面红旗”到新时期“五面红旗”“五大标兵”，不同时期有不同时期的典型；典型处处有，科研有科研的典型，管理有管理的典型，闯市场有闯市场的典型，干部工人、机关基层都有典型。大庆油田千方百计让典型“响”起来，通过媒体宣传、报告会、演讲会、文艺作品和制作挂历、劳模灯箱等形式，大张旗鼓地宣传典型人物的典型事迹；让典型“香”起来，除对先进人物命名表彰外，在疗养休假、入党晋级、培训深造等方面也给典型人物优先；让典型“亮”起来，在重要岗位和关键时刻重视发挥典型的作用，让典型人物成为队伍中的领跑者。通过大力培养、选树、宣传典型，在全体干部职工中营造了学先进、赶先进、当先进的风

▲ 大庆油田新时期“五大标兵”（左起：谢宇新、冯东波、李新民、张书瑞、徐洪霞）

尚，潜移默化地用大庆精神、铁人精神占领了意识形态阵地，从而牢固树立社会主义核心价值观。

一、“改革先锋”“人民楷模 ”“最美奋斗者”——“新时期铁人”王启民

1997 年 4 月 17 日，由中宣部、中国石油天然气总公司、国家经贸委、全国总工会、国家科委、黑龙江省委举行的学习和宣传“新时期铁人”王启民同志先进事迹的会议在人民大会堂隆重举行。时任中宣部副部长徐光春同志出席会议并讲话。在讲话中，他概括了王启民同志的五种精神。

一是国家利益高于一切的爱国主义精神。“为国争光，为民族争气”的强烈愿望是王启民等大庆知识分子工作时的真情流露和永恒动力。无论什么时候，大庆人心中装的最多的是国家。1960 年，东北发现特大油田的喜讯传遍全国。正在北京石油学院学习的王启民激动了，他和同学们一起来到“青天一顶，荒原一片”的大庆油田实习。由于当时技术人员奇缺，他一到试油队，便担负起技术员的重担，负责一口井的试油任务。这口井位于一片涝洼地上，白天王启民趟着没膝的水上井提取数据资料，晚上就睡在阴暗潮湿的锅炉房，一住就是五六个月。每天早晨起床，他身下的垫子底部都有冰水。由于特殊的困难，这口井

▲“新时期铁人”王启民

会战诗抄　树标兵，追标兵，浑身是劲打冲锋。你骑千里马，我把火箭乘。标杆林中立标兵，北京城里会英雄。

无法自喷出油，必须树立井架。当时没有吊车，王启民就和队友一起，在王进喜“宁肯少活二十年，拼命也要拿下大油田”的精神感召下，用人拉肩扛的办法硬是出色地完成了任务。王启民成为实习学生中唯一一个获得“三级红旗手”称号的人。沉浸在喜悦中的他也许还不知道，由于过度劳累，他已患上终生难以治愈的类风湿病。1961 年大庆油田正面临严峻的局面，外国专家大批撤走并断言：“中国人靠自己的力量开发不了这样复杂的油田。”此时，刚刚大学毕业的王启民毅然重返大庆会战主战场。他说：“我们学石油地质的，就是要为摘掉国家贫油的帽子而工作。”他和所里几个同事写下了一副气势豪迈的对联——“莫看毛头小伙子，敢笑天下第一流”，横批为“闯将在此”。他们还特意将“闯”字中的“马”字写得大大的，突破了“门框”。

工作中的困难接踵而至。1963 年，刚走上开发之路的大庆油田已有一半以上的油井出现水淹油层现象，采收率只有 5%。如按此含水上升速度计算，大庆油田 80% 的资源将被浪费掉。当时，国际通行的油田开发主导理论是“均衡开采”，就是通过向地下均匀地注入一定数量的水，使油均匀地开采出来。但注水之后，许多油井被水淹，导致产量急剧下降。这时，许多技术人员都患了“恐水症”，只要油井一见水，就降低注水速度和数量。于是，有专家又提出了“温和注水”理论，结果采油速度无法提高，严重影响了油田的开发。“对地下情况绝不能凭着一时冲动和想象，必须经过科学分析后，才能确定开发方针。”王启民这样说了，也这样做了。他一头扎进开发现场，白天取样观察，晚上回来分析，写观察报告，画油水变化曲线。经过 200 多个日日夜夜的钻研，他终于搞清了大庆油田地下油层系统和油水分布规律。他形象地比喻说：厚油层好像大个子运动员，体力好、跑得快；薄、差油层像小个子运动员，体力差、跑得慢。要想让大、小个子运动员一起慢慢地跑，是违反客观规律的。只能采取分层开采，发挥大个子和小个子的不同作用，让两种油层都作出贡献。在油田领导的支持下，王启民带领一个攻关小组，拿一口含水率 60%、产量已由 60 吨降至 30 吨的油井做试验，结果这口井迅速恢复到产量 60 吨的水平。王启民以他的一腔热血，换来了大庆高产油井的青天。

二是艰苦奋斗、顽强拼搏的创业精神。20 世界 70 年代中期，国家面临严重的经济困难，要求大庆拿出更多的石油来。一种责任感使王启民一行人背上背包来到大庆中区西部，开辟了 9 平方千米的试验区。一位曾参与当年试验的同志说：“那时的条件太艰苦了，我们的帐篷里，夏天又闷又热，蚊叮虫咬，冬天又冷得要命，寒冬腊月，强劲的冷风直灌进来。”试验是单调的，哪口井的产量下来了，他们就分析原因、重新设计。一年又一年，伴着日出日落，他们平淡而辛苦地工作着。一次，做堵水试验，连续 12 次都没有成功，参加试验的人们都泄气了。“你搞什么试验呀，不等试验成功，先把自己搞死了，你还能得到啥？”王启民对此并不理会，只是默默地工作。1976 年，大庆油田根据王启民等人的研究成果，把采油速度从 1.5% 提高到 2%。大庆油田当年就实现年产原油 5030 万吨，跨入了世界特大型油田的行列。到了 1979 年，王启民负责的这个试验区创造了高含水条件下日井产 40 吨的奇迹。试验区里的人们终于明白了，他们日复一日倒腾的这一切，是探索整个油田高产稳产的开发之路。王启民在此基础上撰写的《中区西部综合措施接替稳产开发》论文，获得了 1978 年全国科技大会奖，他也因贡献突出当选为五届全国人大代表。

进入 20 世纪 90 年代，大庆油田全面进入高含水开发阶段。如果继续沿用世界上普遍采用的“提液稳油”办法，油田综合含水率将上升到 86.3%，年产液量将剧增到 1.62 亿吨，经济效益则会大大降低。大庆能不能稳产，不仅是一个企业兴衰的问题，还直接关系到全国石油工业和我国国民经济发展的大局。每个大庆人都能掂出其中的分量。油田领导找到了王启民，“能不能稳产”的询问里透着焦急和热望。作为油田“活地图”的王启民拿出一张绘制好的油田高含水后移 5 年的地图表，论据充分地讲解了如何将油田高含水期向后推移 5 年乃至更长时间的方案，这就是确保油田持续稳产的“稳油控水”方案。这一方案涉及上百个攻关难题，全油田数万名职工都来攻关。王启民身先士卒，终日不是下基层了解情况，就是埋头在各种图表上，寻找着通往成功的途径。经过严格论证，王启民提出在全油田的各地区进行分类井结构调整，突破了油田开发各个阶段都要提液

会战诗抄

胸怀壮志远离京，油田会战作尖兵。不减当年红军色，石油战线传美名。

的传统观念，使大庆油田实现了三年平均含水率上升不超过1%，与国家审定的“八五”油田开发指标相比，5年累计多产原油610多万吨，增收节支150亿元。这一成果不仅为大庆油田连续保持稳产5000万吨作出了贡献，而且为进一步提高陆上石油工业经济效益，提供了有益的借鉴和可行的途径。

三是锲而不舍、勇于攻关的进取精神。亿万年前的湖泊和流入湖泊中的河流，给大庆油田的地下留下了一座博大的石油地质迷宫。王启民以执着的精神，几十年如一日地探索着这座迷宫的奥秘，开启了一扇又一扇地下石油宝藏之门。1984年，王启民承担大庆油田第二个稳产十年5000万吨规划方案编制任务。据预测，“八五”期末，大庆油田含水率将达到85%，如果不寻找新的产油增长点，主力油田产量将下降到5000万吨以下。王启民把目光盯向了表外储层，这是一种在国内外油田开发中被判处死刑的油层。由于硬度高、渗透性差且含油量极低，这种油层没有被列入国家矿藏储量表内，开采它，就像数学家去攻克“哥德巴赫猜想”一样。“大庆油田的储层在地质上属于大型河湖三角洲沉积，原油被包含在不同的油砂体中。地下薄厚不同的油层，就如同一棵大树的主干和须根一样，水分必然充溢树的各个部位。”王启民提出的这一理论，当时并不被人们认可。那一段时间，王启民像着了魔一般，为他的表外储层寻找理论根据。这时，勘探队为他送来的两块白垩纪的岩芯启发了他，虽然储油层多数只有20~50厘米厚，单独看，没有什么开采价值，但把这些加起来，就相当可观了。按照王启民的

▲ 在编制第二个稳产十年规划过程中，油田成立了以王启民（右二）为骨干的“表外储层（油层厚度为20~50厘米）开采试验小组”，展开7年多的攻关，计算出1990年大庆表外储层地质储量为7亿多吨，可开采储量2亿吨，为大庆油田第二个稳产十年作出了重大贡献

想法，他们打下了 3 口试验井。然而，等待他的却是失败的消息，射孔中没有见到丝毫油迹，只是在起出的油管壁上沾了一点点原油。几乎所有的技术人员都摇了头，王启民却似乎有些兴奋：管壁上沾了油，恰恰说明这些低特薄油层中的油是运动的，是鲜活的，是有生命力的。王启民坚信自己的理论不会错，在油田领导支持下，他们专门开辟了一个小型试验区，上马 19 口油井，对其中 7 口井进行地质分析。测试结果令人欣喜，该区表外储层多达 50 多层，各层相加后，每口井含油厚度达 30 多米。

1987 年 7 月，试验区内的 19 口油井全部投产，但油井含水量过高，试验被迫中断。有人说，这些在国外都被判了死刑的油层，怎么可能出油？更有人断言：“这里即使有油，也是从主力油层渗过来的油，是偷主力油层的油。”面对种种议论，王启民却说：“国外没有的技术不等于我们就不能掌握，至于说这是偷主力油层的油，我认为这是偷得有功、偷得有理。”在表外储层开采，恰好激活了过去无法开采的原油。为了尽快拿出证据来，他和同事们一起泡在油区，分析解剖每一口井的地质资料和试验数据，进行岩芯观察，终于发现含水量过高的原因。通过化学堵水，他们使 19 口油井初期日产都达到 8 吨以上。1988 年，他又带领试验组选择了最差油层——含钙表外储层进行试验。这种油层更薄、更致密、更坚硬，且含油性极差。有人认为这种油层是目前开采界禁区中的禁区，打井本身就是浪费。王启民和大家反复研究后，决心再闯禁区，进行被人们称为“碎吸”的试验。为了减少浪费，他们只打一口新井，再借用已钻完但还没投产的三口一次加密井。这种“三借一打”的方法，可保证即使新井不出油其他井还可以正常生产。他和搞工艺的同志一起设计了一套方案，对油层进行强化压裂改造，并配合以高压注水开采，油井果然开始源源不断地出油。表外储层的开采成功，打破了低贫油层不能开采的陈旧观念。据计算，大庆油田表外储层地质储量可达 7 亿多吨，相当于国家又发现了一个大油田，全部开采出来将为国家增加 200 多亿元的财富。王启民和他的战友们为此奋斗了整整 7 年。在这 7 年时间

会战诗抄　去年会战成绩大，因为听了党的话。今年继续大会战，党叫干啥定干啥。

里，他们冒着失败和名誉扫地的风险，以求实创新的科学态度，为全面开发表外储层提供了科学依据，创造了世界油田开发史上的一个奇迹。

四是兢兢业业、克己奉公的奉献精神。黑龙江的冬天漫长而寒冷，厚厚的冰碴冻得帐篷里的人不敢伸出手。当时取暖用的是小火炉，一点着，地上的冰块便融化了，而蒸发遇冷后又会变成密密麻麻的小水珠。因此，王启民的床是冰冷的，被子是湿漉漉的，就连身上的衣服也是潮乎乎的。时间长了，王启民觉得腰有些僵硬，医生检查后说他得了严重的类风湿强直性脊椎炎，必须离开试验现场，否则有全身瘫痪的危险。然而此时，王启民和伙伴们正在中区西部进行稳产试验，进入紧张的实践试验阶段。“我不能撤。”王启民对来劝阻的同志说，“这里的情况我最熟悉，现在后撤，再花费大量资金，大规模地动用机械就困难了。”过度的劳累和艰苦的生活，使王启民的风湿病更加严重了。有时，他人躺下坐不起来，坐着站不起来，站着走不了路，走起路来只能弓着身子。一位熟悉他的同事说，那时候，他连弯腰系鞋带的事都做不了。

一天晚上，王启民忍着剧烈的腰痛感从井上往回走。突然，他被一块不大的土块儿绊倒了。“真没用。”他嘴里抱怨着自己，想支撑起身子，却怎么也站不起来，他觉得全身完全脱节了，再没有往日那种自由起坐的感觉。他闭上双眼，不断地为自己鼓劲：“你还年轻，今后还有很长的路要走，你不能就这样倒下去。”他慢慢地活动身体，终于坚强地站了起来，平常半个小时回驻地的路程，他整整走了大半夜。到了 1969 年，王启民的风湿病已引起虹膜炎。每次发作时，他的双眼都充血，看不清外面的东西。有时实在疼得受不了，他就趴在床上，让年幼的孩子站在背上用脚踩，这时他的骨节就会发出“咔吧咔吧”的响声。每当此时，他的妻子陈宝玲心里就说不出的难受。一次陈宝玲到北京出差，没经王启民同意，就为他联系了调到北京规划院的事。谁知王启民却在商调函上的本人意见一栏，填上“本人不同意”的字样。妻子气得要和他离婚，他却劝慰妻子说：“北京是好，但那里没有大庆，没有油田，我们的事业在这里。”中国石油天然气总公司一位老领导对他说：“你是南方人，大庆的气候不适合你，你愿意到北京或南方的哪个地方，我们都可以考虑。”可他还是那句话：“大庆的情况我熟，我哪也不去了。”对王启民来说，大庆油田已不再是一个单位，而是他人生追求的全部内容。只有当他摆弄着从地层深处取回的岩芯和翻阅那些跳动着油田生命的数据资料图表时，他才真实地感到自己的生命在流动。

五是尊重群众、发扬民主的团结协作精神。王启民主持编制过大庆油田“七五”“八五 ”“九五 ” 开发规划。他经常对周围的同志们说，有关大庆油田的报告，都是经我们的手送给国务院的，来不得半点马虎，否则我们就会影响政府作决策。要实施编制出台的方案，大多需投入巨额资金，如果稍偏离一点方向，就不是百万元、千万元的损失了。为了编制好“八五”开发规划，王启民在组织好现场试验研究的同时，还组织部署了 10 个方面的规划专题基础研究工作。王启民在工作中感到最需尽快解决的就是人才问题。他举了个例子说：“在三次采油过程中，已经有了分别可提高采油率 10%、20%、30% 的三种技术，但现在只能在少量地区使用第一种技术，因为我们的人还不过关。”他说，目前稳产 5000 万吨的目标能不能实现，关键在于要有一流的研究院和一流的科研水平，而关键是要有一流的人才。“我们无法想象在一块贫瘠的土地上生长起参天大树。”他形象地比喻说，“搞科研就像踢足球，要想赢球，不但要有好的队员，更要有技术全面而且过硬的‘足球先生’。有了‘足球先生’，再加上队员的齐心努力，球就一定能踢好。”王启民决心在研究所内培养出一大批“足球先生”，带领大家去冲锋陷阵。

他担任勘探开发研究院院长职务以后，第一项改革措施就是实行大课题组制。这项被称为“直接培养专家”的计划是王启民的得意之作。他把现行的科研科室格局打乱，进行内部组织结构的重组，技术人员不受行政级别的限制，旨在建立满足科研生产需要的院、所、室管理体系，分层次设立人才奖励、评价机制，各部门按分工对基层科室行使专业管理职能。所级机构负责各所科研生产的计划编制及组织管理。同时，以院技术委员会为核心，按专业技术系列和科研生产需要划分为 92 项大课题组。设立项目带头人，以快出成果为目的。准备引进或培养 20 名博士、100 名硕士、30 名综合型人才和 100 名专业技术带头人。这

会战诗抄

踏着朝霞牵太阳，手舞钻杆日千尺。披着星星赶月亮，大地颤抖献宝藏。

样，在几年或者十几年之后，一支结构合理、专业配套、能面向国内外石油市场、适应竞争的高素质人才队伍就会成长起来。

2018 年 12 月 18 日，在庆祝改革开放 40 周年大会上，宣读了获得“改革先锋”称号的人员名单，科技兴油保稳产的“新时期铁人”王启民在列。2019 年 9 月 17 日，中共中央总书记、国家主席、中央军委主席习近平签署主席令，授予 42 人国家勋章和国家荣誉称号，王启民荣获“人民楷模”国家荣誉称号。2019 年 9 月 25 日，王启民被中央宣传部、中央组织部、中央统战部等 9 个部委授予“最美奋斗者”称号。2019 年 10 月 1 日，王启民登上了国庆观礼台。

王启民与大庆油田有一种不解之缘——2019 年 9 月 26 日，是大庆油田发现 60 周年的日子，也是他 82 周岁的生日。王启民说：“我这辈子只做了一件事，就是研究怎么开发好大庆油田。”“改革先锋”“人民楷模”“最美奋斗者”、科技兴油保稳产的“新时期铁人”王启民，是又一枚闪光的“大庆名片”。

二、“最美奋斗者”——“大庆新铁人”李新民

2011 年，在纪念中国共产党成立 90 周年之际，中国石油天然气集团公司党组决定，开展向“大庆新铁人”李新民同志学习的活动，号召全体石油人学习他牢记使命、奉献石油的爱国情怀；扎根一线、艰苦奋斗的敬业精神；勤于钻研、科学管理的务实态度；不畏艰难、勇争一流的进取意识；率先垂范、永葆先进的优秀品质。李新民在征战海外市场历程中，奋勇拼搏、无私奉献，创造了一流的业绩，叫响了铁人品牌，树立了大庆旗帜，他的故事在职工群众中广为流传。2012 年 6 月，他在

▲“大庆新铁人”李新民

全国创先争优表彰大会上发言；2013 年 7 月，他被中宣部定为全国重大典型——“新时期产业工人实现中国梦的优秀代表”，人民大会堂及全国多地举行了他的先进事迹报告会。

创造“清关”新纪录。提起 1205 钻井队，无人不知、无人不晓，这是老铁人王进喜带过的钻探“王牌队”。第十八任队长李新民始终保持铁人“为国分忧、为民族争气”的爱国主义精神，带领 1205 钻井队转战松辽，征战海外，在全国钻井队中钻井进尺率先突破 200 万米，连续 15 年人均每年向国家交一口井。几年前得知有机会到海外打拼时，李新民第一个站出来：我们去！在国内 1205 钻井队“有条件上，没有条件创造条件也要上”；在国外，“石油工人一声吼，地球也要抖三抖”。扛着铁人队旗，满怀豪情的李新民踏上非洲大地。他抵达苏丹就问：“这里清关最快需要多长时间？什么时候能正式开钻打井？”同行队友发现，这与老铁人的话何其相似。当年王进喜到大庆一下火车就问：“钻机到了没有？井位在哪里？这里打井最快的纪录是多少？”大伙儿知道，此刻着急的李新民，一心想的就是让井架快点儿立起来！让鲜艳的队旗早点儿飘扬在非洲大地上。但在海外市场打拼，远比大家想象的要更加困难、更加复杂。1205 钻井队的钻井设备抵达苏丹后，需要清点、搬运，业内称作“清关”。此前，其他队伍海外“清关”最快纪录是半个月左右，最长的一个月。当海关工作人员看到李新民他们只有 6 个人参与“清关”时，叽里呱啦说了一大堆，意思是：就你们这几个人，哪行？行不行，干了才知道！李新民当即甩出一句英语：我们铁人队伍有能力！说完，带头奔向最心爱的“宝贝”——足足装满 102 辆卡车的钻井设备及物资。当时，苏丹地表温度接近 70 摄氏度。没多久，李新民嗓子发炎，牙疼得钻心，其他人也出现中暑症状，满嘴起泡。他们每人每天要喝掉 10 多瓶矿泉水，即使这样，都不用小便，工衣却能拧出水来。“我们是高温当桑拿、汗水当淋浴，几天时间大家的体重就减了七八斤。”李新民回忆道。“清关”结果下来了：6 个人用了 6 天。此前，中国石油钻井队海外“清关”没有比他们人数更少、时间更短的了。

首战告捷，兴奋的李新民又把心思放在即将开钻的第一口井上。此时，苏丹雨季即将来临，而这口井正好位于一片沼泽地里。甲方监督员说，一个月内若不能完钻，设备就将困在雨季的沼泽中，不如趁早放弃。“一定要打，一定要如期完工！”下定决心的李新民给大伙儿打气：决不给铁人钻井队丢脸，决不给中国工人丢脸！说干就干，仅用17天，这口井就被他们成功拿下。交井时，甲方连声说“了不起”。李新民站在苏丹的土地上，望着钻塔上高扬的国旗和队旗，心中默念：老队长，你的梦圆了。随后的小结会上，李新民十分激动地说：“我们的队伍打到哪里，就把铁人精神带到哪里。今天，我们让铁人这面旗帜插在了国际钻井市场的最前沿！这是胜利中的胜利！”“有红旗就扛，有第一就争”的1205钻井队已创下中国钻井的多个第一：第一个累计进尺突破232万米，相当于钻穿262座珠穆朗玛峰；打井1800多口，质量合格率均为100%。

“咱们工人有技能。”李新民坚持发扬铁人“有条件要上，没有条件创造条件也要上”的艰苦奋斗精神，把全部精力和满腔热情都倾注到钻井事业中，越是艰苦越向前，越是困难志越坚。1967年，李新民出生于黑龙江省泰来县。他从小在农村长大，他对大庆最早的印象是上小学时从那部叫《创业》的电影中得来的。那时，石油工人的豪迈气魄就在他幼小的心灵里留下了深深的烙印。1987年高考填报志愿时，李新民毫不犹豫地选择了石油类院校。1990年，李新民以优异的成绩从大庆石油学校钻井专业毕业，被分配到铁人王进喜曾经带领过的井队——1205钻井队。李新民在学校学习时，就对1205钻井队的历史了然于心。李新民接到分配通知时，兴奋得一夜没有睡。大庆石油人都知道，进了这支队伍，就是进了一个大庆精神、铁人精神的熔炉，得“真传”，成长快。尤其对于李新民来说，这里可是他在学校时一直景仰的“精神高地”啊！李新民一想到自己的人生就要和这个英雄的城市、英雄的队伍连在一起了，便暗暗下决心：定要像铁人那样工作，像铁人那样做人，决不能给这个英雄的集体丢脸！到了井队后，李新民对这支英雄的队伍有了更深刻的了解。他发现井队不论是队长、书记，还是老师傅、年轻同事，都是那么朴实，也不见他们有什么豪言壮语，只有整天井上井下埋头苦干的身影。工作中，同事们都有一些自己在书本上没有学过

会战诗抄

主席著作我爱读，越读浑身劲越足。改造山河打深井，天大困难挡不住。

的小窍门，不管问谁，他们都会毫无保留地讲给自己听；平时，他们对自己的关心、帮助也都是默默的、不知不觉的。有一次，李新民跟着师傅换两位三通换气阀。按照他曾经学过的知识，他认为换气阀不通，只要换掉就行了。可是，李新民发现师傅把自己换下来扔掉的换气阀又一个个捡了回来。师傅告诉他，有好多是不需要更换的，只要修一修就可以继续使用，说完就教给他修理两位三通换气阀的窍门。李新民这才知道，原来这玩意儿是可以修的！井上的起升系统、设备操作上的离合器等部位都有这玩意儿，能修则修，既节省了成本，又节省了时间。功夫不负有心人，由于勤奋刻苦，他很快就熟悉了井队的各个工种。短短几年，李新民完全融入这支队伍。他更加热爱这里了，无论是干场地工、钳工，还是当技术员、井队干部，他经常告诫自己：要像铁人那样扎根一线，严细认真，工作在前，吃苦在前。为提高闯市场的能力，他翻起了多年不动的英语书籍，买来他读起来非常“生涩”的计算机类教材，一有时间就学。李新民自修钻井工程专业的本科课程，获取了本科学历。现在，他已经可以用英语正常对话，能够熟练运用计算机控制井眼轨迹。

在苏丹叫响“大庆”品牌。李新民始终不忘铁人“要为油田负责一辈子”的精神，带领全队职工勤奋学习、苦练本领、创新管理，使1205钻井队创出了井深质量和固井合格率连年100%的好成绩。2006年春节刚过，作为铁人王进喜带过的队伍、全国最著名的钻井队，1205钻井队出征海外，去实现铁人没有完成的那个夙愿：把井打到国外去。多年战乱、被称作“世界火炉”的苏丹，是1205钻井队闯荡海外的第一站。到了井场，最担心的事儿还是发生了：

▲ 2006年2月，李新民（左一）带领1205钻井队走出国门，参与国际钻井市场竞争，获得“苏丹钻井杯”

三台柴油发电机，有两台被海水严重腐蚀。柴油发电机是钻井的动力核心，打井、生活全靠它发电，而且必须两台发电机同时运转才行，否则无法开钻。李新民带着大家，一手拿图纸，一手拿电话，让国内的专家电话遥控、指导改设备。可还没腾出空喘口气，又出现了问题：借来的那台电机已经老化，转一会儿就高温不下，天气又非常热，把电机烧坏了。李新民就把队里的十来个人分成 4 组，在确保安全的前提下，让大家 4 个小时一换班，用水管子不断往发电机的外壳和水箱上喷水降温。就是用这种令人难以置信的方式，李新民率领 1205 钻井队，成功打完了自己在海外的第一口井。在让甲方极度惊讶的同时，也深深感慨：果然是铁人队伍，果然是大庆的队伍！李新民把 1205 钻井队、大庆油田这种永争一流的品格，带到了国际钻井市场。2007 年 2 月份，苏丹 3/7 区块准备推广水平井，需要一支钻井队挑大梁。一开始，甲方没想把这个任务交给李新民，因为有的井队已经在这儿干了快 10 年了，1205 钻井队才来了不到一年。说实话，人家对这个队不太信任。听到消息，李新民第一时间就去拜访甲方，带去了对这口井的分析，还带去了全队所有岗位 22 份请战书，向甲方表示：“我们队能打这个头阵！”甲方作业部总裁当时很惊讶，他问李新民：“你知不知道，这口井风险很大，几个经验丰富的井队，都在犹豫接不接。”李新民回答：“知道，但这个活儿，我敢接！我对自己的队伍有信心。”讨论了几天，甲方最终决定，把这口井交给 1205 钻井队来打。结果，仅仅用了 26 天，1205 钻井队就完成了这口具有重大意义的水平井，每天能采出 6000~8000 桶原油，是其他井的 2 到 3 倍，成为中石油海外市场的“功勋井”。随后的几口水平井，他们也全都打得很漂亮。甲方越来越信任李新民，越来越信任这个队，明确表示：以后 3/7 区块的所有水平井，优先让 1205 钻井队来打。李新民常说：“我们不只立起了钢铁 1205 钻井队的旗帜，还在苏丹叫响了大庆钻探的品牌。让人们知道，大庆是这儿的 NO.1，这个时候，我们才是真正把井打到了国外！”

哈法亚立“铁人”标杆。李新民牢记铁人“把井打到国外去”的夙愿，在

会战诗抄

心热不怕天气寒，志坚不怕上刀山。零下四十度不算冷，誓把严寒当春天！

自然环境极其恶劣的苏丹和战火纷飞的伊拉克，以无所畏惧的精神和钢铁般的意志创出了骄人的业绩。2009 年，中石油中标伊拉克战后第一标，震惊了石油界，也震惊了全世界。2010 年 10 月，李新民被选派到伊拉克哈法亚，负责大庆的钻井项目。当时，李新民在苏丹打井，正风生水起，由非洲转战中东的消息来得有些突然。同事善意地提醒他：对于个人的事业发展而言，去中东会不会太冒险？但李新民琢磨的不是个人的得失，而是祖国石油事业的需要。如今，我国原油对外依存度已经突破 55%，要建设“海外大庆”，中东市场对于国家、对于中石油都太重要了。中石油是哈法亚油田的投资方之一，签约 20 年，要用 7 年时间使这里的原油年产量达到 3000 万吨。哈法亚打井的速度和质量，对于中石油海外布局意义重大。一提到伊拉克，大家立马想到的是炮火连天、汽车炸弹、危险丛生。一出巴士拉机场，李新民和队友就穿上了 10 多公斤重的防弹背心，戴上七八公斤重的钢盔，在拿着冲锋枪的安保人员的护送下，坐上防弹汽车，赶往驻地。路上满目疮痍、浓烟滚滚，到处都是坦克残骸、被炸飞的汽车轮胎和还没清理的雷区。伊拉克的沙尘暴也特别厉害，来的时候，铺天盖地，就像是一堵墙拍过来。沙尘暴时常发生，特别是每年的 3 月到 5 月，基本上天天黄沙满天。李新民和同事所住的营房是密封的，但在沙尘暴季节，他们每天睡觉还是会被呛醒，就算用湿毛巾盖住脸，早晨起来后，他们的嘴里、鼻子里也都是沙尘。越是艰险，越能成就伟大的事业，这就是大庆石油人。刚到伊拉克，李新民拿到手的，是哈法亚油田 30 多年前粗略勘探的地质资料，许多关键数据都没有。即使这样，李新民仍然带领队伍在钻第二口井时就创造了当地的钻井新纪录，比甲方预计的钻井完成时间提前了 19 天。甲方特意发来了表扬信：“正值哈法亚项目开发的关键时期，新井的快速建成意义重大”，并且决定让大庆钻探工程公司（以下简称“大庆钻探”）再上一部钻机。大庆钻探不是最早进入哈法亚的队伍，但目前，却是在哈法亚拥有最多钻井订单的队伍。在李新民的带领下，在激烈竞争的伊拉克，在充满希望的哈法亚，大庆钻探把根牢牢地扎进去了，也让中国石油在这里的开发，有了一支王牌之师可以倚重。

李新民发扬“一级做给一级看，一级带着一级干”的大庆优良传统，永葆共产党员先进性，传承铁人精神不走样，报效祖国当先锋。人们说，1205 钻井队是“熔入一块铁，锻出特种钢”。而1205钻井队的人最清楚，在从“铁”到“钢”的过程中，李新民是有活儿一起扛、有危险自己往前冲的兄长、家长，是解决问题时的主心骨，是没什么艰难能把他打倒的“李铁人”。人们常讲，喊破嗓子，不如做出样子。铁人精神，很多时候，都是有形的。每一个跟着李新民一起去苏丹打井的1205钻井队人，回来都会讲到这件事：当地政局不稳，常有劫匪出没。因为劫匪可能从窗户往房间里开枪，李新民让大家把营房的窗户都焊死，里边再焊上一层10毫米厚的钢板，却在他那屋的窗户上留了一道缝，以便进行瞭望，发生危险时，能让队友们迅速躲进避难所，但这就相当于把一个巨大的危险留给了自己。不论领导，还是队友，都不止一次地评价：李新民是个有心人。而当我们越了解“大庆新铁人”的故事，就越觉得，在“有心”的背后，其实是真心、真意、真情。

大家都知道1205钻井队是标杆，但不是每个人一到1205钻井队就能达到标杆队的标准。1205钻井队有个青工小李，刚分来的时候脾气急、好惹事，所有班都不愿意要。有人建议，把他调走算了。小李也有点儿破罐破摔，甚至有时候跟队干部对着干。李新民跟大家说，铁人队决不能让任何一个人掉队。一有空儿，他就跟小李讲自己对1205钻井队的理解，让小李一点一点地感觉到，能成为1205钻井队人是真的很光荣，但要成为真正的1205钻井队人，也不那么容易。小李人很聪明，就是没耐性、干活毛糙，李新民就时不时地提醒他。小李花钱手脚大、不算计，李新民就把他每月的工资都扣下来一部分，替他存起来。到年底的时候，小李从场地工成长为了副司钻，还获得公司的“铁人式员工”称号。当李新民把荣誉证书和一万多块钱的存折交到小李母亲的手里时，老太太哭了。她说：“这孩子不出去惹事、能让我们少操点儿心，我们就知足了，从来没想到有一天他还能成才。”在苏丹，1205钻井队曾经遇到一位叫穆罕默德的甲方监督员，他有一个习惯，每顿晚餐必须吃上几片西瓜。细心的李新民发现，只要晚餐没有西瓜，穆罕默德就会心情不好，还会把情绪带到工作中。可在苏丹，到

铁人诗话

我学会一个字就像搬掉一座山，我要翻山越岭去见毛主席。

了旱季，很难买到西瓜。李新民想了一个招儿：他把穆罕默德吃过的一部分西瓜籽留了下来，种到营房后的空地。还别说，尼罗河水滋润过的土地真是肥沃，没几天，西瓜秧就长出来了。李新民嘱咐工作人员好好看护，西瓜喜获丰收，最大的居然长到五六公斤。因为这瓜太珍贵了，大家谁也舍不得吃，专门“特供”给穆罕默德。得知中国的平台经理特意为自己种西瓜，这位干了40多年钻井工作的老外万分感激，他对李新民说：“我们不只是工作伙伴，更是朋友。”李新民铁骨柔情，他对亲人怀着满腔的爱。在战火纷飞的伊拉克，每天不管多忙多累，他都会用QQ（一款即时通信软件）给家人发个笑脸，给家里报个平安。22年扎根油田，“井是我的命，油是我的魂”，铁人精神早已融入李新民的骨子里。大爱无疆，塑造时代楷模、石油脊梁。在李新民身上，总有一股洗不掉的石油味。他说：“自己永远也离不开这个味了。”这就是“大庆新铁人”，用质朴的情感、执着的坚守写就的“爱”，践行“我为祖国献石油”的豪迈誓言。

2017年10月24日，中国共产党第十九次全国代表大会闭幕后，第三场“党代表通道”再次开启。“大庆新铁人”李新民走上通道，与中外媒体面对面交流。在回答记者问题“1205钻井队的变与没变时”，李新民指出：“如今的1205钻井队和过去的1205钻井队相比，舞台变了，眼界变了，任务也变了，但是艰苦奋斗的作风没有变；精益求精、严细管理的标准没有变；用‘三老四严’‘四个一样’光荣传统保证质量，用大庆精神、铁人精神取信用户的追求没有变；掌握前沿技术，练就一身真功夫、硬本领的拼劲儿没有变！”2019年9月25日，李新民被中央宣传部、中央组织部、中央统战部等9个部委授予“最美奋斗者”称号。李新民继承铁人遗志，在国际市场上树立了新时代石油工人的良好形象。

三、传播大庆精神、铁人精神的新载体

大庆油田党委始终把培育“爱国、创业、求实、奉献”的共同价值观摆在首位，积极开展传统教育，让干部职工时刻工作和生活在大庆精神、铁人精神的熏陶之中。坚持把弘扬传统作为职工入厂、入党、入团教育的第一课、必修课，并

伴随其职业生涯全过程。这些年，油田下大力气抓了爱国主义教育基地建设，先后建设了铁人王进喜纪念馆、大庆油田历史陈列馆等近百个教育基地，分期分批组织职工参观学习，使其成为职工子女升学离乡、结婚庆典、亲朋来访时的参观“圣地”。

铁人王进喜纪念馆是为了纪念中国工人阶级的先锋战士——铁人王进喜，于1971年建成的，当时叫“铁人王进喜同志英雄事迹陈列室”，1989年在旧址上新建了铁人王进喜同志纪念馆。2003年2月，由大庆地区石油石化企业、中共大庆市委、市政府共同协商，中共黑龙江省委、省政府支持，中国石油天然气集团公司批准，决定迁建铁人王进喜纪念馆。新馆历时近3年建设，于2006年9月26日大庆油田发现47周年纪念日开馆，馆名由时任中共中央政治局常委、国务院总理温家宝亲笔题写。在2009年10月举行的第八届(2007—2008年度)“全国博物馆十大陈列展览精品奖”评选中，铁人王进喜纪念馆《石油魂——铁人王进喜生平业绩陈列》荣获“十大精品奖”，铁人王进喜纪念馆现为国家一级博物馆。2017年1月，国家发改委、中宣部、财政部、国家旅游局、中央党史研究室等单位公布了《全国红色旅游经典景区名录》，铁人王进喜纪念馆位列其中。

▲ 铁人王进喜纪念馆

铁人王进喜纪念馆占地面积11.6公顷，主体建筑面积2.15万平方米，展厅总面积4790平方米，展线总长度917延长米。主体建筑外形为“工人”两字的

会战诗抄

紧擂战鼓擦刀枪，各路英雄备战忙。单等战斗号令响，冲锋陷阵上战场。

组合，鸟瞰呈“工”字形，侧看为“人”字形，象征这是一座工人纪念馆。主体建筑高度 47 米，正门台阶共 47 级，寓意铁人 47 年不平凡的人生历程。建筑顶部为钻头造型，象征大庆油田奋发向上、积极进取。雕塑《崛起》《奋进》《五把铁锹闹革命》等错落有致地矗立于铁人王进喜纪念馆馆区内。展览以王进喜生平事迹为主线，分为“不屈的童年”“赤诚报国”“艰苦创业”“科学求实”“无悔奉献”“鞠躬尽瘁”“精神永存”七部分，集中展示了铁人王进喜的生平业绩及用终生实践所体现出的大庆精神、铁人精神。展览内容丰富翔实，形式多样，除了采用照片、文字、电动图表等传统的展示手段外，还采用了硅胶像、沙盘、场景复原、多媒体等现代展示手段，较好地表现了“爱国、创业、求实、奉献——石油魂”这一主题。在各展厅之间的通道处，结合陈展需要，增加了国画《大庆工人无冬天》和战报墙、会战诗抄墙、宣传铁人和石油会战的美术作品。铁人王进喜纪念馆是中国石油天然气集团公司企业精神教育基地、全国爱国主义教育示范基地、全国工业旅游示范点、黑龙江省军区“革命传统教育基地”、国家 AAAA 级旅游景点。

大庆油田历史陈列馆是我国第一个石油工业题材原址性纪念馆，坐落于黑龙江省重点文物保护单位、大庆石油会战指挥部旧址“二号院”，于 2006 年 9 月 26 日落成开馆，是国家三级博物馆。胡锦涛、温家宝、张德江等党和国家领导人曾亲临展馆视察。

展馆占地面积 15900 平方米，陈展面积 4200 平方米，拥有藏品 8000 余套件，其中国家级文物 353 套件。展馆分为“岁月・大庆”“松辽惊雷，油出大庆”“大庆精神，民族之魂”等 9 个部分，编年体与专题式的方式有机结合，利用立体空间展示手法，全面展示大庆油田辉煌的发展历程，表现了党领导建设社会主义工业企业成功典范的深刻主题。

展馆运行以来，秉承“发扬大庆精神，铸就精品展馆”的理念，充分发挥展馆服务社会促文明、服务发展聚合力、服务油田传薪火、服务观众育美德的作用。开馆以来，累计接待参观人数逾 400 万人次，赢得社会广泛赞誉。展馆先后被授予全国爱国主义教育示范基地、全国博物馆十大陈列展览精品奖、国务院国资委青年干部学习教育基地、中国石油天然气集团公司企业精神教育基地，成为

▲ 大庆油田历史陈列馆

展示大庆精神、铁人精神和中国石油工业文化的重要阵地和窗口。

大庆油田还运用其独特的文化资源优势，开展“石油魂——大庆精神、铁人精神宣讲”，在石油系统内外产生了广泛影响。2010 年 6 月，中国石油天然气集团公司思想政治工作部与油田党委联合开展“石油魂——大庆精神、铁人精神宣讲”活动。活动采取了宣讲员讲解和多媒体配合的生动形式，配以历史照片、音频资料、影视资料和经典故事，展现艰苦卓绝、波澜壮阔的大庆石油会战历程，再现铁人王进喜“宁肯少活二十年，拼命也要拿下大油田”的英雄壮举，体现“两论”起家、“两分法”前进、“三老四严”“四个一样”等优良传统。至 2019 年 12 月，宣讲总队深入各企事业单位、政府机关，向广大干部员工面对面地宣讲大庆精神、铁人精神，同时先后赴国资委、中华全国总工会、人民大会堂、天津市及中亚、中东、南美等十几个海外项目进行宣讲，历时 10 年，行程 50 万多公里，宣讲 638 场，受众 200 多万人，成为中国石油时间最长、场次最多、影响最广泛的一次思想教育活动。

2019 年 12 月 9 日，“石油魂——大庆精神、铁人精神”宣讲团来到阿联酋，为中国石油中东地区所属企业代表带来了一场感人至深的专题宣讲报告。中东地区干部员工普遍反映，通过聆听宣讲报告，不仅对大庆精神、铁人精神有了更加全面、系统的了解，对“三老四严”“四个一样”等石油会战优良传统感受更加清晰，而且触动了思想、震撼了灵魂，接受了一次深刻的精神洗礼。中国驻迪拜总领事李旭航说：“为国分忧、为民族争气道出了石油工人的爱国初心。爱国精神是国家凝聚力的原动力，是发展与复兴的必要条件。新时代，我们仍会面对各种困难与挑战，要有效破解与应对，就必须勇于担当，不断继承与弘扬爱国主义精神，像‘铁人’一样，用赤胆忠心助推国家富强。”2012 年，“石油魂 ——大庆精神、铁人精神”宣讲团被授予全国工人先锋号，这是新中国成立以来，第一次将这一荣誉授予精神传播团队。2017 年，该宣讲活动获评全国企业文化优秀成果。党的十九大之后，该宣讲团被中宣部评为“基层理论宣讲先进集体”，并作为唯一国企代表在表彰会上作了发言。

此外，大庆油田针对油田点多、面广、线长的特点，在一线设立了小广播、小简报、流动图书箱等“五小两流动”文化阵地，并通过建设“通勤之声”“安全文化墙”“文化灯箱”等，使职工时时处处接受文化的熏陶。以“铁人”“会战”“创业”等命名了一大批城市公共设施和文化景观，兴建了 400 多个文化场馆。持续不断地建设企业文化精神教育基地，持续不断地开展企业精神宣讲活动，持续不断地对基层进行企业文化氛围营造，使大庆精神、铁人精神牢牢占领了意识形态主阵地，培养造就了一代又一代铁人式职工队伍，使社会主义核心价值观成为这片土地的正能量、主旋律。

▲ 2012 年 4 月，中华全国总工会颁发给大庆油田有限责任公司“石油魂——大庆精神、铁人精神”宣讲团“工人先锋号”的奖牌

四、再铸时代铁脊梁，铁人队伍永向前

在三代铁人的感召下，大庆油田形成了各个时期的英模群体，构成了铁人式

职工队伍的中坚力量，成为中国工人阶级先锋队的代表。

20 世纪 60 年代的“五面红旗”：大庆石油会战初期涌现的先进榜样王进喜、马德仁、段兴枝、薛国邦、朱洪昌。1960 年 7 月 28 日，大庆石油会战初期党的临时办事机构——石油工业部机关党委在《关于开展学习“王、马、段、薛、朱”运动的决定》中，称赞他们是全战区的“五面红旗”，是全体职工学习的榜样。当时工人们曾写诗道：“一面红旗红一点，五面红旗红一片，百面红旗迎风飘，红遍松辽大油田。”“英雄铁人打头阵，马段薛朱紧相跟，比学赶帮争上游，铁人头上出钢人。”

20 世纪 70 年代大庆党委命名的标兵：1974 年 9 月 3 日命名的有“最讲认真的人”周占鳌、“学铁人的带头人”屈清华、“钢铁钻工”吴全清、“继承铁人精神的好队长”高金颖、“采油铁姑娘”徐淑英、“烈火炼红心的好青年”蒋成龙、“硬骨头石油战士”王武臣、“一心为公的好干部”李景荣。1975 年 4 月 16 日命名的有“发扬五把铁锹闹革命精神的带头人”李长荣、“家属闹革命的先锋”李法兰、“身残志坚的好青年”张秋银。1978 年 3 月 31 日命名的有“又红又专的车间主任”王洪学、“铁人式的好作业队长”阎智福、“学铁人的好干部”蔡国珍、“学铁人的好作业队长”胡功祥、“学铁人的红管家”夏良才、“自觉从严的好干部”涂文如、“身残志坚的技术员”耿玉亭、“一心为公的好司机”高连和、“坚持走五七道路的模范家属”卢菊、“学铁人的好保管员”齐莉莉。

20 世纪 80 年代“大庆精神大庆人”宣传的十大标兵：陈全友、栾桂英、王思钧、吴国林、戴淑华、赵纯义、魏兴柱、申冠、周祥、邹彩飞。

20 世纪 90 年代命名的“十佳百优”职工：1994 年，大庆石油管理局党开展了“十佳百优”评选活动。评选中，先由基层小队、大队层层推荐，由厂、公司共筛选出 330 名候选人，经职工代表审议，组织、干部、纪检等部门联合考核，最后由管理局党委审定通过了全局“‘十佳’最优职工”和“百名优秀职工”，共 110 人。其中“‘十佳’最优职工”有马军、王启民、崔已男、黄玉良、李瑞民、

会战诗抄

集中作战讲质量，分散施工不变样。单人独马自觉严，任务再重不转向。

李万仁、苏龙、张学民、陈玉华、刘平兰。1997年9月7日，大庆石油管理局党委、管理局《关于开展向“新时期铁人”王启民等劳动模范标兵学习的决定》，授予王启民、袁福生、焦吉群、孟宪吉、苏龙、张学民同志“劳动模范标兵”称号。

进入21世纪，大庆油田党委先后评选了新时期“五面红旗”和新时期“五大标兵”。新时期“五面红旗”有“矢志不渝的勘探尖兵”姜传金、“敢打硬仗的铁人式队长”赵传利、“勤勉务实的模范书记”权贵春、“永攀新高的工人技师”何登龙、“执着创新的三采勇士”王宝江。新时期“五大标兵”有李新民、冯东波、张书瑞、谢宇新、徐洪霞。新时期“五大标兵”集中表现为继承会战优良传统，勇挑重担、永创新业的艰苦创业精神；胸怀祖国石油工业，刻苦钻研、永攀高峰的科学求实精神；践行企业价值理念，迎难而上、决胜市场的顽强拼搏精神；立志岗位成才，靠真本领、硬功夫报效企业的自强不息精神；平凡岗位写忠诚，脚踏实地、埋头苦干的爱岗敬业精神。油田进入振兴发展阶段，大庆油田党委不断加强建立劳模管理工作体系、评比选树体系，从而更好地为劳模服务，更好地发挥出劳模引领示范作用。先后涌现了全国技术能手刘丽、全国劳动模范杨海波、全国五一劳动奖章获得者段福海、全国技术能手焊王王召军、全国青年岗位能手王天明等劳模典型。在大庆油田发现60周年之际，油田党委评选出新时代振兴发展标杆8个，包括钻探工程公司钻井二公司1205钻井队、第一采油厂第三油矿中四采油队、第八采油厂基建工程管理中心工程管理室、井下作业分公司修井一大队修井107队、采油工程研究院分层开采工艺测试研究室、装备制造集团力神泵业有限公司南苏丹项目部、“石油魂——大庆精神、铁人精神”宣讲团、勘探事业部松辽盆地石油勘探项目经理部；新时代振兴发展标兵6人，包括李新民、刘丽、伍晓林、王召军、浦秀双、李卓。这些先进集体和个人传承大庆精神、铁人精神，积极投身新时代中华民族伟大复兴实践，汇成了大庆油田先锋模范的璀璨星河。

第四节

加强党建：弘扬光荣传统，持续强根铸魂

习近平总书记曾经说过：“中国特色社会主义进入新时代，我们党一定要有新气象新作为，关键是党的建设新的伟大工程要开创新局面。”把党的建设作为一项伟大工程来推进，是我们党的一大创举，是我们党领导人民进行伟大社会革命的法宝。办好中国的事情，关键在党。新时代只有抓好党的建设新的伟大工程，不断开创新局面，才能展现我们党的新气象新作为，才能以党的自我革命推动伟大社会革命，开创新时代中国特色社会主义建设新局面。党的十八大之后，以习近平同志为核心的党中央作出全面从严治党的战略部署，以坚定决心、顽强意志继续推进党的建设新的伟大工程，坚持和加强党的全面领导，坚持党要管党、全面从严治党，坚持把党的政治建设摆在首位，坚持思想建党和制度治党同向发力，坚持贯彻新时期好干部标准，坚持强基固本，坚持正风肃纪、严惩腐败，党内政治生态明显好转，党的创造力、凝聚力、战斗力显著增强，党群关系明显改善，党在革命性锻造中更加坚强，带领人民推动中国特色社会主义进入新时代。

大庆油田从诞生那一刻起，就坚定听党话、跟党走，坚持把方向摆正、把路子走对，不断强化企业党组织的政治核心作用，始终把“抓班子、带队伍，培养一个好作风”作为加强党的建设的根本任务。注重加强基层党组织建设，始终抓

铁人诗话

有人说我们大庆艰苦，我看不过是多流点汗，少睡一会儿觉，没什么了不起的。今后我们要走的道路还长着哩，还不一定遇到多少困难。不管困难多大，我们决不低头，一定要挺着腰杆子干一辈子。

“三基”工作，坚持“支部建在连上”“抓典型、树样板、立标杆”、用“三老四严、四个一样”的优良传统建队育人，保证了基层党组织的凝聚力、战斗力、执行力持续增强。油田党委始终不忘初心、牢记使命，坚持党的领导，加强党的建设，将党的政治优势转化为企业的发展优势，奋发有为，砥砺前行，把力量凝聚在党旗下，构筑起发展新优势，努力开创振兴发展新局面。

一、全面加强党的领导，筑牢“根”和“魂”

习总书记强调：“坚持党的领导、加强党的建设，是我国国有企业的光荣传统，是国有企业的‘根’和‘魂’，是我国国有企业的独特优势。”大庆油田时刻以党旗领航，从开发建设至今，全面加强党的领导，始终听党话、坚定跟党走，把企业发展同党和国家的发展紧密相连。加强党的建设，大庆油田有好的基础，党建工作在不同的历史时期都有所发展，一脉相承而又独具特色。大庆油田党委专门出台了《加强油田党的建设工作方案》，制定《大庆油田党的建设规划纲要》《大庆油田反腐倡廉建设规划》《大庆油田企业文化建设规划》，把坚持党的领导作为重大政治原则，明确了重点要抓好 6 个方面 35 项具体工作，继承发扬大庆精神、铁人精神和会战优良传统，高举红旗抓党建、从严从实抓党建、立足基层抓党建，持续推进油田党的思想建设、组织建设、作风建设、反腐倡廉建设和制度建设，提高党的建设整体水平，为“当好标杆旗帜，建设百年油田”提供坚强保障和强大动力。

▲ 2019 年 6 月 27 日，大庆油田党委召开“不忘初心、牢记使命”主题教育专题党课

管党、治党不

仅关系党的前途命运，而且关系国家和民族的前途命运。党的十八大以来，大庆油田党委着力加强和规范党内政治生活，净化党内政治生态，把全面从严治党落实到基层。大庆油田党委认真贯彻落实中央八项规定精神和集团公司党组要求，扎紧制度笼子，推动监督执纪问责要严、要紧、要硬，促进党员领导干部知边界、明底线、存敬畏。大庆油田全力开展好“不忘初心、牢记使命”主题教育，结合实际，进一步加强党的建设，活化党员示范区、党员先锋岗、党员效益工程等载体，引导各级党组织把党的建设落实到打好稳油增气攻坚战中，落实到推动改革创新上，体现在保持企业和谐稳定上。加强党的建设，弘扬以“苦干实干”“三老四严”为核心的“石油精神”，大庆油田自觉坚持与时俱进，聚焦推进企业发展，引导各级党组织和党员把弘扬“石油精神”贯穿于业务发展和提质增效过程中。连续两年开展“大庆精神、铁人精神再学习、再教育、再实践”主题活动。通过此项活动，聚焦思想作风、精神状态、履职尽责等方面存在的突出问题，进一步聚力量、提士气、育作风、强管理、促发展，为切实肩负起“当标杆旗帜，建设百年油田”的重大责任提供智力支持和精神保证。一流的企业需要一流的党建，一流的党建引领一流的企业。在新时代的伟大征程上，大庆油田履行好政治责任，不忘初心、牢记使命，推动党的政治优势转化为企业发展优势，让基层党的建设更具活力，更有成效。

二、打造钢铁党支部，战斗堡垒更坚固

大庆石油会战时期，“宁可少组建几个钻井队，也要在基层队配备指导员”。如今，大庆油田内外队伍全部建立起党支部。大庆油田现有6600余个党支部，成为谋发展、抓改革、闯市场、破难题的坚强堡垒，取得了一项项好业绩，打赢了一场场漂亮仗。

一是党支部始终用优良传统建队育人。“三老四严”发源地中四采油队组建

会战诗抄

踏遍戈壁走四川，几度玉门进荒原。剪朵白云权当被，选块草坪曲肘眠。手抬肩扛竖钻机，不畏风霜不怕难。泥浆虽冷丹心热，铁人师傅英雄汉。

于 1960 年，继承“三老四严”传家宝 50 多年不走样。进入新时期，老标杆不断焕发新光彩，荣获了“全国工人先锋号”等荣誉称号。虽然班子换了一届又一届，工人换了一茬又一茬，但唯独不变的是对“三老四严”传家宝的薪火相传，对优良传统的再学习、再教育从未停止过。中四采油队的每一分子都每时每刻地接受着“精神洗礼”。他们坚持每天唱队歌不间断、新员工队史教育不间断、每周队务会讲传统故事不间断，还总结出“观、听、讲、谈、唱、写、演、展”八字教育法，让“三老四严”入耳入脑、入言入行。他们坚持把“三老四严”的优良作风融入生产管理的各项具体工作中，用他们的话说，“三老四严”既是要求，又是标准，关键是严，核心是细。自 1960 年建队至今，油水井资料全准率始终保持 100%，106.6 万次巡回检查无一遗漏，25.54 万张报表填写无一涂改，4992 万个生产数据无一差错。

二是党支部带领队伍向生产高峰勇攀登。2019 年 8 月 9 日，大庆 1205 钻井队累计钻井 2370 口、进尺突破 300 万米，相当于钻透了 339 座珠穆朗玛峰……他们正向连续 3 年年钻井进尺上 10 万米的目标发起冲击。第 21 任队长张晶说：“今天我们遇到的困难比过去一点不少，但队党支部永远是攻坚克难的坚强堡垒，我们开展的精益钻井模式是管理创新的具体体现，也是赋予大庆精神、铁人精神新的时代内涵。”

三是党支部建设创造新模式。大庆油田中油电能星火一次变电所党支部创立了项目化、模板化、数字化支部建设“三化”模式，对党建工作中遇到的难题立项研究，攻关解决；把优秀项目成果和先进工作方法制成模板，进行推广普及；全面应用“石油党建”平台，基层党建水平持续提高。2018 年底，他们荣获第一批“中

▲ 2018 年 11 月 20 日，大庆油田星火一次变电所荣获“中央企业基层示范党支部”称号，成为中国石油天然气集团有限公司唯一获此殊荣的党支部

央企业基层示范党支部”称号，成为中国石油唯一获此殊荣的党支部。在星火一次变电所，每一任党支部书记换届时，都会举行一个简短而庄重的交接仪式。在党支部书记浦秀双的记忆里，有一个画面至今难忘。浦秀双说：“当我从上一任党支部书记手中接过象征‘星火精神’的‘三件宝’——一面‘百面红旗单位’的红旗、一把测量设备间隙的塞尺和一个签名本时，我深知，我接过来的是荣誉，更是责任。”

四是探索海外工作新方法。牢记使命，强基固本，打造海外铁军，打造出新时代党建动静模式，即静态建党支部、动态管党员，成为大庆油田“走出去”的新引擎，为海外项目高质量发展提供了不竭动力。大庆油田井下海外管理中心伊拉克鲁迈拉项目部，始终牢记建设“海外大庆”的责任和使命，切实推进海外党建工作，传承大庆精神、大庆传统，党支部堡垒坚不可摧，提高了大庆油田员工队伍的战斗力、国际团队的凝聚力和项目的综合竞争力。8年来，该项目部修井358口。

五是提升基层党支部书记“领头雁”的本领。大庆油田进一步加强党务工作者队伍建设，突出做好基层党组织书记的选拔配备工作，加强一线党务工作力量。大庆采油三厂党委给基层党支部书记“开小灶”，根据每个人的特点，为他们量身定制培训计划，培训形式也多种多样。如今，这个厂157名基层党支部书记平均每人至少经过“炉火锻造”3次以上，最多的达到6次，开了眼界、长了见识、增了本领。

延伸阅读

钢铁1205钻井队：石油工业部和大庆会战工委命名的标杆单位。铁人王进喜同志带过的队伍。该钻井队1953年9月组建于玉门油矿，1960年3月转入大庆会战。建队以来，创造了钻井、进尺的高水平，保持世界纪录1项、全国纪录11项。会战初期，在玉门油田打出“月上五千，年上双万”两项当时全国最高纪录；创出一个钻头一天钻进1000米、一天用一个钻头钻完一口井、班进尺721.64米3项全国纪录；1966年，登上年钻井进尺10万米的台阶，打破世界纪录；1971年，首创月进尺16201米、年进尺12.7万米两项全国纪录；1982年，成为全国第一个累计钻井进尺突破百万米的钻井队；1989年11月，钻井总数在全国率先突破1000口；2004年2月，钻井总进尺在全国率先突破200万米；被命名为“铁人钻井队”“钢铁钻井队”。荣获全国五一劳动奖状、先进基

会战诗抄

勤俭来把旧鞋钉，穿在脚上脚跟硬，步步紧跟毛主席，一心一意干革命。

六是新时代党员要有新形象。一名党员就是一面旗帜，冲在前、干在前，先锋模范更闪亮。目前，大庆油田拥有党员 12.5 万余人，他们为共产党员这一响亮的名字而自豪，坚持走在企业发展的前列，充分发挥先锋模范作用，为党旗增光添彩。大庆油田基层党建标杆队通过主题鲜明、形式灵活、载体丰富的党内政治生活，让党员干部在组织生活的“大熔炉”中“淬炼成钢”，让党员成为闪亮的星。大庆油田井下作业分公司修井 107 队常年在野外作业，条件艰苦，生活枯燥。“员工的信心要靠党员来带动。”于是，他们创办了“井场业余党校”，为党员和入党积极分子开辟学习园地；出台了“佩戴党徽亮身份”制度，激励党员发挥先锋模范作用；设立 5 个由党员任组长的包保小组，由党员带思想、带作风、带技能。战必用我，用我必胜。修井 107 队高质量地完成了各项工作任务，修井施工质量效率显著提升，实现连续 34 年安全生产，形成了年修井 50 口以上的修井能力，年创产值 2000 万元。修井 107 队党支部被中共中央授予“全国先进基层党组织”荣誉称号。在被石油工业部命名为“自觉从严，好字当头”的大庆油田工程建设公司油建十一中队，“五毫米见精神”仍深深扎根于全员的头脑中。施工时，党员带头，自觉从严。有一次，他们发现一个阀门上有一道发丝一样的划痕，他们将阀体清理干净，反复查看，最终发现那道划痕其实是一条细微的裂纹。他们及时更换了不合格产品，保证了工程顺利进行。原油生产经常遇到难题，冲在最前面的还是共产党员。扭亏解困是大庆油田装

层党组织，全国石油企业同工种基层队劳动竞赛金牌，黑龙江省先进基层党组织、青年文明号，集团公司先进集体、先进党支部、青年文明号等称号。大庆市爱国主义教育基地，集团公司基层建设“百面红旗”单位、企业精神教育基地，管理局基层建设“十面红旗”单位、首批传统教育基地、企业文化示范区。

修井 107 队：组建于 1982 年 9 月，是专门从事油、水、气井大修作业施工的专业队伍。该队先后通过 ISO9001 质量管理体系、ISO14001 环境管理体系和 HSE 管理体系认证，施工占井周期 100% 达到合同要求，执行设计符合率 100%，资料全准率 100%，施工一次成功率 99.1%，用户满意度 95% 以上，已成为集普修、侧斜、电泵电缆、深取浅取及气井大修等技术为一身，综合技术实力一流的作业铁军。建队以来，该队相继攻克封堵升深 102 井等重大施工任务，创出油田大修队伍采用侧钻井技

会战诗抄　只有“没出息”的思想，没有“没出息”的工作；革命工作只有分工不同，没有贵贱之分。

▲ 钢铁 1205 钻井队：迎风斗雪的钻塔意志，撼天动地的转盘力量，攻坚啃硬的钻头作风，忠诚担当的铁人品格

▲ 采油 206 队：以党支部书记工作室为阵地，强化党支部书记“五清三会”基本功训练，打造优秀党支部书记孵化器

▲ 星火一次变电所：工作有激情，人人是火种，聚是一团火，散是满天星的星火精神

▲“三老四严”发源地中四采油队：“三老四严”+学习创新 = 无限发展

▲ 2017 年，大庆油田修井 107 队获得“全国先进基层党组织”荣誉称号

▲ 2019 年，大庆油田采油一厂五矿南Ⅰ—1 项目党建协作区模式在全油田推广

备制造集团的必答题。这里党员干部的先锋模范作用体现在落实发展责任上，敢担当、敢碰硬、敢攻坚。在闯市场方面，共产党员更是冲在前，以上率下，形成了合力。一线员工们常说："党员干部给咱打了样，为了咱们有活干、有收入这么拼，将心比心，咱装备人得争口气，也要干出样来。"2019 年，该集团实现收入 33.22 亿元，一举走出了连年亏损的困境。

三、创建党建协作区，"四共"合力更强大

2019 年，大庆油田党委制定《大庆油田基层党建协作区管理办法》，要求工期在 6 个月以上的工程项目，在项目开工前，项目属地单位及参建单位联合建立党建协作区。按照"支部建在项目上，活动办进工地里"的要求，接受甲乙双方党组织的共同领导。大庆油田采油一厂五矿南 I—1 联合站改造项目是大庆油田首家成立党建协作区的项目，实行"一区两部三化"，即成立党建协作区，共建党支部和联合项目部，实行一化组织、标准化管理和智能化运行。党建协作区建立 6 项基本制度，即联席会议制度、早晚碰头制度、主题党日制度、"2+1"考核制度、分包商及外雇工安全管理制度、承包商安全管理制度。在党建协作区，项目参战人员不再是传统的甲乙方关系，他们互融互促、共学共建，理论教育学在一起，组织生活过在一起，制度建设融在一起。

2019 年 9 月 19 日，南 I—1 联合站改造项目正在紧张施工。以往大忙季节，前线工人很难回到后方和大家一起参加组织生活。有了党建协作区，前线工人跟一厂五矿的党员一起上党课、过主题党日，让他们感到了一家

术、实施电泵井打捞、进行气井施工"三个第一"，被誉为油田"主治医师"。1988—1992 年，该队荣获中国石油天然气总公司金牌"五连冠"。多次被评为大庆油田有限责任公司先进党组织、先进集体。2006 年，被评为油田公司基层建设"十大标杆"单位，并被命名为"英勇善战的修井铁军"。该队先后有 15 人次受到中国石油天然气集团公司及大庆市、大庆石油管理局表彰，队长赵传利被油田公司选树为新时期"五面红旗"之一。2016 年 7 月，被中共中央授予"全国先进基层党组织"荣誉称号。

星火一次变电所：大庆油田自建自管的第二座 110 千伏变电所，于 1981 年 12 月 22 日投产运行，2001 年 4 月 28 日易地改建为微机综合保护自动化变电所。主要担负第一采油厂、第三采油厂部分地区 200 万吨产能供电任务，日供量 100 万千瓦时。2005 年，该所建成以"聚是一团火，散是满天星"为主题的团队文化建设展厅；2007 年，改建为以"严细成风的星火一次变电所"为主题的集培训

与传统教育于一体的多功能展厅。2003年9月，该所被评为中国石油天然气集团公司“百面红旗”单位；2006年6月，被命名为集团公司企业精神教育基地；2018年，被命名为“中央企业基层示范党支部”。星火一次变电所先后获得中央企业学习型红旗班组、全国能源工业先进集体、黑龙江省先进基层党组织等71个大庆市、大庆石油管理局以上荣誉称号。

中四采油队：“三老四严”优良传统的发源地，隶属大庆油田第一采油厂第三油矿，组建于1960年10月。建队以来，中四采油队继承发扬“三老四严”优良传统，提升三基工作水平，荣获石油工业部“高度觉悟、严细成风”“团结的核心、战斗的堡垒”“五好红旗单位标兵”三面锦旗，集团公司“金牌采油队三连冠”，“全国工人先锋号”等荣誉。

人、一条心的亲近感，干起活来更有劲。大庆油田基建工程多，工程项目往往涉及采油厂、施工单位、监理单位等多方力量，存在管理水平参差不齐、党建质量不均衡的情况。甲乙双方变成一家人，项目改造变成共同的事，效率和质量有了明显提高。党建协作区模式，形成了“组织共建、党员共管、资源共享、工作共担”的良好氛围。截至目前，大庆油田全面推广党建协作区的经验做法，已建成24个党建协作区。

第五节

振兴发展：当好标杆旗帜，建设百年油田

大庆精神、铁人精神是中华民族精神的重要组成部分，是中国共产党的伟大精神。大庆红旗，是党和国家精心培育的，是几代石油人用忠诚与热血织就的。站在新的历史起点上，要大力弘扬大庆精神、铁人精神，高举大庆红旗，始终勇往前行，不断开创油田振兴发展的新局面，向着中华民族伟大复兴的目标奋勇前进。

铁人诗话　毛主席教导我们要自力更生，我们就要根据自己的条件从实际出发，走自己的路。

一、牢记政治嘱托，深入贯彻落实习近平总书记贺信重要指示精神

2019年9月26日，经报请党中央同意，按照中国石油天然气集团公司党组和黑龙江省委的统一部署，大庆油田隆重召开发现60周年庆祝大会。习近平总书记发来贺信，国务院发来贺电，充分肯定大庆油田的历史贡献，并对大庆油田今后的发展寄予政治嘱托和殷切期望。中央电视台新闻联播头条报道了总书记贺信和大会盛况，《人民日报》头版头条报道了大庆油田60年的发展成就，《求是》杂志等中央主流媒体和地方党报党刊持续大力度宣传报道，充分展示了大庆油田开发建设取得的辉煌业绩，展示了党的十八大以来的发展新成果，展示了大庆精神、铁人精神的时代风采，展示了油田百年发展的光明前景，盛况空前、影响深远，进一步重塑和彰显了大庆油田的良好形象。

习近平总书记的贺信为大庆油田的发展指明了前进方向，具有重大的里程碑意义。习总书记在贺信中指出："值此大庆油田发现60周年之际，我代表党中央，向大庆油田广大干部职工、离退休老同志及家属表示热烈的祝贺，并致以诚挚的慰问！60年前，党中央作出石油勘探战略东移的重大决策，广大石油、地质工作者历尽艰辛发现大庆油田，翻开了中国石油开发史上具有历史转折意义的一页。60年来，几代大庆人艰苦创业、接力奋斗，在亘古荒原上建成我国最大的石油生产基地。大庆油田的卓越贡献已经镌刻在伟大祖国的历史丰碑上，大庆精神、铁人精神已经成为中华民族伟大精神的重要组成部分。站在新的历史起点上，希望大庆

人民日报
RENMIN RIBAO
人民网网址：http://www.people.com.cn
2019年9月
27
星期五
己亥年八月廿九
人民日报社出版
国内统一连续出版物号
CN 11-0065
代号1-1
第26011期
今日20版

习近平致信祝贺大庆油田发现60周年强调
大力弘扬大庆精神铁人精神 肩负起当好标杆旗帜建设百年油田的重大责任
国务院发来贺电

新华社哈尔滨9月26日电　在大庆油田发现60周年之际，中共中央总书记、国家主席、中央军委主席习近平发来贺信，代表党中央向大庆油田广大干部职工、离退休老同志及家属表示热烈的祝贺，并致以诚挚的慰问。

习近平在贺信中指出，60年前，党中央作出石油勘探战略东移的重大决策，广大石油、地质工作者历尽艰辛发现大庆油田，翻开了中国石油开发史上具有历史转折意义的一页。60年来，几代大庆人艰苦创业、接力奋斗，在亘古荒原上建成我国最大的石油生产基地。大庆油田的卓越贡献已经镌刻在伟大祖国的历史丰碑上，大庆精神、铁人精神已经成为中华民族伟大精神的重要组成部分。

习近平强调，站在新的历史起点上，希望大庆油田全体干部职工不忘初心、牢记使命，大力弘扬大庆精神、铁人精神，不断改革创新，推动高质量发展，肩负起当好标杆旗帜、建设百年油田的重大责任，为实现"两个一百年"奋斗目标、实现中华民族伟大复兴的中国梦作出新的更大的贡献。（贺信全文另发）

国务院发来贺电，希望大庆油田以习近平新时代中国特色社会主义思想为指导，按照党中央、国务院决策部署，持续深化改革，降本增效，坚持稳油增气，内外并举，积极培育新动能，着力推动高质量发展，为保障我国油气安全稳定供应、推动东北全面振兴全方位振兴、实现"两个一百年"奋斗目标和中华民族伟大复兴的中国梦作出新的更大贡献。

大庆油田发现60周年庆祝大会26日在黑龙江大庆举行。会上宣读了习近平的贺信和国务院的贺电。

1959年9月26日，松基三井喜喷工业油流，勘探发现了大庆油田，随后掀起了气吞山河、波澜壮阔的石油大会战。60年来，大庆油田累计生产原油近23.9亿吨，为建立我国现代石油工业体系作出了重大贡献，孕育了大庆精神、铁人精神。

贺　信

值此大庆油田发现60周年之际，我代表党中央，向大庆油田广大干部职工、离退休老同志及家属表示热烈的祝贺，并致以诚挚的慰问！

60年前，党中央作出石油勘探战略东移的重大决策，广大石油、地质工作者历尽艰辛发现大庆油田，翻开了中国石油开发史上具有历史转折意义的一页。60年来，几代大庆人艰苦创业、接力奋斗，在亘古荒原上建成我国最大的石油生产基地。大庆油田的卓越贡献已经镌刻在伟大祖国的历史丰碑上，大庆精神、铁人精神已经成为中华民族伟大精神的重要组成部分。

站在新的历史起点上，希望大庆油田全体干部职工不忘初心、牢记使命，大力弘扬大庆精神、铁人精神，不断改革创新，推动高质量发展，肩负起当好标杆旗帜、建设百年油田的重大责任，为实现"两个一百年"奋斗目标、实现中华民族伟大复兴的中国梦作出新的更大的贡献！

习近平
2019年9月26日
（新华社北京9月26日电）

▲ 2019年9月27日，《人民日报》刊发通讯：《习近平致信祝贺大庆油田发现60周年强调：大力弘扬大庆精神铁人精神，肩负起当好标杆旗帜建设百年油田的重大责任》

油田全体干部职工不忘初心、牢记使命，大力弘扬大庆精神、铁人精神，不断改革创新，推动高质量发展，肩负起当好标杆旗帜、建设百年油田的重大责任，为实现"两个一百年"奋斗目标、实现中华民族伟大复兴的中国梦作出新的更大的贡献！"

油田全体干部职工不忘初心、牢记使命，大力弘扬大庆精神、铁人精神，不断改革创新，推动高质量发展，肩负起当好标杆旗帜、建设百年油田的重大责任，为实现‘两个一百年’奋斗目标、实现中华民族伟大复兴的中国梦作出新的更大的贡献！”总书记的贺信，充分体现了党和国家对大庆油田的亲切关怀、殷切嘱托和信任厚望，这是最高荣誉、最新指示和最光荣使命。特别是总书记在贺信中勉励大庆油田——“肩负起当好标杆旗帜、建设百年油田的重大责任，为实现‘两个一百年’奋斗目标、实现中华民族伟大复兴的中国梦作出新的更大的贡献！”这标志着“当好标杆旗帜、建设百年油田”已经上升为党和国家的政治要求，纳入“两个一百年”总体布局，意味着我们的站位必须更高、责任必定更大、使命更加光荣。进入新时代，大庆油田一定要始终牢记总书记政治嘱托，坚决履行好全国最大石油生产基地的责任使命，当好对党忠诚的标杆、能源安全的标杆、改革创新的标杆、振兴发展的标杆、精神传承的标杆，努力建设一个高举红旗、基业长青、充满生机的百年油田，为维护和保障国家油气能源安全、促进国民经济高质量发展提供有力支撑。

二、把握发展机遇，全面开启新时代振兴发展新局面

从全球能源形势看，目前一次能源消费中，石油天然气消费量占比达到58%以上，到2050年仍将继续保持世界第一大能源的地位。我国石油天然气占一次能源消费比例仅为26.8%，未来对油气资源的需求将持续增长。从上级部署要求看，党和国家对油气勘探开发高度重视，大力度推进新一轮东北振兴，在加大投资力度、矿权区块流转、海外新项目开发、深化“放管服”改革、解决历史遗留问题等方面，全力支持保障大庆百年油田建设，为油田发展创造了难得的环境。从油田自身看，大庆探区从松辽北部、海拉尔等外围盆地，到川渝、新疆塔东区块，勘探领域内油气资源丰富，常规油气和非常规油气并存，还有丰富的海

会战诗抄　春到田间好风光，石油大军春耕忙。井架下面挥锹镐，多产石油多打粮。

外油气资源，是建设百年油田的重要物质基础。此外，油田核心技术不断创新，业务结构不断优化，发展领域不断拓展。现在的大庆，正在逐步成为一个资源基础更加夯实、产业形态更加优化、长远发展能力更强，走向全国、走向世界的现代化能源企业。

大庆油田振兴发展进入转型升级新阶段，要解放思想、改革创新，坚定不移地推进油田高质量发展。按照《大庆油田振兴发展纲要》规划部署，从 2020 年开始，油田振兴发展进入转型升级新阶段。当今世界正处于百年未有之大变局，宏观环境和行业形势复杂多变。大庆油田历经 60 多年的开发建设，已经进入矛盾凸显期和发展关键期，已探明剩余可采储量相对不足，储采失衡的问题依然比较突出；主力油田即将进入后油藏阶段，控递减难度越来越大；管理体制、机制还不够灵活，盈利能力和抗风险能力还比较弱；产业布局、业务结构还需进一步优化调整；等等。这些问题，必须通过转型升级加以解决。转型升级，是在新形势、新挑战下的战略抉择。只有加快转型升级，才能把握主动、赢得优势，未来的道路才会越走越宽。要坚持集约化、市场化、国际化方向，以经济效益为中心，以转变观念为先导，以改革创新为动力，把握好方向与路径、加法与减法、主要矛盾与次要矛盾的关系，大力实施巩固提升一批、专业重组一批、产业拓展一批、坚决退出一批，着力做好资源开发常非并重、海外业务跨越增长、服务业务优化升级、新产业新业态有序拓展“四篇文章”，加快推进业务结构转型升级、发展动力转型升级、管理体系和管理能力转型升级，有效解决制约发展的突出矛盾和问题，向资源利用率最大、业务结构最优、经济效益最好、企业竞争力最强的方向发展，坚定走出一条转型升级、高质量发展的新路子。今天的大庆油田，已经站在了新的历史起点上。要认清面临的形势，保持战略定力，既谋划长远，又干在当下，一张蓝图绘到底，一茬接着一茬干，自信自强，接力奋斗，坚定迈向建设百年油田的美好未来。

三、开展“大庆精神 +”新实践，努力拓展新业态经济增长极

开展“大庆精神 + 非常规油气”实践，打好油气勘探开发进攻战，巩固保

持全国最大石油生产基地的地位。坚持油气并举、常非并重、海陆相并进，大力推进页岩油集中勘探、致密油气规模增储、富油凹陷常规油精细勘探、新区新领域风险勘探以及矿权流转区块勘探，全面完成各级油气储量任务。

开展“大庆精神＋国际市场”实践，积极参与“一带一路”战略和中蒙俄经济走廊建设，大力开拓外部市场，进一步加快规模跨越发展。理顺海外勘探开发体制机制，全方位加速参与国际市场竞争。建立国际合作新模式，争取已有项目股权划转和新项目开发，推进中东、蒙古国、俄罗斯等国家和地区油气合作。提升油服市场规模和效益。做大中东、深耕非洲，在工程技术、工程建设、产品销售、生产保障等领域精准发力，进一步延伸业务链条，扩大海外市场份额。

开展“大庆精神＋技术创新”实践，把握新一轮科技革命和产业变革大势，持续深入推进油田核心技术发展路线图，不断增强引领发展的第一动力。加快突破关键“卡脖子”技术，加强常规剩余油气藏综合地质研究、天然气以及非常规资源增储技术攻关，在聚合物驱油、三类油层提高采收率、致密油气和页岩油气有效开发等方面采用新技术，完善精准开发技术体系，提升工程配套技术水平，力争在关键领域取得重大突破。加快科技体制、机制创新，探索创新课题制管理方式，建立“研、产、用”一体化模式，持续扩大开放合作，创立“百年油田”——国际提高采收率论坛，加强国家重点实验室等基础平台建设，把大庆油田建成具有重要影响力的人才聚集高地。加快推进智慧油田建设，进一步提升油田

▲ 2018 年 3 月 30 日，铁人学院揭牌成立

会战诗抄

大庆天寒已看穿，不过零下四十三。热血沸腾干革命，严冬也会变春天。

信息化建设水平。

开展“大庆精神 + 文化传播”实践，扎根油田红色文化氛围，发扬大庆精神、铁人精神，积极将互联网新媒体前沿思维技术与国企文化宣传、工会群团工作、传媒营销拓展相结合，积极开发油田内外市场，构建新媒体、融媒体传播矩阵，实现集新媒体内容生产、运营推广、软件开发、音视频制作、品牌包装、移动直播等专营及一体化项目的综合新媒体文化传播服务。办好铁人学院。为贯彻中央和上级指示精神，铁人学院于 2018 年 3 月揭牌成立。学院自筹建以来，得到中央组织部、中华全国总工会、国务院国资委、中石油党组等上级组织的高度关注和悉心指导。2018 年 6 月，铁人学院被中央组织部确定为第二批全国党员教育培训示范基地，并列入干部党性教育基地备案目录。2020 年 1 月，被中华全国总工会评为全国工会干部教育培训基地。学院将宣传贯彻习近平新时代中国特色社会主义思想作为首要政治任务，坚持一切教学、科研、办学活动都坚持党性原则、遵循党的政治路线，在思想上、政治上、行动上自觉同党中央保持高度一致。揭牌成立以来，学院承办全国民营企业党组织书记示范培训班，全国劳模、大国工匠、五一劳动奖章获得者培训班，累计培训 227 期、11616 人次，均取得良好效果。展望未来，学院将深入学习贯彻习近平新时代中国特色社会主义思想，立足大庆、面向全国，用大庆精神、铁人精神建校办学，为实现全面建成小康社会奋斗目标、实现中华民族伟大复兴的中国梦，培养造就具有铁一般信仰、铁一般信念、铁一般纪律、铁一般担当的党员骨干和产业工人领军人才队伍作出应有的贡献。

结 语

习近平总书记指出，大庆油田“必须坚持以解放思想为先导、以改革创新为动力，面向世界，科学规划未来，完善发展思路，切实提高科学发展、可持续发展的能力和水平。要进一步培养干事创业激情，保持锐气、焕发朝气、增添勇气，奋力开创大庆油田更为广阔的发展前景”。展望未来，大庆油田顺势而为、乘势而上，新时代振兴发展一定有所作为、大有作为，一定能够不断改革创新、推动高质量发展，肩负起当好标杆旗帜、建设百年油田的重大责任，为实现“两个一百年”奋斗目标、实现中华民族伟大复兴的中国梦作出新的更大的贡献！

思考题

1. 请谈谈对“三超”精神的理解。
2. 通过大庆油田“劳模群体”的事迹，谈谈如何理解劳模精神。
3. 大庆油田的改革创新在哪些方面体现了新时代的要求？
4. 新时代弘扬大庆精神、铁人精神，对于培育工业文化，推动工业强国建设有什么重要意义？

大庆油田大事年表（1959—2019年）

1959年

9月26日，松基三井喷出工业油流，发现大庆油田。

10月8日，中共黑龙江省委第一书记欧阳钦提出大同镇改大庆镇，油田取名为大庆油田。

1960年

2月20日，中共中央转发石油工业部《关于东北松辽地区石油勘探情况和今后工作部署问题的报告》，批准开展大庆石油大会战。

4月10日，中共石油工业部机关党委发出《关于学习毛泽东同志所著〈实践论〉和〈矛盾论〉的决定》。

4月25日，喇72井喷油。该井与萨66井、杏66井的出油，确定800平方千米油田面积，被誉为“三点定乾坤”。

4月29日，召开大庆石油会战万人誓师大会，大庆会战正式开始。

7月28日，石油工业部机关党委下达《关于开展学习“王、马、段、薛、朱”的决定》。

12月31日，全年共生产原油97万吨，比计划超产10万吨。

1961年

1月7日，因食品缺乏，会战职工中出现了浮肿病患者1300多名，会战领导小组发出《关于更好安排当前职工生活的紧急通知》。

6月7日，中共石油工业部机关党委颁布《关于在全战区开展“五好红旗队”和“五好红旗手”运动的决定》。

11月30日，原油日产水平突破万吨大关，达到1.0598万吨。

1962年

4月16日，薛桂芳等5名家属开荒种地，开创家属参加石油大会战的先河，被誉为“五把铁锹闹革命”。

7月6日，针对中一注水站重大失火事故，大庆石油会战指挥部领导分析原因，总结教训，开始制定并推行“岗位责任制”。

1963年

4月，通过实施萨尔图油田146平方千米开发方案，形成年产原油500万吨的生产能力。

9月13日，完整提出“三老四严”“四个一样”，成为大庆精神重要组成部分。

12月3日，在第二届全国人民代表大会第四次会议上，周恩来总理宣布：“中国需要的石油，现在已经可以基本自给。”

1964年

年初，毛泽东发出“工业学大庆”号召。

1月3日，会战工委号召油田职工要克服故步自封、骄傲自满，反对形而上学；学“两论”，揭矛盾、找差距，坚持“两分法”前进。

2月24日，会战工委作出关于开展向三矿四队学习的决定。

9月4日，油田水力皮球式封隔器、水套加热炉、镶装阶梯式刮刀钻头获国家重大革新奖。

1965年

1月19日，会战工委发出向“高度机械化，高度自动化，发展新工艺，发展新技术”进军的号召。

6 月 5 日，会战工委作出关于开展向“自觉从严，好字当头”的油建指挥部十一中队学习的决定。

9 月 12 日，会战工委作出关于开展向采油工艺研究所和刘文章同志学习的决定。

1966 年

1 月 3 日，《人民日报》就大庆工作发表《中国工业化的正确道路》社论。

2 月，大庆炼油厂原油加工能力达到 300 万吨，成为全国最大的炼油厂。

6 月，全油田开展群众性的“六分四清”管理活动。

12 月，1202 钻井队、1205 钻井队用中型钻机同时创年钻井 10 万米的世界纪录。

1967 年

8 月末，受“文化大革命”影响，油田日外运油量由 32400 多吨下降到 3000~4500 吨，被迫关井 449 口，原油日产水平由 36500 吨降到 19000 多吨。

1969 年

4 月，王进喜在中国共产党第九次全国代表大会上当选为中共中央委员，受到毛泽东主席亲切接见。

11 月 29 日，特大暴风雪袭击油田，油田生产遭受重大损失。

1970 年

2 月 4 日，大庆革委会作出《关于开展向硬骨头十三车队学习的决定》。

3 月，周恩来总理批示：“大庆要恢复‘两论’起家的基本功。”

4 月 30 日，中国第一台液压钻机在大庆研制成功。

1971年

3月，油田恢复受“文化大革命”影响曾一度中断的“岗位责任制”大检查。

6月24日，《人民日报》发表《工业学大庆》社论。

1972年

12月，活动式偏心配水器研制成功。

1973年

3月26日，国务院决定开发喇嘛甸油田。

1974年

8月23日，提出“大干社会主义有理，大干社会主义有功，大干社会主义光荣，大干了还要大干”。

9月3日，大庆党委、大庆革委会作出关于授予周占鳌等8名同志光荣称号的决定。

12月27日，中国第一条“地下输油大动脉”——大庆至秦皇岛输油管道建成输油。

1975年

11月，提出“高产上五千（万吨），稳产再十年”目标。

1976年

12月31日，实现年产原油上5000万吨目标。

1977年

4月20日，全国“工业学大庆”会议在大庆召开。

12月10日，油田研制成功具有世界先进水平的化学堵水剂。

1978 年

5 月，油田试验成功原油脱水排污水新技术，处理后的污水可回注油层，降低了油田注水成本。

9 月，国家重点建设项目大庆 30 万吨乙烯工程破土动工。

12 月 20 日，大庆决定 1979 年建设第一批 40 万平方米住宅楼。

1979 年

9 月，大庆油田全面实现高压注水。

12 月 14 日，国务院批准安达市改为大庆市。

1980 年

5 月 13 日，召开“庆祝大庆石油会战 20 周年暨石油战线向现代化进军大会”。

1981 年

年初，油田开始从自喷采油向机械采油转变。

2 月 26 日，大庆石油会战指挥部改为大庆石油管理局，与大庆市合署办公。

3 月，实行原油产量包干。

全年推广潜油电泵抽油技术，下电泵 74 口。

1982 年

4 月，大庆油田成为全国第一个实现污水基本回注的油田。

9 月 7 日，国际油田开发技术会议在大庆召开。

12 月中旬，国家科委授予“大庆油田发现过程中的地球科学工作”国家自然科学一等奖。

1983 年

4 月 27 日，油田遭受罕见大风雪袭击，影响原油产量 6.55 万吨。

8月24日，中国第一种大排量潜油电泵机组，在大庆石油管理局采油工艺研究所与天津市一机局通用机械公司通力合作下研制成功。

1984年

12月18日，全年钻井1609口，总进尺200万米，创石油会战以来最高纪录。

1985年

9月6日，油田建成全国唯一的、储气能力15.38亿立方米的地下天然气储气库。

9月12日，全油田已有4178口抽油机井，占采油总井数的50.22%。

10月8日，“大庆油田长期高产稳产的注水开发技术”获国家科学技术进步奖特等奖。

12月29日，实现5000万吨稳产第一个10年目标。

1986年

10月1日，新华社报道：大庆已成为一座新兴的石油化工城市，跨入世界十大油田行列。

1987年

12月，油田攻克了薄油层开采重大技术难题，增加16亿吨地质储量。

1988年

1月，油田实行以“四包四挂”为内容的承包经营责任制。

8月，大庆遇到历史上最大的降雨，300多口油井停产，影响原油产量15.6万吨。

1989 年

9 月 26 日，国务院电贺大庆油田诞生 30 周年，累计生产原油 10 亿吨。

11 月 5 日，大庆市委、市政府作出关于向申冠、陈全友、王思钧等 10 名劳动模范学习的决定。

1990 年

8 月 6 日，中区西部注聚合物试验区投产。

1991 年

1 月 12 日，大庆石油管理局晋升为国家一级企业。

1992 年

6 月 20 日，首届石油文化节开幕。

1993 年

7 月 16 日，国家重点工程、油田化学助剂厂聚合物工程的龙头装置——重油催化装置试投一次成功。

1994 年

9 月底，中区西部萨Ⅱ 1~3 层三元复合驱试验开始注三元复合体系。

1995 年

4 月 1 日，树立“十佳百优”职工。

9 月 20 日，举行大庆油田开发建设 35 周年暨 5000 万吨稳产 20 周年总结表彰大会。

1996 年

8 月 25 日，世界上最大的聚合物驱油工程建成投产。

8 月 27 日，中共大庆石油管理局委员会作出向“新时期铁人”王启民学习的决定。

12 月 17—19 日，“大庆油田高含水期‘稳油控水’系统工程”荣获国家科技进步奖特等奖。

1997 年

5 月 1 日，中共大庆石油管理局委员会，大庆石油管理局授予王启民、袁福生、焦集群、孟宪吉、苏龙、张学民“劳动模范标兵”称号。

1998 年

12 月 31 日，在遭受东南亚经济危机和严重洪灾情况下，油田全年生产原油 5570 万吨，实现了“国家利益高于一切，大庆油田一定要完成既定的生产任务和利润指标”的郑重承诺。

1999 年

9 月 25 日，油田举行庆祝新中国成立 50 周年、大庆油田发现 40 周年和大庆建市 20 周年大会。

11 月 1 日，油田实行重组改制，原大庆石油管理局分为大庆石油管理局和大庆油田有限责任公司。

2000 年

8 月 12 日，通过专家技术鉴定，“大庆聚合物驱三次采油成套装备研制”达到国际先进水平。

2001 年

1 月，铁人王进喜入选半月谈杂志社主办的《实事资料手册》评选的“百年中国十大人物”。

2002 年

6 月中旬，徐深 1 井获工业气流，标志松辽盆地深层天然气勘探获重大历史性突破。

11 月 8 日，海拉尔盆地贝 16 井获高产工业油流，估算地质储量超过 2500 万吨。

12 月 31 日，油田全年生产原油 5013 万吨，实现连续年产原油 5000 万吨以上高产稳产 27 年，创世界同类油田开发奇迹。

2003 年

1 月 21 日，大庆油田有限责任公司全面部署油气勘探“5671”工程和油气开发“11599”工程。

3 月 28 日，大庆油田有限责任公司召开学习以“素质高低使用不一样，管理好坏待遇不一样，技能强弱岗位不一样，贡献大小薪酬不一样”为内容的“四个不一样”推进观念更新现场会。

2004 年

2 月 23 日，大庆油田有限责任公司提出“持续有效发展，创建百年油田”战略目标。

7 月 6—9 日，中央企业企业文化建设研讨会在大庆油田召开。

2005 年

4 月 1 日，大庆油田有限责任公司正式收购英国 SOCO 国际股份公司在蒙古国塔木察格盆地的三个石油区块，标志着大庆油田海外勘探开发迈出历史性的一步。

6月15日，南三油库接卸俄罗斯原油改造工程竣工投产。同日，首车4200吨俄罗斯原油运抵大庆。

12月1日，我国东部最大气田——庆深气田诞生。

2006年

1月16日，大庆油田有限责任公司荣登2005年度中国“最具影响力企业”榜首。

9月26日，大庆油田历史陈列馆、铁人王进喜纪念馆建成开馆。

2007年

3月，中宣部、国资委组织联合调研组对大庆油田新时期思想政治工作经验进行集中报道和宣传。

12月26日，大庆油田有限责任公司荣获首批“中国工业大奖”，这是我国工业领域综合性最高奖项。

2008年

2月28日，大庆油田上市、未上市业务重组整合，实现集约化、专业化、一体化整体协调发展。

2009年

3月22日，大庆油田生产原油突破20亿吨，占全国同期陆上油田原油总产量的40%以上。

9月22日，大庆油田发现50周年庆祝大会隆重举行，习近平出席大会并讲话。

2010年

9月27日，中俄原油管道工程全线竣工。

2011年

1月14日，“大庆油田高含水后期4000万吨以上持续稳产高效勘探开发技术”成果荣获国家科学技术进步奖特等奖。

7月1日，在人民大会堂召开的庆祝中国共产党成立90周年大会上，胡锦涛亲自为大庆油田党委颁发“全国先进基层党组织”荣誉证书，并称赞“大庆油田始终是一面旗帜”。

2012年

4月9日，中央创先争优活动领导小组、国资委党委召开了中央企业先进精神首场报告会，启动大庆精神、铁人精神、载人航天精神和青藏铁路建设精神巡回报告活动。

2013年

8月7日，“大庆新铁人”李新民先进事迹首场报告会在人民大会堂举行。

2014年

12月31日，大庆油田原油4000万吨持续稳产12年。

2015年

1月，油田三元复合驱大幅提高采收率技术配套实现工业化应用，奠定此领域技术国际领先地位，中国成为世界上唯一实现三元复合驱商业化应用的国家。

2016年

3月7日，习近平总书记参加十二届全国人大四次会议黑龙江代表团审议时指出，“大庆就是全国的标杆和旗帜，大庆精神激励着工业战线广大干部群众奋发有为”，“只要精神不滑坡，办法总比困难多。我们从来都是在压力和挑战中前进的，也一定能继续在压力和挑战中不断前进”。5 月视察黑龙江时强调，“大庆精神、铁人精神激励了几代人，今天我们仍然要用这些精神来教育广大党员干部”。6 月又作出重要批示，要大力弘扬以“苦干实干”“三老四严”为核心的石油精神，凝聚新时期干事创业的精神力量。

4 月 12 日，国际编号 210231 号的小行星被命名为“王德民星”。王德民是大庆油田分层开发和化学驱油技术的奠基人、中国工程院院士。

2017 年

4 月 21 日，《大庆油田振兴发展纲要》正式发布，提出“当好标杆旗帜，建设百年油田”总体目标。

2018 年

3 月 30 日，国内首个以工人阶级代表人物命名的学院——铁人学院，在大庆油田正式揭牌成立。同年 6 月 13 日被中组部授予全国党员教育培训示范基地。

12 月 18 日，著名石油开发地质专家王启民在庆祝改革开放 40 周年大会上，被中共中央授予“改革先锋”称号。

2019 年

9 月 17 日，习近平签署主席令，授予 42 人国家勋章、国家荣誉称号，王启民荣获“人民楷模”国家荣誉称号。

9 月 25 日，王进喜、王启民、李新民被中央宣传部、中央组织部、中央统战部等 9 个部委授予“最美奋斗者”称号。

9 月 26 日，习近平总书记致信祝贺大庆油田发现 60 周年强调，大力弘扬大庆精神、铁人精神，肩负起“当好标杆旗帜，建设百年油田”的重大责任，国务院发来贺电。

铁人王进喜年谱（1923—1970 年）

1923 年

10 月 8 日 (农历癸亥年 8 月 28 日) 于甘肃省玉门县赤金堡镇上赤金王家屯庄出生，乳名“十斤娃”。其父王金堂，1894 年生，农民；其母何占信，1896 年生，农妇。

1928 年

5 岁，王金堂为争一口气打官司，被屈打监禁，急瞎了双眼。

1929 年

6 岁，玉门大旱，闹虫灾，王家颗粒无收。王进喜拉着双目失明的父亲四处要饭。

1933 年

10 岁，到祁连山支脉妖魔山为地主张武寅家放牛。

1935 年

12 岁，到伪区长家要到白布，顶还被霸占的土地，取得平生第一个胜利。

1936年

13岁，到红沟煤窑下矿背煤。

1937年

14岁，被抓伕到安西修公路。后，又被抓兵，在关押时挖掉门墩逃进深山。后，又受雇到石油河畔老君庙淘金、挖石油。

1938年

15岁，被抓伕到玉门油矿修公路、平井场。后，取保进矿当长工，出苦力。

1942年

秋，在老君庙修井场时被大铁板砸伤右腿。矿里不给治，还被除了名，只好回家养伤。

1943年

春，回矿顶别人空名到驮运队当小工，给职员家送生活用油和水。

1947年

24岁，结婚。其妻王兰英，赤金西湖村人，1930年生。王进喜的妻子系王进喜父母下狠心用大妹妹“换亲”娶来的。

1948年

在驮运队经常为钻井队运料，深深地爱上了钻井工作。

1949年

年初，矿上发工资让工人回乡，王进喜不走。曾参加护矿斗争。

9月25日，玉门油矿解放，和工友们走出十几里，欢迎解放军。

1950 年

春，新生的玉门矿正式招工，王进喜以顽强的意志通过考试，在老君庙钻探大队 30 型钻机上当了钻工，成为解放后我国第一代钻井工人。

夏，到职工学校学文化，结业后回钻井队。

1951 年

春，父王金堂去世。在“抗美援朝”捐献中，捐出一个月工资，参加购买“石油工人号”战斗机。

1953 年

提为副司钻。贝乌 5 队成立。翌年，调到贝乌 5 队，任司钻。

1956 年

4 月 29 日，被批准加入中国共产党。不久，被提为副队长。

6 月，又被提为队长。自此，带领全队大打翻身仗。

11 月，试验钻机“整拖搬家”成功。年底，全年进尺上万米，进入先进钻井队行列。

1957 年

3 月，在发生过井喷的废墟上，打成新 319 井。向全矿提出“增产节约”倡议，修旧利废，坚持打井，完成全年任务，受到石油工业部领导的表扬。

1958 年

7 月，争着上白杨河打井，提出“月上千，年上万，祁连山上立标杆”口号。

9 月，月钻井 5009.32 米，创全国最高纪录。《人民日报》刊登新华社发布的消息：“玉门王进喜钻井队 9 月份月进尺 5009.32 米，创世界少有的纪录。”

10月，到新疆克拉玛依参加石油工业部召开的现场会。在会上作了“打个最高纪录向毛主席报喜”的发言，荣获石油工业部颁发的“钻井卫星”红旗。

年底，贝乌5队年打井过2万米。

1959年

1—7月份，带领贝乌5队超额完成钻井计划。

8月，提前16天完成任务。

9月，参加甘肃省劳模大会。

10月1日，在天安门观礼台上参加国庆观礼，第一次见到毛主席。

10月26日至11月8日，在北京参加全国工交群英会。会议期间，在北京五四大街看见首都汽车因缺油而背上了煤气包，难过地坐在沙滩马路边哭了一场，从此下定决心要甩掉我国贫油落后的帽子。在石油工业部召开的座谈会上，得知东北发现了大油田，异常高兴，提出要到东北去开发新油田。会后，应邀到山东、河南传授经验。

12月2日回到玉门。

1960年

1月，在“群英会”精神鼓舞下，带领5队坚持冬季打井，创出了26天9小时开钻4口完钻3口的好成绩。同时，带领一些骨干，暗暗做好去东北参加会战的准备工作。

3月15日，带领5队36名工人从玉门东站乘车出发，赴东北参加大庆石油大会战。

3月25日到达萨尔图。因钻机未到，抓紧时间做好钻前准备工作，组织“义务装卸”。

3月30—31日，在萨中指挥部召开的动员会上提出要和1202钻井队等标杆队展开竞赛的倡议，喊出“有也上，无也上”的口号。

4月2日，钻机到达。组织全队用人拉肩扛的办法安装钻机。

4月6日，竖起井架。马家窑房东赵大娘说：“王队长可真是个铁人哪！”

4 月 7 日，萨中指挥部党委会上，工作组汇报王进喜事迹和房东叫“铁人”的情况，党委决定立即向上级汇报。

4 月 9 日至 11 日，第一次油田技术座谈会在安达召开。会上，余秋里号召“向铁人王进喜学习，人人做铁人，在会战中立功”。一个“学铁人，做铁人”的活动在全油田展开。学“两论”决定传达以后，在实习大学生的帮助下，同指导员一起组织全队学习《实践论》《矛盾论》，讨论什么是主要矛盾。为保证开钻，带领全队靠盆端、担挑、马车拉等办法备下足够的用水。

4 月 14 日，5 队到大庆的第一口井——萨 55 井开钻。萨中指挥部在井场召开了学铁人现场会。

4 月 19 日，萨 55 井完钻，实际进尺 1200 米 (设计井深 1020 米)，只用 5 天零 4 小时，创造了第一个高纪录。

4 月 29 日清晨，组织放井架子时，右腿被砸伤。上午参加五一“万人誓师大会”。

5 月，5 队搬到杨四屯，打生产试验区的第一口井——2589 井。打到 700 米时，发生井喷。王进喜带伤跳进泥浆池，用身体搅拌泥浆，压住井喷。这口井 4 天完钻，创出了日进 535 米的新纪录。全月进尺 2060 米，创最高月进尺纪录。

6 月，5 队实现“四开四完”，创造了班进 225 米、日进 707.49 米的新纪录。

7 月 1 日，召开“万人大会”。会上树立了“五面红旗”，号召在继续学铁人的同时，开展学习“五面红旗”活动。 王进喜同其他 16 名老工人一起被任命为钻井工程师。

8 月，5 队战胜雨季，实现“五开五完”，创造班进 432.98 米、日进 738.24 米、月钻井 5466 米新纪录。

10 月，被任命为钻井指挥部装建大队大队长。

12 月，参加汇报团，回玉门汇报。年底，大会战取得了决定性胜利，5 队全年交井 19 口，总进尺 21258 米，创造了班进、日进、月进尺和搬家、下套管、固井等一批高纪录。

1961 年

2 月，调任新组建的钻井指挥部生产（井）二大队大队长。

3 月，在南线高压区选点建大队机关。动员大家树立信心，总结经验，预防井喷，打好高压井。主动找机关干部们帮忙，边学文化，边学毛主席著作，努力用毛泽东思想解决工作中遇到的问题。

4 月，“4·19”质量大会以后，到 1205 钻井队、1281 钻井队等先进队蹲点，开始试验“填满式”钻井工艺，摸索打直井的经验。

5 月，组建农副业队，在杨树林开荒，建设农副业基地。组建基建队，开始盖“干打垒”。

5 月 20 日，到北戴河疗养。疗养期 3 个月，只住一个多月就回到工作岗位。

秋，在解放村建起第一所小学。

年底，全面完成钻井生产任务，大队各项建设也打下了很好的基础。

1962 年

5 月，按油田和钻井指挥部统一部署，总结 1281 钻井队经验，建立钻井生产的各项“岗位责任制”。

夏，着手办粮店、商店、邮局，建卫生所、作坊等。自建土砖窑大量烧砖。

1963 年

春，在北线建立“前线指挥所”，领导各钻井队加速打优质井，开发北区。

12 月 25 日，新华社宣布我国石油产品自给，中国人民用“洋油”时代一去不复返。王进喜在省城开会，高兴得楼上楼下跑，一夜未眠。

12 月底，钻井二大队和一大队一起组队打第一口冰上试验井，王进喜吃住在井场，直到取得成功。

1964 年

春，长篇通讯《大庆精神大庆人》发表，一直处于保密中的大庆油田被公开宣传，铁人王进喜的名字传遍全国。

12 月，被选为人大代表，出席全国三届一次人代会。在会上作了汇报发言。

12 月 26 日，毛主席过 71 岁生日，请王进喜、陈永贵、董加耕、邢燕子 4 位劳模同国家领导人一起吃饭。席间，毛主席说，大庆经验好，要工业学大庆，铁人干得凶，是“工业带头人”。

1965 年

4 月，被中共大庆会战工委任命为钻井党委常委、钻井指挥部副指挥。

7 月 24 日，在石油工业部政工会上作题为“为石油事业艰苦奋斗一辈子”的报告。在这个报告里首次提出“全国每人每年半吨油”的奋斗目标。

1966 年

2 月 16 日，应全国工交工作会和工交政工会邀请，在会上作“读毛主席的书，听毛主席的话，为无产阶级革命事业奋斗一辈子”的报告。

2 月 24 日，担任大庆石油会战指挥部副指挥。

4 月 6 日，被石油工业部授予“石油工业部五好标兵”。

6 月 4 日至 7 月 25 日，作为中国石油代表团成员，访问阿尔巴尼亚。访问中得知该国石油产量平均每人每年有半吨时受到震动。从此，这“半吨油”同当年“煤气包”一样，成为铁人继续前进的动力。

9 月 3 日至 10 月 6 日，带领报捷团赴京，向党中央、国务院报捷。

10 月 1 日，作为工人阶级和大庆的代表在天安门城楼上接受领袖检阅，参加国庆观礼。

12 月 30 日，去北京反映“文化大革命”中大庆的情况。

1967 年

1 月 4 日，受到周总理接见，汇报大庆的形势。

1 月 8 日，参加在北京工人体育馆举行的周总理接见石油系统群众代表大会。听取周总理“一·八讲话”。

1月10日，回大庆，积极传达周总理“一·八讲话”精神，呼吁要坚持抓革命、促生产。

2月4日，油田一些群众组织联合召开所谓“打倒王进喜誓师大会”，王进喜受到残酷的批斗。

2月9日(农历正月初一)，大庆实行军管。

2月21日，军管会按周总理指示从大庆井下小学把正在受迫害的王进喜营救出来，送到北京。

3月下旬，周总理接见王进喜及军管会和群众代表，当众宣布铁人在大会战中立了大功，历史清楚，不准再批斗。

4月，参加钻井指挥部“抓革命、促生产”一线班子。

1968年

4月27日，钻井革委会成立，被推选为副主任。

5月31日，大庆革委会成立，被推选为副主任。

1969年

2月，中共大庆党的核心小组成立，担任副组长。

4月，参加党的“九大”，被推选为主席团成员，并被选为中央委员。受到毛主席、周总理接见。

7月，建议并组织了大庆钻井废旧物资回收队。

1970年

1月，参加石油工业部在北京召开的“抓革命、促生产”工作会议，汇报大庆油田地下形势恶化等问题，引起党中央、国务院的高度重视。

2月，带队到江汉油田回访和慰问。

3月，在参加石油工业部召开的“支援江汉会战会议”期间，向周总理汇报了大庆情况和油田生产存在的问题。

3月18日，周总理在石油工业部军管会根据王进喜汇报内容整理的一份报告上批示大庆要“恢复‘两论’起家基本功”。

4月，到玉门参加石油工业部召开的全国“石油工作会议”，在大会上发了言。会议期间回赤金老家看望了亲属和乡亲。在准备提前离会回大庆时，严重的胃病复发。

4月17日，离开玉门去北京检查。

4月19日，住进中国人民解放军301医院，经专家会诊，确诊为胃癌。

5月4日，做胃切除手术，后开始化疗。

10月1日，参加新中国成立21周年国庆观礼，以中共中央委员身份在天安门城楼上参加检阅。其爱人王兰英在观礼台上参加观礼。

11月15日，在北京逝世，享年47岁。

11月18日下午，在北京八宝山公墓礼堂举行向王进喜同志告别仪式，与此同时，大庆也举行了千人追悼大会。

参考文献

1.《中国共产党历史（第二卷）（1949—1978）》，中共中央党史研究室著，中共党史出版社，2011 年 1 月第一版。

2.《大庆油田企业文化词典》，傅广诚主编，上海人民出版社，1990 年 4 月第一版。

3.《余秋里回忆录》，余秋里著，人民出版社，2011 年 7 月第一版。

4.《亲切的关怀，永远的激励——党和国家领导人与大庆建设纪实》，乔东光等著，中央文献出版社，1999 年 9 月第一版。

5.《大庆油田五十年文史资料汇编》，大庆油田有限责任公司编，石油工业出版社，2009 年 8 月第一版。

6.《工业学大庆简报》，工业学大庆办公室简报组。

7.《建国初期的对美政策及中美关系探析》，刘俊民著，《齐齐哈尔师范学院学报》，1992 年第一期。

8.《百年石油》，《百年石油》编写组编，当代中国出版社，2002 年 9 月第一版。

9.《康世恩传》，《康世恩传》编写组编，当代中国出版社，1998 年 10 月第一版。

10.《大庆石油会战——大庆文史资料》，田润普主编，中国文史出版社，1990 年 3 月第一版。

11.《铁人传》，大庆油田铁人传写作组编著，孙宝范、卢泽洲执笔，中央文献出版社，2009 年 1 月第一版。

12.《大庆油田政治工作经验》，中共中央东北局经济委员会编，辽宁人民出版社，1965 年 8 月第一版。

13.《大庆油田思想政治工作》，陈烈民等著，中山大学出版社，1992 年 2 月第一版。

14.《中国石油大庆油田组织史资料》，大庆油田有限责任公司人事部编，石油工业出版社，2017 年 6 月第一版。

15.《大庆会战与工业学大庆》，尤靖波主编，石油工业出版社，2019 年 9 月第一版。

16.《中国石油通史》，梁华、刘金文主编，中国石化出版社，2003 年 12 月第一版。

17.《话说大庆精神》系列文章，韩福魁著，《大庆社会科学》，2013 年第四期、第五期，2014 年第二期。

18.《中国博物馆协会名人故居专业委员会 2017 年年会暨学术研讨会论文集》，中国博物馆协会名人故居专业委员会编，2017 年版。

后记

大庆精神、铁人精神是中华民族精神和中国共产党伟大精神的重要组成部分，无论过去、现在还是将来，永远激励着中华儿女为实现中华民族伟大复兴而不懈奋斗。经过一个时期的努力，《大庆精神、铁人精神学习读本》正式出版了。

在本书的编写过程中，得到了中国能源化学地质工会主席张波的悉心指导，先后数次组织编写组召开研讨会，为立意构思、谋篇布局、行文草拟把关定向。中国工人出版社总编辑董宽在本书编写和出版过程中给予了大力帮助，特此感谢。

大庆油田参与审核和编写的有王昆、韩福魁、尤靖波、盖立学、宋俭、陈宜才、辛伟强、于海龙、宋传修、刘伟、王友库、鄂金太、闫立群、成瑞萍、卞昌松、杨志锋、张彬、田卓、史金龙、孙慧君等，对本书的出版作出了贡献。

大庆精神、铁人精神和大庆会战优良传统内涵十分丰富、体系十分庞杂，涵盖思想政治、党建、文化、科技、管理、队伍建设等领域，如何从学习读本的角度完美地呈现给读者是个巨大的挑战。

多年来，关于大庆精神、铁人精神的专著文献很多，但是从学习读本的角度编写是一次新的尝试。我们力图从认知规律出发，达到思想性、学术性、可读性的统一。由于编者水平所限，书中不足之处诚请广大读者指正。

《大庆精神、铁人精神学习读本》编写组

2020年7月

图书在版编目（CIP）数据
大庆精神、铁人精神学习读本 / 铁人学院主编 . -- 北京 : 中国工人出版社，2020.6
ISBN 978-7-5008-7414-0
Ⅰ . ①大… Ⅱ . ①铁… Ⅲ . ①思想政治教育 – 中国 – 学习参考资料 Ⅳ . ① D64
中国版本图书馆 CIP 数据核字 (2020) 第 087898 号

大庆精神、铁人精神学习读本

出 版 人　王娇萍
责任编辑　安　静　习艳群
责任印制　栾征宇
出版发行　中国工人出版社
地　　址　北京市东城区鼓楼外大街 45 号　邮编：100120
网　　址　http://www.wp-china.com
电　　话　（010）62005043（总编室）
（010）62005039（印制管理中心）
（010）82075935（职工教育分社）
发行热线　（010）62005996　82029051
经　　销　各地书店
印　　刷　天津中印联印务有限公司
开　　本　710 毫米 ×1000 毫米　1/16
印　　张　21.75
字　　数　300 千字
版　　次　2020 年 7 月第 1 版　2025 年 7 月第 12 次印刷
定　　价　78.00 元